大手笔是怎样炼成的

资深老秘书的公文写作秘笈

实践篇

谢亦森◎著

長江出版傳媒
长江文艺出版社

图书在版编目（CIP）数据

大手笔是怎样炼成的：实践篇 / 谢亦森 著.
武汉 ：长江文艺出版社， 2013.2（2021.6 重印）
ISBN 978-7-5354-6296-1

Ⅰ大… Ⅱ. 谢… Ⅲ. 公文－写作 Ⅳ. H152.3

中国版本图书馆 CIP 数据核字(2012)第 305279 号

策　　划：尹志勇
责任编辑：杜东辉 黄海阔　　　　责任校对：毛　娟
封面设计：周　佳　　　　　　　责任印制：邱　莉　　胡丽平

出版：长江出版传媒　长江文艺出版社
地址：武汉市雄楚大街 268 号　　　邮编：430070
发行：长江文艺出版社
http://www.cjlap.com
印刷：武汉珞珈山学苑印刷有限公司

开本：640 毫米×920 毫米　1/16　　印张：22.5
版次：2013 年 2 月第 1 版　　　　2021 年 6 月第 28 次印刷
字数：268 千字

定价：32.00 元

目　录

标人群”、“市场规模”、“顾客心理”来确定讲话定位，以求“适销对路”。这一点，对于“一把手”讲话尤为重要。

第十五篇　善于展示“亮点”：让你的汇报让人记住/272

●发现和展示你的亮点吧！向上汇报和典型发言绝对是一门“技术活”，把你的特色和成效淹没在平庸的叙述中那是绝对愚蠢的。

第十六篇　重要文件：吹响无声的号角/286

●保护环境需要节能减排，其实文件起草也需要“节能减排”。一些机关文件中空话、套话、废话产生的大量NOx、SO_2、COD，对人们的污染和毒害难道还会少吗？

第十七篇　修改与打磨：最后一个符号不是句号/305

●常言道“文章不厌千回改”，当你在初稿结尾处如释重负地打上最后一个句号的时候，千万不要以为大功告成，因为那不是结束，而只是追求完美的开始。

附录1　一篇迟到的民情日记/332
附录2　以务实的作风抓好下半年招商引资和主攻工业工作讲话提纲手稿/336
附录3　在CCTV全国第十一届模特大赛新闻发布会上的致辞修改手稿/338

结语：“写作十要”顺口溜/343

前言：一位老秘书的“未了情”

12年前，当我结束17年的秘书生涯从市委秘书长转任市委宣传部长之后，利用半年的业余时间，仅凭一枝笔、几叠稿纸写成了拙著《愿你成为大手笔——机关公文写作知识问答100题》。许是由于写的都是自己所熟悉的东西吧，其速度之快、运笔之流畅，连我自己也感到有点吃惊。其时之所以没有参考任何一本有关机关公文写作的教科书，倒不是出于狂妄，恰恰相反，是因为已有的教科书的全面性、规范性和权威性使我有“曾经沧海难为水，除却巫山不是云”之感，同时也生恐一旦被它们牵着鼻子走就失去了“自我”，所以干脆来个“闭门造车”，只从个人实践的角度谈体会、谈感受，既作为个人多年从事“爬格子”事业的粗浅总结，也希图给初进机关“爬格子”的朋友们一点启发。仅此而已，而已而已。

正是出于这种心理，此书由江西人民出版社出版发行后，能发行多少，能产生多大的社会效益，我都没太在意。但到后来，奇怪的事情发生了。随着我调任F市常务副市长、市长，P市市委书记，Y市市委书记，这本书竟也与我形影不离，我走到哪里它就大量出现在哪里新华书店的书架上，先是市委办、政府办的文秘人员争购，然后是市直单位的文秘人员争购，再然后是一些根本不是吃文秘这碗饭的机关干部也去争购或者直接到我办公室索要，好像那是一本难得的畅销书似的。正当我得意着呢，突然有人发手机短信提醒我："书记，这纯属拍马屁行为，应立即制止，否则影响不好！"当时我还真的信了，即令工作人员前去新华书店交涉，要求他们停止进书。书店经理赶紧跑来大呼冤枉："书记啊，我们进书卖书，读者买书，这纯属市场行为，您无权干涉吧？何况您这本书真的写得很好，全国各地到处求购，出版社正准备再版呢！"我这才半信半疑，也就作罢。

后来我才知道，此书 2003 年被评为全国畅销书之一，至今已再版 8 次，仍有不少读者网上求购，有的网站已制作电子版予以发售。以下是网上摘来的部分读者点评：

——感受真我(过有意识的生活)：在写作，特别是公文写作方面，这是极为难得的一本用真心写就的书。与现在的公文写作大全、写作技巧、教程完全两码事，是一位从事公文写作人用感情和真心，从思想、布局、技巧甚至心理方面无私分享经验的书。强烈建议从事公文写作的人一定要看，一定会有很大的收获。

——哈尔趴下：此书作者功底深厚、令人信服；文字水平高，亲切明白，耐读性很强；内容全面，既有理论、思想指导，又包括了文字秘书常见文体写作指导和分析。读此书有一种读小说的阅读快感，并能得到工具书般的丰富知识，值得推荐！

——user521：谁有这本书啊，我两倍价格求购。如果您不愿意出售，可否让我复印一下，出同样书价。请与我联系，或者在这里留联系方式，我会联系你的。

——李耀先：作者毕竟是文字秘书出身，而且还是领导干部，写得果然没有让我失望，很多都是我在工作中碰到的问题，完全可以找到答案。其实，写作这东西，一半是悟性，一半是技术。悟性这东西，因人而异，是没有办法的事情；而技术，可以通过后天的学习来弥补、强化。这本书，就是这样一本适逢其用的好书！

——fang—1109：此书不是低层次简单的学习公文格式的条条框框，而是作者几十年的机关写作功底积累出来的丰富而实用的写作实战经验，是站在“大手笔”的高度教导如何写出有内容有价值的以文辅政的工作报告、调研报告、讲话稿。不是一堂枯燥无味的让人打瞌睡的理论课，而是一场耐人寻味、让人听得振奋人心、津津有味的报告会。此书值得一读，值得拥有！

——shihaojing1：非常不错的，非常实用的机关公文写作书。很有针对性，很厉害的老师傅！不是学院型的，是实际运用型的！公务员的实用工具书。而且，精炼、准确、生动……一本工具书都能成为这个水平，老师傅的水平可见有多高了！

——西米的莹莹：此书对于初任公务员来说，实在是一本不可多得的公文写作工具书，首先浅显易懂，内容渐渐深入，指导性非常强，虽然单独的例子不多，每个章节大多只有一个，但是在作者对公文写作的讲解中，处处都穿插着案例，非常有助于理解。总之是非常好的书。

——chpolice：这本有近10年时间的书，现在捧在手里，都还有感觉，对我这个初到机关，亟待提高写作水平的人有很大的启发，关键在于，笔者以自己的经历和经验告诉了读者一种学习的方法，我很喜欢。

——沉香炉子：无意在当当网上看见这本书，买回来看了看，发现确实名不虚传，对文秘工作起步者非常有帮助，很实际，对文字工作指导性很强！

——子矜73：这是我目前读到的最实用的一本公文写作书，不同于其他的公文书教你格式或者给出例文，这本书教你一些公文写作的方法，对锻炼写作能力很有帮助，书不厚，但内容很丰富，很生动，读起来也不费力。

——灯花弄：这本书很实用，结合了作者的实际工作经验，不过书第一版时间可能比较长，感觉例子有点旧。

我这人最大的缺点就是经不住表扬，经读者朋友这么一"忽悠"，还真的有点洋洋自得，一个人躲在书房里就着一瓶红酒快活了大半天。但冷静下来再看此书，发觉它还是有很多不足的，比如有些观点显得陈旧，有的方法也未必经得起推敲，特别是用今天的眼光来看，正如有的读者朋友所提出的，有些例子显得有点过时。恰在此时，身边不少文秘人员提出建议了："书记，您何不写一本'续集'，既作为对第一本书的延续和完善，又帮助我们解决写作中的一些深层次问题？"

这倒是我没想过的。说实话，当年我担任秘书、秘书科长、政研室副主任、秘书长前后加起来共17年时间，写了多少稿，熬了多少夜，品尝了多少酸甜苦辣，本以为写完那本书就可"金盆洗手"，再说当了领导还用得着自己写稿子么？结果却不是那么回事。当了领导虽然不用直接起草稿子，但总有改稿子的时候，你总不能秘书怎么写就怎么念吧？碰到秘书不在身边或者秘书写来写去总觉得不满意的时候，你也该自己动动手吧？更何况，因为我是当秘书出身，当了领导之后自然而然还带有秘书的"痕迹"，特别是对需我经手的各类重要机关文稿要求严格，从主题到观点，从结构到语言，甚至从语法修辞到标点符号，都一一从严把关。后来发现，这么干实在是太累了，也太傻了，长此以往哪里吃得消？于是想了几个给自己、也给秘书们"减压"的法子：一是凡遇有重要文稿起草，自己先列出提纲让他们去写，让他们"戴着锁链跳舞"，再跳也跳不出多远；二是对经过几次修改仍不满意的稿子，干脆扔开不用，自己列个提纲或打个腹稿就上台去讲，让秘书去录音整理就是，倒也省事许多；三是尽量照顾秘书们的情绪，对基本过得去的稿子，尽可能照念，从中插进自己的思路和观点。这样一来倒也轻松了许多。

但问题并没有真正得到解决。因为那本书的影响，不少文秘人员对我心存敬畏，每逢为我写稿时总感到紧张、有压力，越是紧张越有压力就越是施展不开，就越是写不出令我满意的文章。说来真是难为了他们。因为我先后在几个地市当主官，每当我要到某市履新的消息传出，为了迎合我的“口味”，该市的文秘人员就如临大敌似的赶紧从网上搜集我在前几个地市的所有讲话稿，分析，研判，抓风格，抓特点，还把一些重要的观点、句式、段落和结构方法记录下来，待我到位后果然派上了“用场”。偏偏我这人记忆力不错，一看稿子，咦，好像在哪里见过？哦，原来是我用过的！哈哈，这下可露馅了！按说人家这样做也没有错，既是责任心强的表现，也是精心为我服务的表现，但我既不喜欢重复别人也不喜欢重复自己，这样的稿子自然要挨“枪毙”了。于是就出现了这样的情况：凡是被我大段大段改过的稿子，都被他们当宝贝一样原封不动保存起来；凡是我即兴讲话整理的稿子，他们都一一仔细研读；碰上我有点空闲的时候，“逼”着我举办写作知识讲座并现场解答问题；碰上我情绪好的时候，一帮小伙子大姑娘居然还悄悄弄点儿花生米鸭翅膀之类的玩艺儿先把我灌个半醉，然后缠着我传授所谓的“写作秘诀”。

平心而论，凡是能走上文秘岗位的同志都有一定的写作基础，而且从我接触过的几个地市的文秘工作者来看，他们不仅很敬业，能吃苦，上进心强，很多同志还有较高的理论水平和写作水平，有些在报刊上发表过的文章还称得上是上乘佳作。问题就在于，为自己写文章和为领导写文章完全是两码事。于是，秘书们要求我写“续集”的理由就显得堂而皇之了：您认为所有的写作问题在第一本书中都解决了吗？您不认为机关公文写作也需要与时俱进不断创新吗？您过去是秘书现在是领导，站在领导的高度对公文写作难道就没有新的见解新的要求吗？您难道不想让我们的写作水平提高得快点儿以便更好地为您服务为您分忧让您老人家轻松舒服点儿吗？

好厉害。好像他们是领导我是下级似的。好像我不写“续集”就不放过我似的。我说那好吧，写，但要你们大家一起来“写”，把你们在写作中遇到的最多、最困惑、最难办的问题集中起来“写”。商量的结果是：不再沿用第一本书的问答式，而以“提示＋实例＋心得”的模式，由秘书们从我所有文稿中挑选他们认为最有启发和借鉴意义的篇章或片段，由我写提示，继而举例子，最后秘书写心得。另外，此书不涉及机关公文所有体裁，集中谈领导常用文稿写作。

这样考虑是有道理的。就像第一本书中所提到的，机关公文中文件、会议纪要、请示、总结、通报、信息等等文种都有其相对固定的格式，只要接触多了自然就熟悉了，而领导常用文稿，包括各种会议讲话、向上汇报、心得体会、调研座谈、应景致辞、个人言论和文章等等，却是千变万化，随机性强，没有固定模式可循，加上现代领导文化水平都高了，有些领导同志即使不用稿子也能讲得很精彩很漂亮，由此就更增加了写作的难度，的确需要文秘人员不断探索和适应。需要说明的是，此书仅以本人改过、写过、用过的文稿为实例，绝无“王婆卖瓜”之意，却有“一孔之见”之陋，如果能给读者朋友一点小小的帮助，也就自感欣慰了。

呜呼！知我者谓我心忧，不知我者谓我何求。好不容易告别了多年的秘书生涯，如今竟又重操“旧业”，不能说是“自讨苦吃”，只能说是尽一个老秘书的“未了情”吧！

开篇

功夫在“诗”外

——从文字游戏的泥沼里跳出来吧！“外面”的世界很精彩，“当领导”的感觉很豪迈，强“心”健“体”是根本，否则你的作品永远摆脱不了被“枪毙”的尴尬。

●关于“长、短、高”的困惑

1982年底我大学毕业回到家乡，本来踌躇满志地想到报社或文联混碗饭吃，几番奔走却处处碰壁，最后竟无心插柳柳成荫——被检察长看中，因为那时被“文革”砸烂的检察院刚恢复不久，检察长大人亲自跑到人事局从毕业生中挑一名“笔杆子”，条件是：共产党员、中文系毕业，正好这两条我都符合。我本来以为检察院那单位太严肃太吓人一点儿不好玩，再说我是学中文的而不是学法律的到那去岂不学非所用么？但想到自己毕竟是个共产党员，必须服从组织分配，还是乖乖地去了。检察长一见我就出考题：“小谢，‘贾’字除了是姓氏，还有什么解释？”我不禁暗自发笑：这不是考小孩子么？于是答道：“商贾，指商人。”检察长满意地点点头，没过两个月就让我披挂上阵：为他起草在全区检察工作会议上的总结报告。大姑娘上轿头一回，总得好好表现表现，于是我使尽浑身解数苦干三天三夜终于拼出一篇文辞华丽激情四溢长达万言的“重要讲话”，满以为能得到检察长的表扬，谁知他说：嗯，文笔不错，就是短了点。于是我七拼八凑，把篇幅拉长到一万五千字了，谁知他还是嫌短。没办法，山穷水尽了，只好“剪刀加浆糊”，从检察报刊上搜来一大堆东西硬塞进去，篇幅拉到了三万字，这才勉强过关。他老人家讲话时念稿加发挥居然“总结”了整整一天，听得与会者精疲力竭直打呵欠，会后还七嘴八舌骂我说我吃饱了撑的干吗写得那么长。但这怪不得我，是领导要我写这么长，短了不行。

我在检察院工作了两年多，虽然“长”文章写得我眼圈发黑形容憔悴，但总算对上了检察长的“路”。过不久我又被地委分管政法的副书记相中，调到他身边当秘书。第一次为他写讲话稿，本以为也要写“长”点才能显示“水平”，把稿子写到了两万字，谁知换来副书记一顿臭骂“你这懒婆娘的裹脚布又臭又长谁喜欢听啊”，硬要我压缩到三千字以内。以后又写了几篇，也是写“短”才顺利过关。却原来，这位副书记文化水平不高，农村干部出身，朴实，简练，不喜欢啰嗦。这才明白：并不是每个领导都喜欢讲“长”话。

说来我运气真不错，又过了两年，我荣升地委办秘书科长，专门负责地委书记讲话稿的起草。哈，这可不是闹着玩的，我得小心对付才是。开始几次，无论我怎么卖劲怎么“小心”，书记阅稿后总是说：“小谢，要站高点！”“站得还不够高，再高点！”弄得我满头雾水：天哪，什么叫“高”？到底要站多“高”？难道要站到地委大院的水塔顶上去才够“高”吗？后来我慢慢悟到了：书记是大学政教系毕业，本来理论功底深厚，加上常怀忧党忧国之心，所以讲起话来总喜欢高屋建瓴，立意深远，旁征博引，思辨性强。抓住他这个特点，写稿时我就努力适应，实在没辞时就去找马克思恩格斯黑格尔叔本华甚至惊动孔老夫子和亚里斯多德，如此一来连我自己都以为站得有“东方明珠”那么高了，说话的口吻已经接近省委领导乃至中央领导了，这才使“成品率”大大提高。书记大人既严肃庄重，又和蔼可亲，他知道我有喝酒写稿的习惯，所以每次要加晚班时他都亲自嘱咐行政科长：“去，给小谢弄点吃的！”接下来我便就着酒和花生米行云流水般写呀、写呀，站高呀、站高呀，“高”得都有点头晕目眩、飘飘欲仙了。

●不妨“自我提拔”一下：写稿时我就是领导

首先声明：写下这话绝不是狂妄自大更不是求官要官，实实在在是工作需要。如果你是作家或诗人，尽可在你想象的空间自由翱翔；如果你是记者，尽可用你的新闻视角去生活中采集所需素材并表达自己的观点；如果你是理论家或某个领域的专家学者，尽可运用你的理念你的逻辑充分表达个人见解；如果你虽然是机关文秘人员但只是以个人名义发表文章，也尽可抒一己之情立一家之言。唯独为领导起草文稿，必须忘却“自我”，听领导话，仿领导样，跟领导走。

为什么这样说？其实道理不言而喻。领导是一个地方或单位的主政者，是工作的决策者、组织者和指挥者，他承担着贯彻上级决策部署、推动事业发展、完成各项任务的重要职责，他必须通过各种方式方法来行使领导职能，其中，会议讲话、发表文章、构思和审定重要文件无疑是重要的领导方式之一。就拿会议讲话来说，它必须体现领导本人的理念、意图、主张和见解，必须体现领导本人看问题、想问题、解决问题的立场和方法，乃至必须体现领导本人的思维习惯、语言习惯和办事风格，一句话，必须“文如其人”。当然，对于那种“办事离不开秘书，讲话离不开讲稿”的领导，那又另当别论了；如果真是这样，那秘书反而好当了。问题在于，这样的领导在当今时代已经少而又少，绝大多数的领导都希望秘书起草的文稿基本或完全对自己的“口味”。这样一来，秘书写稿必须尽可能“迎合”领导就是势所必然的事情了。前文所述“长、短、高”就充分证实了这一点，与其说是“缺点”不如说是“特点”，与其说是“差别”不如说是“风格”，你无权挑剔也不能挑剔，而必须努力与之相适应，这也套得上如今流行的一句话：领导说行不行也行，领导说不行行也不行。

回头又说我自己的经历。那年我第一次告别秘书生涯，从地委政研室副主任岗位被提拔为某山区县县委书记。上任不久，一位退休老领导突然求见，我以为有什么重要事情相商呢，他说的却是："谢书记，向你提两条建议：第一，你不能烫卷发（其实我的卷发是祖辈遗传的）；第二，你不能穿花衣服（其实我穿的是条格休闲西装）。"听后我不禁暗自发笑，当然还是感谢他的好意。又一次，外经办主任来向我请示："书记，广东一客商来谈投资，说是要带一位女秘书前来，这恐怕不行吧？"我又一次哑然失笑。干部群众普遍观念陈旧、墨守成规的现状，迫使县委作出了"开展一次解放思想大讨论"的决定，于是布置办公室为我起草一篇动员讲话。秀才们苦思冥想了好几天，好不容易憋出"既要解放思想，又要严明纪律"、"既要放开搞活，又要加强管理"这样几个观点，我一看，虽然说得没错，但觉得太书卷气太娘娘腔，不符合本人风格，于是自己提炼了一个形象化的观点："大江东去，清流与浑浊并存，毕竟比死水一潭要好；放开搞活，繁荣与垃圾并存，毕竟比闭塞贫穷要好"，一句话石破天惊，震动全县，虽然众说纷纭，最终还是搅动了干部群众的思想，促进了外向型经济迅速发展，成为全区解放思想的典型。虽然我这个观点在后来"三讲"时被要求"讲清楚"，但我并不后悔，伟大的邓小平同志都说了："打开窗子，苍蝇蚊子进来了，但新鲜空气也进来了"，我何错之有？

举这个例子只是希图说明：写稿的时候必须站在领导的角度想问题，必须模仿领导然后"像"领导。也就是说，写稿的时候不妨"自我提拔"，时刻记着"现在我就是领导"：

——像领导那样忧国忧民，胸怀全局，从大处着眼思考问题和提出问题，深谋远虑，把关定向，绝不能凭一己之见坐井观天，就事论事，只见树木不见森林，只谈琐事不抓要务；

——像领导那样熟悉上情、了解下情，把贯彻上级大政方针与联系本地实际结合起来，创造性地开展工作，既讲好"普通话"又讲好"地方话"，绝不能照抄照搬，人云亦云，满足于当"传声筒"和"文抄公"；

——像领导那样注重讲话的针对性、实用性和可操作性，一切着眼于推动工作、促进发展，绝不能坐而论道，空洞说教，满篇都是空话、大话、套话、放之四海而皆准的“正确的废话”；

——像领导那样注重文风与政风、作风的一致性，长与短、虚与实、深与浅、朴素与华丽、委婉与犀利、含蓄与明快、沉稳与激烈、新潮与谨慎，可谓千姿百态，各显特色，无一不是领导个人不同文化层次、不同工作阅历、不同性格气质和不同处事方式的体现，绝不能千人一面，不加区别地把同一种文风“套”给每一位领导，更不能把个人风格强加于领导之上；

——像领导那样居“高”临“下”，指挥若定，叱咤风云，大量使用“要”、“必须”、“务必”之类的祈使式语言，给下级指方向、明责任、交任务、教方法，绝不能模棱两可，不知所云；不能隔靴搔痒，避实就虚，说来说去说不到点子上；不能以秘书的角色以“低”充“高”，掺杂个人观点和感情色彩；不能拖泥带水，吞吞吐吐，大量使用“大概”、“可能”、“据说”之类的模糊语言。

……凡此种种，想说明的问题只有一个：要使自己“像”领导，就必须学会琢磨领导、“迎合”领导、模仿领导。说来你别见笑，当年我当秘书时为了做到这一点，那可是下足了功夫的。要点是：（一）注意了解掌握领导的关注点、兴奋点，日常工作中经常提到的重点、难点问题；（二）注意观察领导的思维习惯、语言习惯和处事方式方法，摸准领导的个性特质和喜好；（三）注意记录领导喜欢经常表述的观点和见解，尤其要把领导即兴讲话时突然冒出的精彩观点和言辞牢牢记住；（四）注意了解领导喜欢读哪一类的书籍和报刊，然后跟着去阅读；（五）要十分珍惜领导改过的稿子，弄清楚领导为什么要这样改……如此等等。这么一说，也许有的朋友会心生厌恶，以为这样做是“溜须拍马”、“曲意逢迎”、“人身依附”的庸俗行为，但我得理直气壮地说：既然吃了秘书这碗“饭”，你就不得不这么做，否则就写不出让领导满意的文章。而且我还得说：如果你跟上了真正公道正派、才华横溢、能力超群的领导，那真是一辈子的福气，不仅对写好文稿大有好处，而且对个人成长也大有裨益，要不怎么有人说领导身边是藏龙卧虎之地呢！

●模仿≠盲从

到底是书生出身，虽然知道要服从领导“模仿”领导，但有一次我却不知天高地厚地与领导干了一架。那次我为地委某领导起草一篇在职工代表大会上的讲话，本来以为写得蛮可以的了，谁知领导阅稿时加上一句“要关心职工和群众的生活”。我一看，觉得逻辑上有毛病，就去找领导解释：报告领导！“职工”是“群众”的一部分，二者是大概念与小概念的关系，不是并列关系，所以要么不要“和”字，要么“职工”和“群众”取其一即可。领导听了半天还是没弄明白，于是我就打比方：这就好比说“蔬菜和黄芽白”，“蔬菜”是大概念，“黄芽白”是“蔬菜”的一种所以是小概念，二者不能并列。领导越听越糊涂了，见我还要解释，突然眉毛一竖：“别说了别说了，什么蔬菜黄芽白这个那个的，到底我听你的还是你听我的？”这下我也来了火：“那好吧，以后别叫我写稿子，另请高明吧！”冷静下来又后悔，完了，冒犯了领导，以后这日子还怎么过？幸好，领导到底是领导，大人不计小人过，以后还是叫我写稿，而且不再轻易改动，顶多把个别标得不太清楚的标点符号标清楚一点就是了。

按说，类似“蔬菜和黄芽白”的语病真的用不着太较真，领导文稿中这样的瑕疵多着呢，但我由此想到：“模仿”领导是必须的，而盲目服从是不妥的，这叫对领导负责，也叫对事业负责。所谓“模仿”领导，只是就思路、主题、观点、风格等大的方面而言，具体如结构、标题、遣词造句等则是秘书的事，必须精心细致，尽量不出大的毛病。如果发现领导改稿有欠妥的地方，应该敢于提出、善于解释，绝不能将错就错，听之任之。

更何况，任何一位领导哪怕是再高明的领导，都不可能是完人，不可能什么都懂，不可能什么事情都考虑得很周全。由此我要说的“模仿≠盲从”另一层含义是：秘书的脑袋应该是领导的脑袋的扩大，秘书的手脚应该是领导手脚的延长，写稿时要善于为领导多做拾遗补缺、锦上添花的事。比如：领导某方面的专业知识不足，可能改稿时冒出句把外行话，你得帮助纠正；领导想表达某方面的意思但表达得不够准确不够深透，你得顺着他的思路想下去，帮助他把意思说准说到位；领导想举某个事例但说出去可能产生某种副作用，你得帮助领导把握分寸，把话说得周全些；领导的某个观点可能有失偏颇，你得帮助修正；领导表达某种哲理但听起来太抽象太晦涩，你得尽可能写得深入浅出，或恰到好处地举个例子，让听众能够听明白；有些时候，领导因为工作太忙或来不及想清楚而未就起草某篇讲话明确授意，你就得根据会议主题和平常的观察、积累先列个提纲，让领导修改、审定后再起草。对这些方面，作为从秘书“转身”为领导的我，体会是太深了。虽然因为我写了那本“大手笔”而使一些同志在为我起草讲稿总是有点缩手缩脚，但对他们提出的合理意见和建议我都予以采纳，他们对我改过的稿子中某些不足之处进行再修改再完善，我也予以肯定，所以他们说我“大气”。说“大气”不敢当，其实领导真的离不开秘书的帮衬和补充。

总之，善于“模仿”领导，才能有高度、有底气、有境界；不盲从领导，才算尽职责、尽能耐、尽忠心。当然啦，写完稿子你就不再是“领导”而恢复了秘书的本来面目，要是你的作品获得领导肯定和好评，那就偷偷乐上一回吧。

●信息就是财富

经常看到这样的稿子：结构严谨，语句通顺，逻辑上也挑不出毛病，但总是存在这样那样的不足：或者干巴巴缺少水分，瘦嶙嶙缺乏血肉，看上去没点儿生气和灵性；或者重复雷同，就同一项工作写不同时期的讲话稿时，第一次显得鲜活生动，再写第二次、第三次时就显得“江郎才尽”，了无新意，无非把原来写过的东西颠来倒去玩点儿文字游戏；或者奉行“拿来主义”，从上级领导讲话和文件中“拿来”，从报刊杂志上“拿来”，从网上“拿来”，从头到尾基本上没有自己的东西；或者语言枯燥，生拼硬凑，牵强附会；或者脱离实际，闭门造车，缺乏时代感和实用性。凡此种种，原因固然是多方面的，但信息量不足肯定是一个带根本性的原因。

无疑，拥有足够的信息量也是文秘人员必备的“诗”外之功。当年我初到地委办秘书科工作时，同样碰到过类似的问题：经过领导授意，虽然有了主题却没有充足的素材，有了观点却没有足够的例证，有了目标却提不出具体可行的措施，总之觉得心里没“货”，写起来总是憋得慌、闷得慌，一字一句像挤牙膏似的“挤”出来。后来我知道该怎么办了。我找来一大堆笔记本，每一本记录一类信息：历史沿革和人物典故、基本情况和发展现状、党群政法、农业农村、工业经济、城市建设、外地经验、警句格言等等，没日没夜地记呀、抄呀，几年下来，光这些笔记本就够装满一麻袋。本来，阅读也是获取信息的重要手段，但一目十行走马观花式的阅读，印象不可能太深刻，阅读中把那些有价值的观点、语言、数据等记录下来，能够加深记忆，写作中自然而然能派得上用场。所以，直到如今，我仍然保持着带笔记本阅读的习惯。有的同志以为：记笔记也好，做卡片也好，这种做法太笨太累。其实不然。一个人哪怕记忆力再好，也不可能把那么多东西都记住，即使记得片言只语也未必准确，不好引用。我的体会是，你所记录的东西虽然未必都用得上，但实际上也已起到了潜移默化的作用，久而久之，使你的知识面和信息量慢慢拓宽，这也许就叫“厚积而薄发”吧。如果说世界上95%的人读书看报可以“读书读皮，看报看题”或者是用以消遣时光，那么唯独剩下这5%的文字秘书就必须用脑、用心去读，去发现，去琢磨，去采撷自己所需要的东西。

当然，仅凭记录、记忆是远远不够的，你还必须通过整合、消化，加上平日的观察分析，让所有接触到的信息在脑子里活起来、动起来、分门别类“储存”起来。除了必备的理论、文化、科技、金融等知识类信息外，以下几类是至关重要的：

（1）大政方针类。包括党和国家的路线方针、决策部署、重要文件和上级领导的重要讲话，它们决定着一定时期的发展方向、主要目标、基本原则，关乎国计民生、民族前途，是基层组织行动的指南、决策的依据，必须熟悉掌握。

（2）政策法律类。它们是国家大政方针的具体化，层次上涉及宏观、中观、微观，内容上涉及政治、经济、文化、科技、教育、军事、民生、宗教等各个方面，而且都带有刚性、强制性，在实践中只能遵循不能违反，虽然谁也没那本事全都记住，但日常工作中大量用到的基本内容和重要条款，必须熟悉掌握。

（3）时政时事类。这里指对国际国内总的形势、重大变化、发展趋势等方面的总体把握，政治方面如意识形态、军事、外交、人权，经济方面如主要理论和流派、发展模式和经验教训、重要政策和机制创新，社会发展方面如重大事件、舆情动向、关注热点等，虽然这类信息在写作中未必能全部用得上，但对于开阔视野、拓宽思路、科学研判形势、在总体格局中找准工作的前进方位，都是不可缺少的，必须基本熟悉和掌握。

（4）基本情况和发展动态类。基本情况如一个地方的人口、土地面积、行政区划、风土人情、经济结构、发展历史等；发展动态如一定时期的工作重点、决策部署、重大成就、存在问题、发展方向等，都需要我们牢牢地记在脑子里。相对来说，基本情况是“死”的，还容易掌握一些；发展动态则是“活”的、千变万化的，必须通过经常性的观察、分析、研判、综合才能把握得住，而有些秘书同志恰恰在这一点上“火候”未到，所以写起东西来要么是腹中空空、无从下手，要么是不得要领、乱写一气，要么是拾人牙慧、缺乏特色。

（5）典型经验类。典型引路，榜样示范，是我们一贯的也是行之有效的工作方法。这种方法引用到领导常用文稿中，往往能起到烘托主题、印证观点、启迪思维的作用，使文章显得丰满生动和有说服力。这就要求我们平常工作中要注意发现典型，个人的也好，集体的也好，本地的也行，外地的也行，总结其经验，挖掘其价值，揭示其借鉴推广意义，做到“胸中有典型，下笔不慌张”。当然，领导文稿有时也需要引用反面典型来说明某个问题，比如用某个安全事故证实安全生产必须长抓不懈，用某个腐败案件来教育干部廉洁自律，这同样需要认真掌握。

(6) 社情民意类。社情民意是社会的“晴雨表”，是领导决策的重要依据，因而也是机关文稿起草不可或缺的“信息源”。获取这类信息的渠道很多，包括专题调研、座谈交流、问卷调查、个别交谈、登门走访等等，但重要的不在于形式，而在于能否听到真话和实话。一个听不到真话和实话的地方是危险的，一个不愿意听真话和实话的领导者是愚蠢的，同样地，一个不善于收集真话和实话的秘书是不称职的。只有把社会上带倾向性、苗头性、规律性的东西掌握住，把老百姓的所思、所虑、所盼、所愿掌握住，才能为领导决策提供可靠的依据，也才能使起草的文稿具有针对性、实用性。

(7) 人文历史和佳句格言类。这类信息看起来与文稿写作关系不是太大，但有时又确实用得上，比如有时引用某个历史事件或历史人物，可以增加文稿的“厚”度和深邃感；有时引用古典诗词和名人名言，可以增加文稿的美感和色彩。我本人就碰过这么一回事：那次陪同一位大领导乘车去某县视察，本来准备了满肚子的经济社会发展情况、成绩与不足、建议与要求等等，谁知一张嘴就被大领导打断：“这些都不用谈了，材料上都有，你给我谈谈《天工开物》、八大山人、百丈清规吧!”惊得我出了一身冷汗，幸好我平常注意收集积累这方面的资料，所以还能说出个大概，要不然可丢大丑了。这些知识虽然与写稿没有直接关系，但也足见平常的信息积累是何等的重要。

需要积累的当然不止上述这些方面，如果是为分管某项工作的领导写稿，或者是为专业性较强的部门领导写稿，则还需要掌握一些更具体、更专业的知识和信息资料。总起来看，秘书尤其是党政机关和综合部门的秘书，必须努力使自己成为拥有足够信息量的“通才”，最好是“通”、“专”兼具，写起文稿来才能得心应手、如鱼得水。

有的同志说：你说的固然没错，但秘书和领导的信息量总是不对称，这个问题怎么解决？这的确是个现实问题。领导同志由于各自阅历不同、所站角度和高度不同、思考问题和接触实际的方式方法不同，获得的信息量、信息的种类和性质自然也不相同，这是秘书们无法与之比拟的。但从另一方面说，秘书也可以通过自己的主观努力去尽量缩小这种“距离”，除了自身勤于积累外，包括尽可能多地陪同领导调查研究、参观考察，聆听领导在不同场合发表的讲话和言论，研读领导所作批示和亲笔撰写的文章，设身处地地站在领导的角度关注和收取有价值的信息，等等。其实，领导的“信息量”也没有那么神秘，一个市、一个县的工作，工农商学兵，东西南北中，变来变去也就那么多东西，只要你能做到勤于积累、全局在胸，信息量自然就大了。怕只怕懒惰散漫，不读书、不看报，不了解上情和下情，不认真思考与分析问题，或者只是浮光掠影，浅尝辄止，虚以应付，那当然于事无补了。其实，领导的时间和精力毕竟有限，信息量再大也不可能无所不包，秘书的信息量大了，还能成为对领导的有益补充呢！

归根到底，就起草领导文稿而言，掌握信息的直接目的不外乎三个，一是说理，二是说事，三是说人。说理：必要的理论依据、思想认识、观点阐述；说事：做什么、怎么做；说人：精神状态、方法与作风、素质与能力等等。三者相互依存，缺一不可，否则就会出现要么太空洞、太不着边际，要么太就事论事、太单调乏味的不足。怎样处理这三者的关系，不属于本篇要讨论的范围，暂且不提。

●让自己的心理素质强大起来

与市、县领导和部门领导交谈，发现很多同志都有一个共同的苦恼：“笔杆子”难找。因为这一点，有好的思路和目标但表达不充分不完整，有好的做法和经验但挖掘总结不出来，有好的理念和观点但总是被啰里八嗦的文字叙述所淹没。没办法，有的领导只好去报社、文联或学校“调”笔杆子，结果发现有些同志除了文字华丽一点书生气更重一点之外并没有别的优点，甚至比原来的笔杆子还要糟糕。于是，有的领导只好亲自提笔操刀，挑灯夜战，咬文嚼字，累得苦不堪言；有的口才好一点的领导干脆丢开稿子不用，自己列个提纲登台去讲；有的领导则抓住秘书不放，一遍两遍三遍直至 N 遍地改，这个角度那个角度这个提法那个提法没完没了地换，直把秘书们折腾得死去活来。

不错，笔杆子难找是事实，领导们的苦衷可以理解，但从我个人的体验和理解来说，一方面，领导同志对秘书不能苛求，要宽容，要注重培养，没有哪个文秘人员一上岗就能驮大材料并使领导完全满意的；另一方面，秘书也要与领导换位思考，爱岗敬业，好学上进，尽快进入角色，尽快适应领导需求。话是这么说，秘书们要做到这一条其实也很难，第一，“秘书活”本身就是苦活、累活，而且为领导写文章是“出力不出名”，说得不好听是“为他人作嫁衣裳”，没有吃苦精神、奉献精神是不行的；第二，过去领导层中文化水平高的不是很多，其中不少还是工农出身，他们的讲话比较容易对付，而现在领导干部的文化水平普遍提高了，动不动就是本科生研究生甚至还有博士生博导，本身就有很高的文字和口头表达能力，所以拼足了吃奶的劲也跟不上、吃不透；第三，按照世俗的看法，跟了哪个领导就是哪个领导的人，领导在位还好办，一旦领导调走或退休，有的秘书就要坐“冷板凳”了。因为这三条，就给一些文秘人员的心理罩上了沉重的阴影，有的只是被动应付，无所谓稿子合格不合格，领导满意不满意，写出了初稿就算完成了任务；有的虽然表现得积极主动，但只是为了日后升迁或调到舒适一点的岗位，巴不得早日脱离这份“苦差事”；还有相当一些同志则是怕苦畏难，怕稿子被“枪毙”，怕丢面子，怕愧对领导，总是陷于深深的困惑和无奈之中。

我不知道有没有哪位“大手笔”正在构思《秘书心理学》这本书，但我认为全国上下成百上千万文秘人员的心理素质好不好肯定是一个至关重要的大问题，换句话说，没有过硬的、良好的心理素质，是无法胜任本职的。首先，要有正确的择业观和价值观。如同其他任何职业和岗位一样，秘书工作也是党和国家这部大机器上的一个“零部件”，缺了哪一个都不行，既然事业选择了你，你就要为事业尽职尽责。其次，要有使命感和荣誉感。领导文稿起着承上启下、推动工作的重要作用，从事这项工作虽然艰苦但又无上光荣，虽然默默无闻但又轰轰烈烈，意识到这一点，才能有前进的动力，有强烈的责任感和事业心。再次，要有自信心和上进心。俗话说“三百六十行，行行出状元”，能够走上文秘岗位，本身就具备了一定的基础，何况到领导身边工作是难得的学习锻炼机会，只要加强学习，不断进取，终能获得成功，造就成才。第四，要有对于挫折、失败甚至讥笑、非议、委屈的耐受力。没有哪项事业能够不经波折而一举成功，没有哪份文稿能够不经修改打磨而一次“过关”，当你遭遇挫折和失败的时候，当你挨了领导批评深感委屈的时候，正确的方法绝不是灰心丧气、妄自菲薄，而是挺直腰杆抖擞精神叮嘱自己：重来！我行！我一定能成功！

就我自己的体验而言，心理素质的变化大约经历了四个阶段。第一个阶段是紧张感和失落感。刚刚迈出校门走上秘书岗位，就像面对茫茫大海、深山密林，一时不知从哪儿起步，所以仅凭所学、所见、所思乱写一气，自然逃脱不了被“枪毙”的厄运，为此我叹息过、后悔过、悲观过甚至还哭过。亏得一位资深老秘书不厌其烦地开导我、指点我，才打消了“跳槽”的念头。第二阶段是好胜心和进取心。经历一次、两次、三次乃至无数次的失败，不服输、不气馁，就像婴儿学走路一样，摇摇晃晃，前仰后跌，慢慢在大人的搀扶和鼓动下掌握了要领，摸着了门道。通过不断的观察和领悟，掌握不同领导的风格特点，同时加强学习积累，掌握领导文稿写作的一般要求和基本规律，使自己逐渐有了“底气”，一般的小材料基本能应付得过去。第三阶段是适应感和求成感。经过前两个阶段的“摔打”，能够初步搭起文章框架，能够在领导的授意下提炼出主题和观点，能够按照机关文稿的特点较为顺畅地谋篇布局和运笔行文，写出来的稿子在领导那儿能够基本通过或部分通过，虽然还会带有“待晓堂前拜舅姑，画眉深浅入时无”的惶恐，但不需推倒重来，无非在“画眉深浅”方面再作些加工润色即可。第四阶段是胜任感和成就感。到这个阶段应该说是基本得心应手了，无论领导授不授意，都能较为准确地表达领导意图、体现领导风格，而且能够恰到好处地发挥想象力和创造力，基本能达到遵从领导与主观能动的统一、形式与内容的统一、说理说事与说人的统一，稿子不仅能顺利“过关”，有时还能得到领导的表扬。大家都知道，对于文秘人员来说，领导的肯定和表扬就是最高的奖赏，这时候你心中会有一种快意油然而生，会把写稿过程中的艰苦和烦恼忘得一干二净，会不由自主地反复默诵文稿中的某一个精彩观点或某一段精美文字，当然也有可能邀上三五同事躲在哪个角落里美美地喝上二两。

好啦，谈了这许多所谓“诗”外功夫，不过是个人一些粗浅偏颇的体会而已，还是以一段顺口溜赶紧作结吧——

文章千古事，
甘苦寸心知。
笔端吐韬略，
纸上展神奇。
书墨催人老，
成功最相思。
功夫在诗外，
只恐悟来迟。

第一篇
一切立足于解决实际问题

——笔下有风起云涌，笔下有春华秋实。记住：写文稿就是展思路、亮观点，就是提任务、定措施，就是要解决实际问题，舍此，再漂亮的文字也一文不值。

A. 要点提示

不言而喻，领导文稿的作用就是要推动工作，解决问题。什么问题？有思想认识问题，有贯彻上级决策部署推动本地发展的问题，有本级党委政府重大决策问题，有如何攻克改革发展中热点难点的问题，有改善和保障民生的问题，有如何确保安全稳定的问题，有如何加强党的建设端正干部思想作风的问题，如此等等。由此，领导文稿尤其是领导讲话，就必须有的放矢，对症下药，指明方向，交代任务，提出解决问题的思路和办法。可以说，任何一个有责任心、有实干精神的领导都十分注重文稿的针对性和实用性，以体现其主张、行使其职责、实现其预期工作目标。由此我要说：为文章而文章写不出好文章，太“文章”的文章不是有价值的文章，能够切中时弊、解决问题的文章才是让领导满意的文章。

B. 基本训练

1. 从文章构思开始就直奔主题，即：这份文稿要解决什么问题？领导的意图是什么？解决这些问题需提出哪些措施和方法？想清楚、想透彻之后再考虑结构和行文，而不是相反。

2. 进入写作过程中，注意避开空话套话、大三段套小三段、排比句之类的诱惑，绕过“为文章而文章”的“陷阱”，始终围绕“提出问题、解决问题”而思考、而展开。

3. 对“问题”要点准、点透，解决问题的措施和办法要可行、可操作、可见效。

4. 时刻记着：只要能够解决实际问题，即使你的文章结构、语言等方面存在某些不足，也成功了一大半。

C. 实例印证

[实例一] 新年布局

在全市经济工作会议上的讲话（摘要）

（2007年2月26日）

这次全市经济工作会议是摆脱春节气氛、迅速收心干事的一次重要会议，是谋划全年经济工作、为今年发展开局起步的一次鼓劲动员会议。下面，我讲几点意见。

一、成就的光荣只能属于过去，而现实的差距和落后掉队的危险却迫使我们高度警醒。不进则退，慢进也是退，换届后的各级班子决不能在萍乡发展史上留下一段平庸无能的记录

过去几年，在省委省政府的正确领导下，我市经济社会发展取得了很大成绩，为我们实现“十一五”目标任务奠定了良好的基础。但是，站在新的起点上，我们不容乐观，压力很大。一方面是加快发展的压力，过去我们的主要经济指标增长幅度在全省是靠前的，但前两年有些主要指标落后了，而各兄弟市正在以比我们更快的速度向前发展，有的地市原来一些经济指标落在我们后面，但现在已经反超我们。另一方面是科学发展的压力，目前我们有三项任务比省内兄弟市都要重。一是节能降耗的问题。据2005年的统计，我市单位GDP能耗远远高于全省平均水平，是全省最高的；规模以上工业单位工业增加值消耗标准煤远远高于全省平均水平，在全省排在第二位。二是治理环境污染的问题。去年我市被评为全国环境较差城市之一，这种高污染的状况和“灰姑娘”的形象，不仅严重影响群众的身心健康，也严重影响到我们的投资环境。三是安全生产的问题。众所周知，我们的高危行业占较大比重，稍不注意就要出问题，安全生产始终是套在我们头上的“紧箍咒”。所有这些面临的困难和问题、差距和压力，用一句话概括就是，不加快发展不行，不科学发展不行，不和谐发展也不行。各级干部尤其是党政领导必须清醒地意识到，我们已经面临着落后掉队的危险，如果不加倍努力，我们就将被兄弟市远远甩在后面，就将从地理上的边缘化同时成为经济实力上的边缘化，我们就将无颜面对省委省政府和180万父老乡亲，人民群众就将骂我们无能。

要解决当前存在的一系列问题，实现争先进位，归根结底要靠发展。发展先于一切，发展高于一切，发展重于一切，发展是解决一切问题的根本。我们要做的工作千头万绪，但最根本的还是要通过发展来减少矛盾、减少杂音、减少阻力；通过发展来把干部群众的心思和精力凝聚起来，一心一意干事创业；通过发展来增强经济实力，提高人民群众生活水平，融洽党群干群关系，实现建设和谐社会的目标。要发展就会有压力，有压力怎么办？首先要正确对待压力。人没有压力不能进步，事业没有压力不能成功。既然党和人民把我们放到了领导岗位上，就要干事，就要吃苦，就要奋斗，不能贪图舒服，不能不承受压力。没有压力就会滋生惰性，就会影响事业发展，作为干部应该处在一种常态的压力之下，在压力下尽职尽责把事情做好，形象地说就是“跳起来摘桃子”。如果害怕压力，不愿意承担压力，那么市委只好另派不怕压力、敢于承担压力的同志到你这个岗位上去。其次要把压力转化为动力。光承担压力还不够，还要把这种压力转化为开拓进取的精神状态，转化为不甘落后的雄心壮志，转化为攻坚克难的思路、措施和方法。我们不能为落后找理由，只能为发展想办法；不仅要勇于承担压力，还要自我加压，不须扬鞭自奋蹄。要在全体干部当中形成一种压力动力机制，以此激励斗志、促进跨越、实现崛起。

二、解放思想过去是、现在是、将来仍然是加快发展的“第一道工序”。面对新形势新任务，必须赋予解放思想以新的内容，着力排除一切影响发展的思想障碍

解放思想说了这么多年，为什么还提出这个问题？这是因为解放思想也有个与时俱进的问题，旧的问题基本解决了，新的问题又出来了，因此必须不断地解放思想、更新观念。更为重要的是，受赣文化、湘文化的双重影响，我市干部群众思想比较活跃，创业的意识和能力比较强，这是好事，问题是怎样把这种特质进一步集中到干事创业上来，以全新的理念促进加快发展。从实际情况看，解放思想要着重在以下八个方面下功夫：

一是要破除固步自封、夜郎自大的观念，树立博采众长、赶超发展、争先进位的观念。如果满足于现有成绩、固步自封、骄傲自满、夜郎自大，满足于小进则喜、小富即安，那是不可能有大的发展的。值得警觉的是，我们有些同志的确存在这种情绪，总是“自我感觉良好”，习惯于纵向比，不习惯于横向比；习惯于按老经验老办法办事，不习惯于用新思维新方法办事，这是十分危险的。应当看到，目前全国、全省各地争先恐后、你追我赶、不断超越，好做法、好经验层出不穷，我们只有打开窗子看世界，善于学习，博采众长，为我所用，才有可能实现加快发展的目标。

二是要破除官本位的观念，树立亲商、亲企、亲民的观念。官本位意识作为一种封建思想残余，至今仍然深刻影响着一些同志的思想，一切以官为荣、以官为尊、以官为人生唯一追求。一个官本位意识盛行的地方，肯定是一个官僚主义、形式主义作风盛行的地方，也肯定是一个发展环境不好的地方。为此，要从引导干部树立正确的世界观、人生观、价值观入手，横扫官本位意识，树立亲商、亲企、亲民意识，在全社会形成“尊重企业家、尊重纳税人”的良好风尚。执法部门和司法部门要转变管理和执法理念，寓管理、执法于服务之中，改进服务质量，提高办事效率，自觉纠正一切有损企业合法权益、有损投资环境的行为，为兴工强市、全民创业创造宽松和谐的环境。

三是要破除无债一身轻的观念，树立敢于和善于举债搞建设的观念。“无债”从一个方面来说是好的，从另外一个方面来说是不好的，一个地方的发展如果仅靠自身积累、仅靠财政投入来完成，那是绝对难有大的作为的。国内一些发达地区、省内一些先进地市，无不是举债搞建设。加快发展，一大批项目要上，如果不举债，都要等筹足自有资金来搞，那就什么事也干不成。我们要算大账不要算小账，要算活账不要算死账，要算长远账不要只算眼前的账。只要有利于发展，就要敢于举债。当然，关键是要做到举债有度、用债有方、还债有源，形成“举债——见效——再举债——再见效”的良性循环。

四是要破除传统的投融资观念，树立通过资本运作等形式多元投资办事业的观念。传统体制下办事业、上项目，单纯依赖财政拨款和银行贷款，现在已经不合时宜了。在市场经济条件下，除了财政投入和银行融资外，很多事情都是可以通过市场运作、通过资产整合和置换、通过外来资本和民间资本来做的，但我们有的同志却总在犹豫彷徨，甚至认为公益事业还是应该由政府拿钱来搞，认为“公办”更合算、更保险。还有的开发性项目，本来可以通过土地运作来解决资金问题的，但有的同志思路太窄，要么是一味依赖财政拨款，要么是不计成本乱供地，结果做了亏本买卖。另外我们还知道，上市融资本来是一条很好的融资渠道，但我们至今还没有一家自己的上市公司。这里边既有观念的问题，也有方法的问题，关键就是不懂得资本运作，不懂得和不善于玩转资本这个神奇的“魔方”。所以，既要更新观念，又要加强学习和实践，决不能因为这方面的无知而耽误时机，影响发展。

五是要破除单纯依赖传统产业求生存的观念，树立注重依靠技术进步、制度创新求发展的观念。目前我们的规模以上工业企业中，传统工业企业户数达60%以上，销售收入达到了总量的80%以上，甚至还可能更高，高新技术产业所占的比重却非常小。我们的工业结构仍然是“三高一低”，即高能耗、高污染、高危险，低附加值。虽然不少同志已经意识到这一点，但观念上仍然受旧的东西束缚，创新的氛围不浓，创新的力度不大，习惯于在传统产业中转圈子。因此，必须在全社会特别是各级干部和各类企业中强化创新意识和品牌意识，强化自主创新能力，在积极鼓励、扶持和引导传统产业利用先进技术、工艺和管理搞好升级换代的同时，着力抓好高新技术产业的引进和建设，将工业化与信息化紧密结合起来，大力调整和优化工业结构，加快新型工业化进程。

六是要破除赚钱享乐的观念，树立干大事、创大业、求大变的观念。我觉得无论是我们的干部还是民营企业都要注意这个问题。我市民营经济比较发达，老百姓创业意识比较强，电瓷、工业瓷、烟花鞭炮产业都已成为富民强市的重要支柱，但在民营企业中家族式管理的多、产品低附加值的多、企业主小有成就后享乐型的多。从干部这方面来说，有的贪图安逸，玩风太重，有的甚至违规购车、违规集资建房、违规出国旅游，实际上都是由于享乐思想作祟。只图享乐，不图创业，如果成为一种普遍性的价值取向和观念定势，无论对于全民创业还是对于干部队伍建设，都是十分有害和危险的。只有在干部群众中形成干大事、创大业、求大变的共识共为，我们的事业才会大有希望。

七是要破除重农轻商、重工轻商的观念，树立放手发展第三产业特别是现代服务业的观念。重视农业、工业肯定是对的，但与此同时必须重视三产的发展。第三产业不仅就业容量大，而且也是重要的财源，是方便群众生活和繁荣城市面貌、增强城市吸引力的必要条件。我市中心城区的三产有较好的基础，人气商气比较旺，但要在科学规划的基础上，进一步放手放胆放量发展，包括文化娱乐、餐饮服务、美容健身、休闲购物等等，同时要加强管理和引导，促其规范经营，上规模、上档次，成为建设“文化旅游商贸城市”的重要组成部分，成为吸引外地人前来投资创业和旅游观光的“亮点”。而且我们还要顺应经济社会发展的需求，不断优化三产结构，引导投资者发展现代物流业、旅游业、信息业、科技服务业、中介业等新型业态，强化三产对经济发展和社会进步的服务功能，进一步提高三产对国民经济的贡献率。

八是要破除被动应付抓招商引资的观念，树立大力度开放、高质量引进的观念。近几年来，我们市、县（区）两级在招商引资方面都做了一些工作，应该说有成绩也有问题。问题出在哪里？首先还是出在思想观念上，有的同志虽然口头上也重视招商引资，但实际行动上抓得不力、不主动，大开放、大引进的氛围远未形成，更多情况下还是那种“关起门来搞建设”的老套数，只在市内引来引去，把邻县的企业挖过来也算是招商引资，缺乏那种开门搞建设、借力谋发展的意识和魄力。虽然引进了一些项目，但有些数字有水分，有些项目质量太差，有些企业长期不能达产达标，尤其是缺少投资规模大、创税能力强的大项目和高新技术项目。长此以往，还谈什么发展开放型经济？可以肯定，不狠抓招商引资，我们的工业结构就难以改变，经济的市场化程度和外向度就难以提高，加快发展的目标就不可能达到。从现在起，要举全市之力招商引资，举全市之力主攻工业，真正使发展外向型经济形成“大气候”，实现大突破。

三、经济决策的效应首先来自于决策实施的具体化、数字化和项目化。没有项目支撑，我们的事业就将一片荒凉。实施项目带动战略，是加快发展的当务之急

我曾反复强调，没有项目就没有发展，没有项目就没有财源，没有项目就没有后劲。实施“兴工强市”战略，实现“十一五”各项目标任务，归根结底要落实到具体的项目上，只有以项目建设作为载体，才能实现大发展。必须看到，我们“十五”期间培育的一些项目，增长能量已经释放得差不多了，下一步我们的增量在哪里？就是靠新的项目。因此，对项目建设问题，我们任何时候都不能有丝毫放松，要通过大力培育和发展一批工业项目、城市建设项目、第三产业项目、农业产业化项目、基础设施建设项目，促进经济社会的又好又快发展。

第一，要认真筛选、论证和包装一批优质项目。这方面有关部门做了大量工作，但总体来看，有深度、有吸引力的项目不多，以至我们向外商推介时推不出几个好项目。为此要迅速组织有关部门和专家进行产业规划、项目论证包装，这要作为重要的基础性工作来做。一是要围绕科学发展抓项目，立足于实现资源型城市战略转型，抓好项目的培育和引进，以项目建设推进传统产业的技术改造和升级换代，特别是要加快高新技术产业项目的发展步伐，推动产业结构的战略性调整。二是要突出个性特色抓项目，立足于我市特有的产业基础、资源条件和文化内涵，打好“特色”牌，扬优成势，彰显个性。三是要依托全民创业抓项目，充分发挥我市民营经济基础好、全民创业意识强的优势，在大力发展“顶天立地”的大项目的同时，积极发展“铺天盖地”的中小项目。特别要注重选择成长性好、配套性强的中小项目，加大扶持力度，延长产业链，形成产业群，为引办大项目、推动中小项目上规模上档次创造良好的产业配套条件。

第二，要千方百计拓宽项目融资渠道。一是要发挥企业作为投资主体的作用。企业是市场经济的主体，也是项目开发和建设的主体，要引导企业树立主体意识，增强上项目的主动性和积极性，尤其是重点骨干企业，要创造条件上大项目，上技术改造项目，以此提升装备水平和产品档次。二是要充分发挥金融部门融资主渠道作用。目前，我市各金融机构的存款余额有170多亿元，富余的资金正在急切地寻找项目，而项目的建设也迫切需要资金。因此，要进一步加强政、银、企之间经常性的联系和沟通，进一步加大项目的宣传和推介，规范企业经营体制，提高信用程度，为争取贷款创造良好条件。三是要着力引入外资民资，推进投资主体多元化。坚持把招商引资作为项目工作的生命线，积极转变招商方式，更加突出环境招商、专业招商、产业招商、以商招商等招商方式的运用，努力引进国内外大企业、大财团到我市投资兴业。要大力激活民间资本，采取更有力的推动措施，降低门槛，放宽准入，支持民营资本投入公益性事业项目，参与国有企业改制和产业整合。四是要加大跑项目争资金的力度。紧紧抓住国家支持资源型城市转型、对中部地区实施政策倾斜的机遇，积极向上争取项目和资金。特别是对已经申报立项的项目，要保证专人盯着做工作，确保把项目扶持资金争取到位。

第三，要大力强化项目的督导和调度。项目建设事关全市经济发展大局，必须加强领导，强化责任，狠抓落实。市委、市政府已经明确了2007年的14项重点建设项目和一批为民办实事项目，市委、市政府班子成员和市人大、市政协有关领导每人都要挂项目，采取“五个一”的办法，即一个项目，一个责任单位和责任人，一个工作班子，一个挂点或督办领导，一套实施方案，确保这批项目的顺利实施。各责任单位“一把手”作为项目建设第一责任人，必须用主要时间和精力抓项目建设，要将项目建设进展情况列为对其政绩考核的重要依据。对重点工业项目，我们也将采取领导挂钩督办的做法。要进一步完善项目建设调度机制，实行分层次、分阶段调度制度，对重点项目要做到每月集中调度一次，督促进度，解决问题。希望各县区和经济开发区的同志迅速行动起来，量化指标、落实责任，强化作为、力求突破，以项目显政绩，以项目论优劣。

四、我们必须深深懂得：成功在于细节，细节在于操作。如果缺乏强烈的求真务实精神，缺乏科学有效的具体操作，那么，再好的决策、再宏伟的目标都只能成为美丽的肥皂泡

大政方针确定之后，抓落实就是决定性因素。要抓好落实，就必须注重细节，注重提高各级干部的操作力。所谓操作力，简而言之，就是做好具体工作、处理实际问题的能力。有的同志可能会认为，具体的事就是小事，小事还用得着领导来做吗？这种看法显然是错误的。大事是由无数小事组成的，小事干不好就成不了大事，怕只怕我们有的同志小事不愿做，大事又做不来，热衷于当“宏观领导”，大而化之，马虎潦草，结果是：宏伟蓝图在墙上，慷慨激昂在会上，措施得力在纸上，就是落不到实际成效上。还有的同志，虽然有强烈的事业心和务实精神，但到了具体工作中不懂得操作，不善于破解难题，心有余而力不足，结果什么事情也办不成。这些都说明了增强操作力的极端重要性。我认为，大政方针是由中央、省里定的，市县以下的工作主要是操作，即使制订一个地方的发展战略，也是对上级大政方针的具体化和地方化，实际上这也是操作。各级干部是否注重操作、善于操作，能否培养造就一批干实事、见实效的操作能手，直接决定着一个地方事业的兴衰成败。

增强操作力，首先要加强学习，勤于实践。现实生活千变万化，各种矛盾层出不穷，如果不加强学习，不勤于实践，肯定谈不上操作力。这一点，对年轻的同志和缺乏基层实际工作锻炼的同志尤为重要。光有书本知识是不够的，坐而论道更是不行的，一定要到实践中去观察、去磨炼，比如参与一个国有企业改制的全过程，或者一宗经营性土地的招拍挂全过程，就会懂得怎么操作了。即使是有过基层工作经历的同志，也需要不断学习，不断实践。比如我们提出推进新型工业化、新型城市化、农业农村现代化，如果再用过去的老经验、老办法来操作就不行了，而要用新理念、新知识才能操作成功。

增强操作力，要于细微处见精神，于落实上下功夫。任何一项决策出台，决不能层层照搬照抄，大家说来说去还是文件上那些话，而要将决策具体化、可操作化。比如工业发展问题，市委、市政府专门出台了关于“兴工强市”的决定，里边提到传统产业的改造提升，就是要开发新产品、延长产业链，提高附加值，那么产业链该怎么延伸？究竟哪些产业成长性较好，要如何设置、如何配套？技术创新方面又有哪些企业、哪些产品可以通过技术改造来提高科技含量、产生新的效益？又比如招商引资工作，市委、市政府也专门下了文件，那么实施过程中就需要细化，如何改进招商方法、提高招商效率？重点包装和推介哪些项目？如何建立招商引资信息网络？还有农业农村工作、城市建设和管理工作等各个方面，都要从操作层面考虑和处理问题。这方面有些单位做得不错，有些单位做得不够，有的同志说话办事太原则、太笼统，甚至比上级领导还"宏观"。从抓落实的角度看，想问题办事情，副职应该比正职更具体，部门领导应该比分管领导更具体，县级应该比市级更具体，只有层层具体化，层层抓落实，工作才能抓到位，抓出成效。

增强操作力，还要注重理性思考，讲究方式方法。同样操作一件事，不同的思维和方法，其结果是大不一样的。比如公开拍卖一宗经营性土地，公告发到什么范围、选择哪家公司来拍卖、拍卖程序是否规范，都直接决定着成交价的高低。又比如洽谈一个招商引资项目，操作过程中必须精心设计，仔细算账，从投资规模、投资强度、土地价格、政策优惠、规费收取乃至投产时限和违约责任等等方面都要考虑周全，使之合乎国家政策和"互惠双赢"原则，如果操作不精不细，要么是门槛太高把客商吓跑，要么是闭着眼睛乱优惠，做出"客商发财、政府倒贴"的蠢事。这方面的教训值得牢牢记取。

增强操作力，最根本的还在于各级干部要有强烈的事业心和求真务实精神。有事业心才会有求真务实精神，有求真务实精神才会注重操作力的提高。求真务实好，求真务实难，求真务实有时还要承担某种风险和牺牲个人的某些利益，但既然我们当了干部，求真务实就是唯一的选择。各级各部门要认真学习上级关于加强干部队伍作风建设的重要精神，着力解决好作风方面存在的问题，以扎实有效的工作、严谨细致的操作，创造实实在在的业绩。

［实例二］要害点击

在全市重大产业和重点项目推进年活动动员大会上的讲话（摘要）

（2010年2月20日）

今天的会议，是一次表彰先进、鼓舞士气的会议，更是一次紧急行动起来，打好重大产业、重点项目攻坚战，夺取赶超发展、科学发展新胜利的动员大会。下面，我着重强调一下做好今年的各项工作、特别是推进重大产业和重点项目必须坚决防止和克服的几个方面的障碍。

第一，要防止和扫除精神状态上的“障碍”，始终保持急起直追、争创一流的勇气和激情。良好的精神状态是干好一切工作的前提。去年一年的实践已经充分说明了这一点，但我们决不能因为去年取得的成绩就沾沾自喜、固步不前。必须以开展“重大产业和重点项目推进年”、“创业服务年”活动为契机，横扫夜郎自大、盲目乐观的麻痹松劲情绪，横扫信心不足、萎靡不振的悲观失望情绪，横扫得过且过、消极应付的疲劳厌战情绪，再次点燃产业发展和项目建设的激情。激情来自哪里？来自强烈的事业心和责任心。抓项目建设肯定有困难、有压力，没有强烈的事业心、责任心，抱着消极无为、混日子的思想，习惯于慢慢来、平平过，肯定是抓不好项目的。作为一个有事业心、责任心和良心的干部，一切困难和问题，都不应该成为坐等观望、无所作为的理由，不应成为心浮气躁、怨天尤人的借口。在抓项目建设上，各级干部特别是领导干部，一定要有“等不起”的紧迫感，要有“慢不得”的危机感，要有“坐不住”的责任感和“争一流”的使命感，以“不为困难找借口、只为发展想办法”的积极姿态，力促重大产业和重点项目建设取得新突破。

第二，要防止和扫除思想观念上的“障碍”，始终保持敢想敢干、善谋实干、成就事业的决心和智慧。项目建设和产业发展，既是对我们各级干部领导力、责任心的重大考验，更是对我们创造力、操作力的重大考验，必须在更深的层次、更广的领域上进一步解放思想。在抓项目建设和产业发展上，有的同志热情很高，但有时总是感到心有余而力不足；有的同志开拓创新精神不足，不研究国家的产业政策和投资导向，不熟悉项目知识和运作方式，心中无数，思路不宽，招数不多；有的同志传统计划经济体制的思维定势没有根除，瞻前顾后，患得患失，放不开手脚，在工作中等待观望，不敢越“雷池”一步；有的同志当“太平官”的思想严重，怕担风险，怕负责任，缺少闯劲和冲劲；有的目光短浅，小家子气，在对外交往中，算小账、算死账，不善于算活账、算长远账，缺乏谋划大项目的胆略和气魄。诸如此类，说到底都是思想观念没有转变的问题，为此我们必须持之以恒地抓好解放思想这个头道工序。要放宽视野谋项目，认真研究、主动出击，拿出一批与形势变化同步、与国家政策合拍的项目，对接国家出台的区域发展规划和产业发展规划。要着眼长远做项目。项目是凝结经济发展要素和承接优惠政策的载体，也是扩充经济总量、加快发展速度的强力增长点和优化经济结构的有效手段。过去的投资结构决定了现在的经济结构，现在的投资结构又决定和预示着未来的经济结构，所以在抓项目建设的过程中，我们一定要有长远眼光，既要重视抓一批能迅速扩充经济规模，做大经济总量的项目，更要重视培育一批打基础、管长远、支撑未来发展的大项目、好项目。要开明大气跑项目。我们提倡艰苦朴素、勤俭节约，但中国有句古话“穷家富路”，在对外交往中，千万不能小家子气，只要不违反财经纪律，该给的工作经费要给，该花的钱要舍得花，包括项目论证包装、工程规划设计，一定要舍得花钱。要敢担风险抓项目。谨小慎微干不成大事，唯唯诺诺成不了大业，抓项目建设尤其如此。

第三，要防止和扫除发展“瓶颈”上的“障碍”，始终保持攻坚克难、注重细节的操作能力。要把解决要素制约问题作为保障

"重大产业和重点项目推进年"活动顺利开展的关键环节，集中力量，重点攻坚，力求突破。当务之急要解决好土地、资金两大难题。关于土地问题。我们一方面要积极向上争取用地指标，包括包装好的项目，挤进省里的计划"笼子"，争取省里的机动指标；另一方面一定要转变传统的用地理念和方式，精细算账，惜地如金，最大限度地盘活和用好存量，最大限度地减少浪费和闲置土地现象，对那些动静不大，闲置土地较多的地方一定要采取强硬措施，县里不收，市里来收。关于资金问题。各级党委、政府和有关部门一方面要继续加强对国家宏观政策的研究，做好有关项目、资金的对接落实工作，力争在国家投资的总盘子中占有更大份额。另一方面要抓紧建立与赶超发展相适应的投资体系，进一步完善担保体系，大力推进市县两级融资平台建设，激活社会资金；要继续引进股份制银行来我市设立分支机构；要大力支持企业上市，提高直接融资的比重。作为金融系统的同志，去年在应对金融危机中想了很多办法，做出了很大贡献，希望进一步解放思想，调整优化信贷结构，引导资金合理流动，特别要增强贯彻适度宽松货币政策的针对性、灵活性和有效性，更加有力地支持重大产业和重点项目建设，支持重大基础设施建设和城市建设，支持"三农"工作和民生工程，支持结构调整和发展方式转变，为经济社会赶超发展做出更大贡献。

第四，要防止和扫除发展方式上的"障碍"，始终保持并践行科学发展的先进理念。随着低碳经济、绿色经济的兴起，我们的发展方式将面临更加严峻的挑战。从我市实际情况看，转变发展方式除了要继续抓好节能减排和生态保护工作以外，当务之急是要进一步加大产业结构调整力度。一方面要在继续坚定不移地强攻工业的同时，大力发展现代服务业，解决三次产业结构中三产比重偏低的问题。加快服务业发展，意义不仅在于解决就业，增加地方税收，更重要的是能够加速新型工业化、城镇化的进程。在服务业中，旅游业是最能带来人流、物流、资金流、信息流的产业，旅游业旺了，餐饮、娱乐、休闲、购物等产业才旺得起来，财源也才旺得起来，所以必须快马加鞭加快旅游业发展。与此同时，还要注意发展与工业相配套的现代服务业，包括现代物流、信息服务、科技服务、中介服务等。另一方面，要下大力气调整工业产业结构，在抓好传统产业改造升级的同时，要大力发展锂电新能源、生物医药等高新技术产业。要提醒大家的是：任何一个产业的建立，都不可能一蹴而就，需要经过几年、十几年，甚至几十年的不懈努力；任何一个产业的发展，不可能是哪一个人或是哪一个单位的功劳，必须群策群力，合力攻坚，一旦认准，就要义无反顾、百折不挠、持之以恒地抓下去。全市上下都要紧急行动起来，紧紧抓住新能源发展的大好机遇，强势推进锂电新能源产业，力求在重大项目招商、产业化基地建设、项目落地、资源与资金的整合运作上取得大的突破。转变发展方式比以往任何时候都更迫切需要科技和人才支撑。离开了科技和人才支撑，就没有技术进步，就没有产品创新，就没有资源的充分利用，就没有发展后劲，也没有产业结构的调整和发展方式的转变。对科技和人才工作，我认为，第一，科技和人才比资金有时候显得更重要。一定要防止产生这样的偏向：一谈到抓发展，首先想到的就是抓资金，而想不到抓人才、抓科技，或者是把人才放在比较次要、靠后的位置上，舍得下气力引资金，舍不得下气力招人才、引技术。第二，科学使用人才比引进、培养人才更重要。人才决不能成为装点门面的“摆设”，更不能成为“叶公好龙”的“牺牲品”，否则引进和培养再多的人才也是白费劲。第三，对引进的人才，给一片创业的舞台比给一份高薪更重要。我们有的单位，虽然花高薪招聘了人才，但人才引进来之后，却把他的手脚捆得死死的，不给人才一个施展才能的空间和舞台，最后一个个生龙活虎、满怀抱负的人才庸庸碌碌地在机关慢慢“老去”。第四，在全社会营造一个“鼓励创新、尊重人才”的环境最重要。要冲破一切妨碍人才快速成长的思想观念，革除一切束缚人才施展才华的陈规陋习，改变一切影响人才创业创新的氛围和环境。

第五，要防止和扫除发展环境上的“障碍”，始终保持“不让任何一个投资者受委屈”的良好环境和服务精神。一个发展环境不优的地方，必定是一个“官本位”思想严重的地方，也必定是一个让客商望而却步、唯恐避之不及的地方，也肯定是一个没有发展、没有前途的地方。近年来，我市各部门按照“办事认真、说话算数、服务到位，不让任何一个投资者受委屈”的要求，在优化发展环境上做了大量艰苦细致的工作，取得了一定的成效，但也或大或小地还存在一些问题。今年我们开展“创业服务年”活动，重点要解决以下问题：一要着力解决政策不落实的问题。为了推动经济社会发展，市委、市政府先后出台了一些非常好的政策，但有的只是在各级干部手里转来转去，广大企业家和创业者有时候根本不知道。政策的浪费，就是最大的浪费；政策的空转，就是财富的流失；政策的不落实，就是对政府公信力的最大损害。我们一定要把诚信践诺、说到做到作为取信于民的根本，说到的就一定要做到。二要着力解决部门办事拖拉、推诿扯皮的问题。除了继续坚持过去一些好的做法以外，各级各部门要进一步转变政府职能、优化组织结构、理顺职责关系，打破部门利益制掣、简化办事流程、提高行政效率，坚决克服“衙门”作风、高高在上的作风，坚决克服照抄照搬、墨守成规的作风。三要坚决打击各种破坏发展环境的人和事。从各地反映的情况来看，在项目建设中都或多或少地遇到过一些干涉和阻挠，有的项目因此迟迟不能落地，有的项目手续齐全、补偿到位，但企业一进场却受到无端阻挠，有的项目安排到某一个村，一些基础工程、土石方工程非要当地人来做不可，甚至一些必须经过招投标环节的项目他们也抢着要做，否则就别想进场。这股破坏发展环境的歪风必须坚决制止！对那些蛮不讲理、漫天要价，“敲竹杠”的，对那些违法乱纪、无法无天、严重影响重点工程建设的，政法部门要强势介入，依法严肃查处，为项目建设营造稳定的建设环境。四要进一步强化大局意识、服务意识。任何部门、任何个人都要以推进重大产业、重点项目建设为己任，积极参与，敢于担当，出色完成各项任务，决不允许以部门利益影响项目建设，决不允许不作为和乱作为，决不允许对企业索拿卡要，决不允许轻商扰商，决不允许对市委、市政府的决策部署阳奉阴违、顶着不办。

第六，要防止和扫除干部作风上的“障碍”，始终保持埋头苦干、求真务实的优良作风。坐而论道、虚以应付、粗枝大叶抓不到好项目，回避问题更抓不到好项目。在产业发展和项目建设这场事关前途命运的大会战中，我们决不允许有无所事事的“撞钟和尚”，更不允许有滥竽充数的“南郭先生”。应该肯定，我们绝大多数单位、绝大多数同志对项目建设是重视的，作风比较过硬，措施比较有力，这从去年“双百会战”中就得到体现，但也确有一些同志思想上、行动上还存在这样那样的问题。这一点我仍然要说，我们市直单位的同志要向县市区的同志学习。投身经济建设主战场、招商引资、抓项目建设，市直单位的确在观念、行动上比过去有很大转变，但是我认为与县市区比还是有差距，有的怕苦畏难情绪比较重，有的消极地对待项目建设，不仅没有主动走出去招商的意识，就是客商走上门来都不愿见；有的任由市委、市政府如何动员，依旧坐着不动，把自己当成招商引资、项目建设的局外人；有的单位引进了1—2个大项目，就想着吃“老本”，压着分期分批报；还有的单位招商引资任务没有“破零”，不是想方设法去完成，而是总想着怎么编个理由搪塞市委、市政府；有的非但自己不动，还对市委、市政府确定的工作重点和工作目标说三道四、品头论足，有意见不从正规渠道反映，而是背地里到处说风凉话、泼冷水。这些问题尽管都是少数，但是对我们的事业发展，对产业发展、项目建设是有危害的。各级领导干部要带好头，党政主要领导要轮流出去，亲自带队招商引资、跑项争资，要经常到产业项目建设现场办公，了解产业项目建设进展情况，协调解决工作过程中遇到的各种问题。其他领导也要切实担负起责任，主动招商引资、跑项争资，特别是对挂点项目要主动跟进，协调服务，确保早日见形象、见成效。

这里我特别强调一下工业园区的问题。这几年，我市工业园区发展很快，取得了很好的成绩，各工业园区主任，包括班子成员、职工都非常不容易、非常辛苦、劳苦功高，但是重大产业和重点项目的主要载体就在工业园区。工业园区是主攻工业的主战场，是培植税源的主战场，也是“重大产业和重点项目推进年”活动的主战场，所以市委、市政府对各工业园区继续寄以重望，希望大家不辱使命，把工业园区建设搞得更好、更快。搞工业园区和开发区，这是相当不容易的，一方面我们要对工业园区严格要求，同时也要理解和宽容，大家都要对工业园区高看一眼、厚看一分，大家都要同心协力地为工业园区的发展搞服务、开“绿灯”；另一方面我们也诚恳地希望工业园区在今年的“重大产业和重点项目推进年”中能够更加奋发有为。工业园区是战场，不是官场；在工业园区工作的同志是战斗员、服务员，不是官员。如果把工业园区作为官场、我们工业园区的同志都是官员，那么这个工业园区肯定是搞不好的。是战场，就必须要有打仗的气氛，要有取胜的决心；是战斗员、服务员，就必须要有服务的意识，全心全意为企业发展服务，为赶超发展服务。相对于机关，相对于其它很多工作，工业园区的发展最容不得“衙门习气”，最容不得当“宏观领导”，最容不得“慢慢来、平平过”，所以我们迫切地希望并且相信，工业园区能够在今年以及未来的发展中给市委、市政府交出一份合格的答卷。此外，各有关部门要全身心服务项目建设，做到进度能快则快，环节能省则省，程序能减则减，确保项目落地快、建设快、投产快、见效快。各级干部面对新的形势、新的任务、新的考验，一定要奋发有为，决不能当疲疲沓沓的懒官，不能当浑浑噩噩的庸官，不能当回避矛盾和问题的“太平官”。对那些在产业和项目建设中不思进取、一筹莫展、无所作为的干部，要采取组织措施进行调整。

［实例三］思路探讨

在市四套班子务虚会上的讲话

（2008年7月16日）

今天我们用了一天的时间开四套班子务虚会。各位班子成员着眼于我市如何实现赶超式发展，各抒已见、畅所欲言，主题突出，观点鲜明，有很多真知灼见，对于我们今后优化决策、推动发展，将起到很好的作用。这次务虚会，是一次解放思想、建言献策的大讨论活动，以后至少一年开一次，以便集思广益、博采众长，使我们的决策更加科学，更加符合人民群众的愿望。

下面，我也谈点个人意见，与大家一起交流探讨。

一、关于赶超发展的战略定位和城市定位问题

关于我市经济社会发展的战略定位，市第二次党代会报告已经很明确了，就是“坚持开放立市、工业强市不动摇，突出决战工业园、建设新农村、做大市本级，切实把我市建设成为产业集群的新型工业基地、实力雄厚的县域经济强市、环境优雅的江南生态休闲城市、人民群众安居乐业的和谐之地”，这一思路总体很好，要继续坚持下去，同时也要根据省委省政府新的工作要求和我市新的发展情况作进一步完善和提升。比如“环境优雅的江南生态休闲城市”，根据大家谈到的“城市定位”问题，可完善为“中部地区最佳宜居城市”。

关于城市定位，关系到一个地方走什么路子、树什么形象，好的定位可以起到一种凝心聚力、引领发展的作用，所以大家谈得最多，而且谈了很多好的意见。我个人赞同定位为“宜居城市”，目标就是打造“中部地区最佳宜居城市”。宜居城市不仅要生态好、水质好、绿化好，而且包括社会文明度、经济富裕度、环境优美度、资源承载度、生活方便度和公共安全度六大指标体系，是对一个城市素质的整体体现和综合评价。根据宜居城市六大方面的评价指标，我们的自评得分为77.5分，这说明我们通过举办全国农运会和城市创建活动，有了较好的基础。目前在经济指标，包括人均GDP、人均财政收入、城镇居民人均可支配收入等指标上还有很大差距。这恰恰说明“宜居城市”的定位是有道理的，一是这个目标很鼓舞人、吸引人，值得我们为之奋斗；二是城市建设和管理我们有一定基础，通过努力可以达到；三是经济指标上存在较大差距，需要我们做长期艰苦的努力。有关部门要尽快拿出工作方案，把创建中部地区最佳宜居城市的目标具体化、项目化、可操作化，分步骤抓好实施。同时通过报纸、电视台、电台广泛宣传，动员全体市民共同来参与。

二、关于赶超发展的目标测定

关于赶超发展的各项指标，有关部门做了测算分析。通过测算，我们看到了成绩，更找到了差距。我们在成绩面前要保持清醒，在差距面前要保持紧迫感，更要看到问题也是机遇，差距也是潜力，从而坚定信心，奋力赶超。根据具体的测算情况，我们不可能一两年就达到最终目标，而要分阶段设定目标，第一步“止后移”，第二步“争进位”，第三步“站前列”。具体来讲，今年乃至明年，主要还是“止后移”的问题，因为目前有的关键指标已经在后移，再也不能往后移了，要咬紧牙关，稳住阵脚。“争进位”，即通过3年左右努力，争取关键性指标前移1—2位，在全省占比提高1—2个点。这个任务很艰巨，但要拼出全力去争取，实现“保一争二”。“站前列”，即通过5—10年努力，力争进入全省发展“第一方阵”。从具体指标来讲，有几大块，第一块是反映经济发展结果的指标，如GDP、财政收入的增幅，这是赶超发展的关键之关键，要加压、加力、加速，至少要高于前三年的平均速度，要不就会被后面的市超过。第二块是反映经济发展过程和后劲的指标，像城镇固定资产投资、招商引资，要进一步加大力度，扭住不放，强攻硬上，严格考核，不然“保一争二”就无法实现。第三块是反映人民生活质量的指标，包括城镇居民可支配收入和农民人均纯收入，要力争进位。当然，赶超发展还必须科学发展，实际上赶超发展也应该包含了科学发展，所以对节能减排、造林绿化、民生工程等指标也应予以高度重视，坚决完成各项指标任务。

三、关于赶超发展的区域分工问题

按照科学发展观的要求，划分不同的主体功能区，实行错位发展，扬长避短，扬优成势，这是加快发展的必由之路。我们可以分三块来考虑：第一块，市本级作为一个功能区，优先发展现代工业、服务业（含旅游业）和文化教育产业，打造"宜居城市"，可以称之为城市经济板块。第二块由产业基础较好的县作为一个主体功能区，优先发展工业和农业产业化龙头企业，可以称之为工业经济板块。工业是赶超发展、做大总量的关键所在，对这一功能区要加大压力、加快速度、加大支持力度，使之对全市工业的贡献率达到80%以上。第三块，把生态环境较好的山区县作为一个功能区，优先发展有机农业、农业产业化和生态旅游业，可以称之为生态经济板块。这一功能区当然也要发展工业，但必须以保护环境、保护生态、节约资源为前提。这样的划分，既是对全市区域差异性发展的考虑，又是按照中央关于主体功能区划分的思路和要求，根据各县市区产业基础和资源禀赋条件，对我市发展的整体战略思考，科不科学，请大家共同思考，提出意见建议。包括将来在县市区评价考核上可以根据各自功能定位，分别确定经济发展、社会事业、生态保护等各类指标比重，探索建立更加符合科学发展观、正确政绩观的综合考评体系。

四、关于赶超发展的工作重点

我把当前正在做和下一步要做的重点工作归拢一下，不一定准确，叫做"一攻五推"，即主攻项目建设，推进市本级做大做强，推进经济结构由农业主导型向二、三产业主导型转变，推进县域经济再创新优势，推进生态文明建设，推进民生工程。下面分开来说一下：

（一）关于"一个主攻"：即主攻项目建设。这是当务之急，急中之急，火烧眉毛之急。没有项目支撑，我们的事业就将一片荒凉。项目建设决定我市的未来，决定在全省的排位，决定人民的福祉，必须全力以赴、坚定不移地抓下去。拉动发展的“出口、消费、投资”三要素中，目前我们主要还是依靠而且必须依靠、只能依靠投资拉动，而投资拉动仅靠财政投入、银行贷款、上级支持显然不够，必须举全市之力招商引资，着力引进一批大型工业项目、城建项目、旅游项目、农特产品加工项目等，同时加快建设一批基础设施项目和社会事业项目。各级领导要把主要精力放在抓项目上，千方百计引进和建设一批大项目、好项目。市级领导要按照分工加快推进项目建设，各职能部门要以只争朝夕的紧迫感完成项目建设任务。要加强督查和考核，以项目建设成效论英雄。需要特别强调的是，工业招商引资一定要注重产业招商、以商招商，注重项目投资强度和税收回报率，注重现有企业的达产达标，注重有优势、有基础的传统工业的盘活与发展。招商引资既要有激情，还得重理性，讲质量，求实效。

（二）关于“五个推进”，即：

1. 推进市本级做大做强。这一条太重要了，太紧迫了，不做大做强市本级，就发挥不了中心城市应有的辐射和带动作用，经济总量就上不去，市委、市政府就会没有威信，堂堂的市级机关和市直各部门各单位也会感到不好意思。因此必须强攻硬上，大干快上，把市本级“逼”上去。做大市本级，包括“三大战役”、13579工程、人口倍增工程、宜居城市建设等各项工作，要继续强力推进，尽快见效。

2. 推进经济结构由农业主导型向二、三产业主导型转变。这一条同样带有根本性、要害性。我市落后的关键在于产业结构不优，农业比重过大，实现赶超发展的根本在于推进结构转型，大幅度提高二、三产业比重。为此，首先要以更大的力度主攻工业，突出做大做强医药、煤电、盐化工、建陶、纺织、鞋革、机电、硬质合金工具等八大产业基地。其次，要狠抓服务业特别是现代服务业。

的发展。服务业涵盖的范围非常广，包括商贸、物流、旅游、金融、文化等各个方面，服务业的繁荣有利搞活人气、商气、财气，有利解决就业、增加税收，有利推进宜居城市建设，要进行总体规划，加快推进，提升水平。第一是商贸业的问题。中心城区要聚集人气，首先三产要繁荣，人气和商气是互为因果的关系。怎样克服城区商贸业布局分散、业态雷同、缺乏特色的问题，要认真研究。第二是物流的问题，除了通过招商引资建设大型的、规范的第三方物流企业之外，包括加快铁路、公路货运业的发展，都至关重要，势在必行。第三是金融的问题。金融属于现代服务业，是经济发展不可替代的支撑力量。怎样进一步密切政银企关系，包括如何进一步缓解中小企业贷款难和银行放贷难，如何帮助银行创造良好的金融生态环境，如何引进股份制银行到我市设立分支机构，如何把农信社改造提升为本地农村商业银行，如何鼓励企业上市等各个方面，请市政府研究拿出具体措施。第四是文化产业和教育的发展问题。随着经济的发展，文化软实力越来越成为衡量一个地方核心竞争力的重要指标，我们要认真琢磨文化兴市这篇文章。我市的文化底蕴非常深厚，是江南佳丽之地，文物昌盛之邦，群众文化一县一品、各具特色，要发掘和利用好，使之成为我市的一大亮点。教育方面，我市有丰富的教育资源，要整合好、发展好、利用好，成为在全省全国有影响的“教育热地”。第五是旅游业发展问题。通过前些年努力，我市旅游业发展较快，前景很好，但要做的工作还很多。我想有几个问题需要进一步明确：一要明确总体布局。我市旅游资源无单体优势而有捆绑优势，因此必须进行有效整合，可考虑按“两区一线”布局，即明月山和天沐温泉景区、三爪仑生态旅游区为“两区”，五个县的生态禅宗旅游连成“一条线”，这样整体性好一些，当然其他有的县市还有一些零散景点，可考虑搭配进去。二要明确任务，即加快打造成熟的旅游产品。目前有些景点建设还很不完善，吸引不了旅客，如仰山、黄檗山、洞山祖庭修复进度较慢，要加快进度，限时完成。另外，要把中心城区旅游景点和配套设施建设作为一个重点来考虑和策划，推出几个项目。三要明确政策措施。旅游是长线投资，要通过优惠政策予以扶持，通过招商引资、激活民资解决资金不足的问题。除这三点，还有其他一些问题，有关部门正在起草一个文件，明确任务、目标、方法和措施，待市委市政府研究后再下文执行。

3. 推进县域经济再创新优势。我们在坚定不移地推进新型工业化、城镇化的同时，必须以市场化的眼光、市场化的手段，持之以恒地推进农业产业化建设，使一度辉煌过的县域经济再创新优势，再增新“亮点”。各级干部要克服和防止满足现状的心理，不能在“农业上郡”的光环下裹足不前，要清醒地认识到随着全国农业现代化的推进，如果不努力的话，就会丧失传统优势，就会落伍。再创县域经济新优势最根本的问题，在于打造一批在全省、全国叫得响的农业产业化龙头企业，扬优成势，打响品牌。每个县市区至少搞一个有规模、有效益、有影响的“大家伙”，这要作为硬任务来完成，请市委、政府分管领导布置和落实下去。除了现有的农业企业要做大做强，还要根据我们的资源和优势，想办法打造更多的亮点。比如现在的茶油可以卖到20多甚至30多元一斤，但是像青龙高科的原料供应却严重不足。现在有的地方亩产茶油只有几斤，达到10斤就算好的，要通过低改、嫁接提高产量，把油茶产业作为优势产业去打造。其他像有机农业、猕猴桃、竹产业、肉牛、生猪、大米、富硒农业等等，都要想办法做大做强，使之在全省乃至全国成为亮点。有些产业化项目可以通过论证、包装、推介，吸引外商来投资建设。

4. 推进生态文明建设。我们要从落实科学发展观、可持续发展和创建宜居城市的角度，把它作为一项重点的工作来抓。包括平原造林和“四旁”植树，包括“五河”生态和环境保护，包括城乡垃圾处理，包括深化林权配套改革等，都要抓紧抓实抓到位。我为什么特别强调生态文明的问题？因为这既是践行科学发展观的必然要求，又是配合省委省政府建设环鄱阳湖生态经济区的实际行动，既是建设宜居城市的题中应有之义，又是保持我市良好生态、真正做到“既要金山银山，又要绿水青山”的重要战略举措。从目前情况看，要说在全省叫得响的“优势”，恐怕只有农业和生态，如果我们连生态都保护不好，那就连唯一的优势也丧失掉了。如果我们连栽树都栽不好，那还能做什么呢？

5. 推进民生工程。科学发展也好、赶超发展也好，民生问题都是根本。要坚持“一切为了人民幸福”的理念，坚持改革发展的成果让人民共享，任何时候都把民生工程放在心上，抓在手上，落实在行动上。除了省里规定的民生工程项目以外，要从实际出发，从人民群众的愿望出发，解决好老百姓最关心、最迫切、最现实的利益问题。当前较为突出的，第一是住房问题，除了经济适用房、廉租房的建设，还有历史遗留的产权证发放问题、物业管理问题，包括怎样给进城务工的零散劳动者创造安居乐业的环境，都要妥善解决，尽快解决。第二是就业问题。就业是民生之本，是建设宜居城市的基础工程，也是实现人口五年倍增的重要方面。我们做了很多工作，包括劳动力实用培训，引导农民就近就地就业，取得了明显成效。但产业吸纳就业的能力总体而言还不是很强，需要我们更加努力。第三是治安问题。去年我市被评为全省唯一的平安市，公安机关做了很大的努力。但我们不应该沾沾自喜，从反映的情况看，中心城区抢劫、盗窃等侵财性犯罪时有发生，群众反映比较强烈。除此还有其他一些问题，我们都要引起高度重视，凡是群众反映的应该解决而且可以解决的问题都应立即去办，要带着感情、带着良心去办，并且办好办到位。

五、关于赶超式发展的保障措施

一是深入持久开展“解放思想求突破，科学发展促赶超”主题教育活动。这项活动开展几个月了，总体看取得了一定成效，但不能估计过高，要坚定不移、持之以恒地搞下去。尤其要注重实效，把解放思想与解决实际问题结合起来，与理清思路、加快发展结合起来，与提高公务员队伍素质结合起来。

二是要推进几项改革。第一项是市直单位经营性国有资产管理体制改革。就是把市直单位的经营性国有资产集中进行经营管理，并以此打造一个融资平台。政府已经提出了方案，要加快组织实施，市直各单位要按市委市政府统一部署办事，绝不允许顶着不办。第二项是人才管理和使用改革。就是对市直单位人才现状进行调查摸底，想办法调剂、补充。现在很多部门都反映人才紧缺，而一些专业人才却学非所用，闲置浪费，要想办法进行余额调剂，让人才归位，发挥作用。第三项是融资方式改革。在中央加强宏观调控的情况下，贷款难将是长期的难题。我们一方面要用好国有商业银行这个平台，另一方面要培育和推进更多的企业上市融资，包括引进风险基金进行合作，对企业进行指导、策划、包装，帮助上市，不仅有利于融资，而且有利于促使企业建立现代化企业制度，提高整体素质。

三是选人用人的问题。赶超发展，说千道万，关键在人。没有一批作风正、能力强、思想解放、能打硬仗、能干成大事的干部，一切都无从谈起。为此，要坚持正确的用人导向，充分调动各级干部的积极性，激发干部的潜能。我们不能让老实干事的人吃亏，不能让年轻有为的干部浪费，不能让学有专长的人学非所用，不能让在一线工作并作出贡献的同志感到没希望，不能让有作为的干部长期呆在一个岗位慢慢“老化”，要通过公开选拔一批、换岗交流一批、重点培养一批、向外招选一批等办法，走活用人“一盘棋”，努力形成人尽其才、才尽其用、用当其时的良好局面。请组织部门尽快拿出具体实施办法。

四是优化环境问题。优化环境就要铁心硬手、毫不留情，没有一个良好的环境就不可能赶超发展。这段时间纪委、监察局在优化环境方面想了很多办法，采取了一些举措，效果很好。下一步要继续瞄准影响环境优化、经济发展的重点问题，抓住不放，有案必查。目前反映较多的像中介机构、行业协会乱收费和公路“三乱”问题，纪委正在调查，要搞清楚，予以规范。优化环境是为了进一步“开放”。我们要在“夹缝”中求得大发展，必须坚定不移地走“大开放”之路。“开放”决不仅仅是引进几个项目，还包括要有开放的意识、开放的机制、开放的政策，包括在全社会形成一种开明、包容、宽松、大气、和善的氛围，包括进一步强化亲商、安商意识，强化“尊重企业家，善待纳税人”的意识，真正做到办事认真，说话算数，服务到位，不让任何一个投资者在我市受委屈。

五是要形成抓落实的机制。抓落实才有发展，抓落实才有希望。我觉得全市所有的工作，不是缺少思路，而是缺少落实，提出的目标不能停留在概念和描述上，一定要一环扣一环，毫不动摇、毫不放松地抓落实。各级干部必须树立务实的作风，以实干求突破，以实干促发展。这里强调三点：第一，要善于将发展思路、发展战略具体化、项目化、可操作化。比如打造宜居城市，要有规划、有方案、有落实。实现赶超式发展，重点是哪些，目标怎么定，也要具体化、项目化、可操作化。我发现有的部门负责人做事不太用心，不注重细节，考虑问题比市领导还要“宏观”，领导指一下就动一下，领导不指他就不动、不去细化、不去操作，弄得有些事情还要领导从宏观到微观都替他考虑好、布置好，有时甚至布置了还落不到实处。这样下去怎么行？要这样的干部何用？第二，要高度重视调研成果和社会各界建言献策的运用。我们最近组织了一些调研活动，还有问计于民活动，包括今天大家也提了很多好的意见，要进行整理归纳，分别落实，坚决避免只说不做，浪费成果。市委办会把最近的调研报告和建言献策分送有关领导和部门，请大家认真对待，具体落实，并上报结果。另外对过去市委、政府制定的优惠政策，要进行梳理，防止政策前后矛盾，更要防止政策只在干部里面打转转，没有真正到群众中去。要把优惠政策整理起来，把“干货”从文件堆里抽出来，通过报纸、电视台、电台广泛宣传，让群众知道，才能产生政策效应，避免政策流失。第三，要把改进文风、政风作为一件大事来抓，力戒教条主义、官僚主义、形式主义，力戒“文山会海”，力戒空话、套话、假话，力戒那些没有实际意义的、婆婆妈妈的繁文缛节，努力形成一种实在、干脆、简约、明快的办事风格，让各级干部集中时间和精力办大事。总之，一个是“务实”，一个是“创新”，这四个字应当成为干部作风的“灵魂”。唯有务实，各项工作才能落到实处、求得实效；唯有创新，我们的事业才能不断出现新起色、新突破。

D. 秘书心得

以文辅政，基础和前提就是此“文”要能够解决实际问题。譬如本章的三篇实例，虽然长短、大小、风格不一，但都有其共性之处——一切为了解决实际问题：实例一着重解决换届后新任各级领导班子新的一年要干什么和怎么干的问题，实例二力图扫除制约全市产业和项目建设的各种“障碍”，实例三则是对全市发展方向的定位。这些例文有的高屋建瓴，有的“精确打击”，为我们展示了解决问题的“条条路径”。对照这些实例，我们文稿常犯的“毛病”有：

一是“浮”。习惯于看材料、听汇报，不重视调查研究，不重视了解和掌握第一手资料，对很多工作情况只知道个大概、好像，缺乏综合分析，自己把自己搞成了“门外汉”。二是“虚”。拿到一个材料首先不是考虑这个材料要解决什么问题，而是考虑文章取个什么样的题目，每一部分弄个什么标题，有没有吸引人的段子可以使用等等，寻求标新立异；或者心里明明想要写事论事，但写着写着就陷入了“为文章而文章”的套路：讲究结构严谨，讲究语法修辞，讲究文辞漂亮，为此而搜肠刮肚绞尽脑汁，寻章摘句推敲打磨，把文章变成了文字的堆砌。三是“空”。不论什么材料，提笔就习惯讲“高举旗帜”、“讲政治”、“顾大局”等空话，不动脑筋，在网上广泛搜罗，甚至把一些好的句段直接照搬过来。四是“大”。由于平时不注意收集信息和素材，缺少对重大问题的提前思考，等到下笔的时候头脑空空如也，写出来的东西也只能是大而化之，停留于一般的号召和部署上，即使点问题也只能徘徊在核心问题周围，对解决问题于事无补。

正因为这些问题的存在，所以我很多绞尽脑汁“挤”出来的讲话稿，往往领导一看就说针对性和操作性不强。虽然出现这些问题的原因是多方面的，但关键原因还在于：一是不重视解决问题。自己对领导讲话作用的定位不准，片面地认为领导讲话只是走个开会的程序，工作该怎么做还怎么做。所以，在动手写讲话稿的时候就没有解决问题的意识，或为完成任务，或为展示自身才华，或为迎合领导风格，而把领导讲话稿的灵魂——解决问题抛在一边。二是不会解决问题。自己作为一名参加工作不久的“三门”干部，缺乏工作阅历，加上平时久居机关，对基层情况和具体工作知之甚少，连问题都难发现，更谈何解决问题。写起材料来又闭门造车，想到什么写什么，想成什么是什么，即使知道存在的问题也不知从何入手去解决，像这样，怎能写出让领导满意、让听者信服的好材料呢？

第二篇

确立主题：寻找最美的“眼睛”

——一位浪漫派诗人这样形容一位女士：“啊，夫人，您的眼睛能够点亮我的烟斗！”当你为谋篇布局而苦思冥想的时候，找到这样一双动人的“眼睛”了吗？

A. 要点提示

如果要我很科学、很规范地回答“主题”的涵义那肯定做不到，我只能从实践体会的角度回答：所谓主题，就是一篇文章的“眼睛”，而且必须是够“美”、够“亮”、够“抓人”的“眼睛”；它的作用就是：统帅内容，派生观点，引领全篇，照亮方向，指引人们朝着一个共同的目标而奋力前行。

任何一篇文章都不可能没有主题。小说有主题，诗歌有主题，戏剧有主题，即使是所谓“散文”，也强调形散而神不散，虽海阔天空汪洋恣肆而不离其“宗”，这也是主题。领导文稿由于其必须具有的指向性和实用性，当然更离不开主题。其表现形式，或为行动纲领（如“沿着中国特色社会主义道路奋勇前进”），或为战略目标（如“为建设富裕和谐秀美江西而努力奋斗”），或为理念引领（如“解放思想是加快发展的‘头道工序’”），或为工作要求（如“政府工作必须注重操作”），如此等等。一句话，有了明确的主题，文章就紧凑而鲜亮；没有明确的主题，文章就散乱而暗淡。

B. 基本训练

1. 构思阶段不妨来点儿“小资情调”：我遇到过那样一双能够点燃烟斗的“眼睛”吗？

2. 目标正前方：怎样找到一个像那双“眼睛”一样能够吸引人打动人的主题？它来自哪儿？它应该针对什么解决什么？它具有时代感和首创性吗？它符合当地实际和现实需求吗？它能够起到驾驭和统领全篇的作用吗？

3. 在主题未确立的情况下，不必忙于起草；在自以为找准主题的情况下，经领导审阅同意才能确立；在领导没有明确授意而仅有“主题意向”的情况下，通过恰当的文字表述，把意向“定格”为主题。

4. 主题一旦确立，不可三心二意，不可“移情别恋”，不可横生枝节，结构、观点、文字，一切都要围绕主题而展开。

C. 实例印证

[实例一]“建设幸福宜春”：战略式主题

高举旗帜，科学发展，为建设文明和谐小康的幸福宜春而奋斗

——在中国共产党宜春市第三次代表大会上的报告（提纲）

（2011 年 9 月 7 日）

一、过去五年工作的回顾

——着力推动科学发展、赶超发展，综合实力和可持续发展能力明显提升。

——着力深化改革、扩大开放，经济社会发展的内生动力明显增强。

——着力保障和改善民生，不断提高基本公共服务水平，人民生活进一步改善。

——着力推进民主法制建设和精神文明建设，社会文明进步的步伐明显加快。

——着力加强党的建设和干部队伍建设，各级党组织的凝聚力、战斗力进一步提高。

五年的生动实践，使我们深刻体会到：第一，必须坚持从实际出发，自我加压，奋力赶超，大市要有大作为。第二，必须坚持求真务实，埋头苦干，以实干树形象，以实干促崛起。第三，必须坚持立党为公，执政为民，热心为群众排忧解难，促进社会和谐稳定。第四，必须坚持正确的用人导向，营造风清气正的聚才用人环境。第五，必须坚持“打铁先要自身硬”，始终不渝地抓好各级领导班子建设。

二、明确奋斗目标，建设幸福宜春

建设幸福宜春的总体要求是：坚持以中国特色社会主义理论体系为指导，深入贯彻落实科学发展观，用“一切为了人民幸福”的理念统领经济社会发展各项工作，以进一步加快发展、做大总量不断满足群众物质需求，以进一步保障和改善民生为群众排忧解难，以进一步繁荣社会事业丰富群众精神文化生活，以进一步加强和创新社会管理促进群众安居乐业，以进一步加强领导班子和干部队伍建设提升执政为民的思想境界和领导能力，不断增强全市人民对生活的幸福感、对环境的安全感、对社会的公平感、对党和政府的信任感和对宜春大家庭的归属感、自豪感，努力把宜春建设成为经济发达、社会文明、文化繁荣、生态宜居、和谐稳定的幸福家园。

——幸福宜春，必须是发展质量好，发展速度快，发展后劲足，人民群众生活水平不断提高的实力宜春。

——幸福宜春，必须是民生明显改善，社会公共服务体系不断健全，社会保障日趋完善，城乡差距和收入差距不断缩小的公平宜春。

——幸福宜春，必须是生态环境得到有效保护，居住环境得到进一步改善，低碳理念深入人心，人与自然和谐相处的绿色宜春。

——幸福宜春，必须是精神文明建设扎实推进，文化事业繁荣发展，公民思想道德水平和文明素质不断提高的文明宜春。

——幸福宜春，必须是党群干群关系融洽，治安秩序良好，社会各界、各阶层和谐共处，人民群众安居乐业的和谐宜春。

建设幸福宜春，最重要的是牢固树立以人为本、执政为民的理念，坚持把做大经济总量与提高人民群众生活质量统一起来，把“做大蛋糕”与“分好蛋糕”统一起来，把先富后富与共同富裕统一起来，把立足当前与着眼长远统一起来，走出一条科学的富民兴市之路。建设幸福宜春是一个长远的战略目标、庞大的系统工程，必须付出长期而艰苦的努力，要立足现有条件，动员全市力量善谋巧干、合力大干、真抓实干，共同把美好蓝图变为现实。

三、建设幸福宜春，人民幸福是根本，必须高度重视民生，全力保障和改善民生

要顺应人民群众过上更好生活的新期待，以增加群众收入为核心，以推进公共服务均等化为原则，以完善体制机制为保障，全力保障和改善民生，让老百姓生活得更加舒适、更为体面、更有尊严。

（一）以增加就业和推进全民创业为抓手，千方百计增加居民收入。

（二）扎实推进公共服务均等化，缩小城乡、区域差距。

（三）着力提高社会保障水平，让人民群众生活无后顾之忧。

（四）着力保护青山绿水，建设更加优美的生态宜居环境。

（五）建立健全长效机制，推动民生状况持续改善。

四、建设幸福宜春，经济发展是基础，必须加快转变经济发展方式，促进经济更好更快发展

赶超发展、做大总量是宜春压倒一切的中心任务。要按照科学发展、进位赶超、绿色崛起的要求，以转变经济发展方式为主线，以重大产业和重点项目建设为载体，主动融入鄱阳湖生态经济区建设，继续并深入实施工业强攻战、城镇建设大会战、农业产业化升级战、旅游业升级战、县域经济发展大竞赛和产业升级年活动，在新的起点上实现经济总量的新突破、发展质量的新跃升。

（一）坚定不移地兴工业、抓产业，增强全市经济综合实力和竞争力。

（二）坚定不移地推进农业农村现代化，进一步抓好社会主义新农村建设。

（三）坚定不移地推进新型城镇化和城市建设，进一步增强集聚力和带动力。

（四）坚定不移地发展壮大县域经济，凸显区域经济特色。

（五）坚定不移地实施科技兴市和人才强市战略，提高经济发展的核心竞争力。

（六）坚定不移地深化改革、扩大开放，不断增强经济发展活力。

五、建设幸福宜春，和谐稳定是关键，必须加强和创新社会管理，推进民主法制建设，培育和谐文化

各级党委在抓经济建设、社会发展的同时，必须把维护社会和谐稳定摆在更加突出的位置，努力营造和睦的人际关系、和谐的社会氛围，为加快发展创造良好的社会环境和法治环境。

（一）进一步加强和创新社会管理，全力维护安全稳定。

（二）进一步加强民主法制建设，调动一切积极因素干事创业。

（三）进一步加强和谐文化建设，营造积极健康向上的社会氛围。

六、建设幸福宜春，党的领导是保证，必须坚持党要管党、从严治党，不断提高党的建设科学化水平

实现建设幸福宜春的宏伟目标，关键在党的领导，核心在各级领导班子。各级党委必须充分认识加强换届后党的建设和领导班子建设的极端重要性，以胡锦涛总书记“七一”重要讲话精神为指针，坚持党要管党、从严治党，以高度负责的精神、求真务实的精神、改革创新的精神，全面推进党的建设新的伟大工程，使各级党组织成为建设幸福宜春的坚强领导核心。

（一）进一步加强思想政治建设，增强建设幸福宜春的责任感和紧迫感。

（二）适应新的形势和要求，着力提升各级干部建设幸福宜春的能力和水平。着力提高六种能力：一是民主决策、科学决策的能力。二是做群众工作的能力。三是攻坚克难、精于操作的能力。四是沟通协调、借力发展的能力。五是应对突发性事件的能力。六是运用媒体促进工作的能力。

（三）坚持德才兼备、以德为先用人标准，进一步加强领导班子和干部队伍建设。着力在以下五个方面下功夫：一是在选准人、用好人上下功夫。二是在深化干部人事制度改革上下功夫。三是在培养选拔年轻干部上下功夫。四是在加大干部交流轮岗力度上下功夫。五是在加强班子自身建设、强化班子整体功能上下功夫。

（四）以树立“五种形象”和“十要十戒”为主线，进一步改进干部作风。各级领导干部要树立进取、实干、团结、亲民、清廉的新形象，努力做到“十要十戒”：要好学上进，戒不思进取；要艰苦奋斗，戒贪图享乐；要真抓实干，戒华而不实；要攻坚克难，戒拈轻怕重；要快速高效，戒拖沓散漫；要团结共事，戒拉帮结伙；要公道正派，戒弄奸使滑；要敢抓敢管，戒好人主义；要亲民为民，戒脱离群众；要廉洁自律，戒以权谋私。

（五）进一步夯实基层基础，增强基层党组织的创造力凝聚力战斗力。

（六）以更大的力度推进反腐败斗争，坚决遏制消极腐败行为。

同志们！建设幸福宜春，是神圣的历史责任，是新一届市委对全市人民的庄严承诺。未来五年任期，在人生道路上只是一个短暂的过程，但对于宜春发展却是一个至关重要的阶段，在这个阶段中，我们只能留下奋进不能留下落后，只能留下成功不能留下失败，只能留下好评不能留下骂名。沧海横流，方显英雄本色；为民造福，才见公仆精神。让我们紧密团结在以胡锦涛同志为总书记的党中央周围，高举中国特色社会主义伟大旗帜，科学发展，奋力赶超，为建设文明和谐小康的幸福宜春而不懈奋斗！

[实例二]“和而不同”：理念式主题

在全市党外人士座谈会上的讲话

（2010 年 12 月 30 日）

刚才各民主党派市委会、市工商联主要负责同志和无党派人士谈了很好的意见和建议，市委、市政府将认真研究采纳。今天我主要想说说四个字：和而不同。和而不同，是一种很重要的文化价值理念，既是对儒家文化的传承，又是与时俱进的时代精神的体现。“和”就是和谐、和睦、和顺、和衷共济；“不同”就是差异化、民主化、人性化，就是创造性、突破性和个性。和而不同，是坚持和完善中国共产党领导的多党合作和政治协商制度的必然要求，是推进决策民主化、科学化的有效举措，是加强社会主义民主政治建设的重要途径，也是推进经济社会更好更快发展的重要保障。

第一，求共谋发展之“和”，存各展特色之“不同”。按照中共中央十七届五中全会、中央经济工作会议和省委十二届十四次全会精神要求，市委二届十次全委扩大会对我市明年和“十二五”时期工作进行了部署。进入“十二五”，我们如何在新的起跑线上，按照“止后移、争进位、站前列”的目标，进一步明确发展思路，加快发展、做大总量，提高经济总量占全省比重，仍然是我们第一位的任务。所以市委二届十次全委扩大会议提出，要把“决战十二五、奋力站前列”作为总体战略，坚持发展是硬道理，赶超进位是硬目标，推进新型工业化、城镇化和农业现代化是硬举措，求真务实、埋头苦干是硬要求，把我市的各项工作做得更好。这是全市各级党政共同的任务，也是社会各界包括各民主党派、工商联和无党派人士的共同任务。共谋发展需要“和”，需要大家围绕共同的战略目标，为之思虑、为之奋斗、为之奉献。具体到各地区、各单位如何做，就要有“不同”，就要扬优乘势，错位发展。市委、市政府提出“亚洲锂都、宜居城市、森林城乡、月亮之都”的发展定位，就是从实际出发，跟其他设区市错位发展的战略；提出开展县域经济发展三年大竞赛，就是鼓励各个地区主动决策、分区突破、各展特色；提出把全市划分为城市经济区、工业发展区、山区经济区等三大主体功能区，也都是按照科学发展观要求，鼓励各地根据区位条件和自身资源禀赋等条件去确定发展思路，各显特色、各展所长、共同发展。这都是在“和”这一前提下的“不同”。

第二，求民主决策之“和”，存观点见解之“不同”。加快经济社会发展，需要各级党委、政府不断提高决策水平，尽量减少决策失误。但是科学决策光靠党委、政府的领导是不行的，还需要广开言路、集思广益、博采众长，需要社会各界包括各民主党派、工商联、无党派人士乃至全市人民开动脑筋想办法，共谋发展之策。只要对发展有好处，对全市人民的利益有好处，就要认真听取和采纳。近年来，统一战线各成员单位和广大成员在建言献策上都做了很多工作，比如在市委前年开展的“解放思想求突破、科学发展促赶超”建言献策活动中，就提出了很多好的意见。虽然与大家直接见面交流的时间不多，但党外人士提交的意见建议我们经常可以看到，也比较重视。比如市委统战部提交的“百字金点子”，各民主党派提交的重要调研报告，我都会认真看，很多都批过意见，政府及有关部门也采纳了不少意见和建议。希望大家今后继续发扬这种敢说真话、敢说实话的好传统、好作风，大胆地建言献策。我认为听不听真话，是检验一个领导者是否具有政治眼光和宽广胸怀的重要标准。一个地方的群众敢不敢说真话，领导能不能听到真话，决定于领导。一个不愿意听真话的领导是危险的，一个听不到真话的地方和单位也是危险的。希望有更多的真话、更多的良言妙计反映到党委、政府决策层来，更好地完善决策。

第三，求政令畅通之“和”，存创新求变之“不同”。当今社会，是一个创新驱动的社会；当今时代，是一个革故鼎新的时代。一方面，我们要坚定不移地与党中央保持高度一致，坚定不移地贯彻落实中央和省的大政方针；另一方面，也要保持创造性思维，敢于和善于把上级大政方针与当地实际结合起来，创造性地开展工作。照搬照抄、人云亦云、亦步亦趋没有出路。市委要求各级干部多一些创新性思维、创新性举措，鼓励各地根据自身实际，以创新求大变，以创新求发展。比如转变经济发展方式，本身就是一种创新，不创新就谈不上转变。我市自古号称“文物昌盛之邦”、“农业上郡”，进入现代社会，在弘扬传统特色和优势的同时，必须树立敢于创新、敢于突破的意识，只有这样，转变发展方式、推进科学发展才能实现。刚才有的同志也谈到创新的问题，为什么近年来，我在不同场合反复强调科技创新？为什么这两年市委、市政府推动科技工作的力度不断加大？为什么在项目建设中特别注重锂电产业等高新技术产业的发展？原因都在于此。希望在座各位充分发挥各自优势和专长，在贯彻市委市政府总体决策部署的基础上，大力弘扬创新求变精神，积极开动脑筋多想办法，把自己的工作做得更有特色、更富创造性。各县市区也要打破传统思维格局和产业格局，力争在产业发展方面彰显特色，取得突破。

第四，求团结协作之“和”，存个性差异之“不同”。我市550万人口，从大的范畴来说，就是一个大家庭。为什么要讲“和”呢？“家和”才能“万事兴”。近年来，在省委、省政府的正确领导下，在全市上下包括在座各位的共同努力下，我市各级班子团结，心齐气顺、政通人和，有一个比较好的发展势头，各项事情比较“顺”。“顺”就是“和”，如果说的话不算数，做的决定落实不到位，告状不断、怨声四起、问题成堆、发展缓慢，那就不是“顺”，不是“和”。我们要继续保持大发展，取得新成绩，就必须继续保持“顺”、保持“和”，班子要团结、上下要团结、县市区要团结、单位也要团结。毛泽东同志在谈到统一战线指出，统一战线就是“把拥护我们的人搞得多多的，把反对我们的人搞得少少的”，说的也是这个道理。要实现全社会的“和”，首先，班子团结至关重要，保持团结就保持了战斗力、凝聚力和合力，班子不团结，就会出很多问题。但是，对班子成员、社会成员又要允许有个性有差异，如果大家都一个思路想问题，一个性格、一种气质、一种声音，这个地方也就没有生气。要按照以人为本的要求和人尽其才的原则，鼓励人的创造性的张扬和不同特质的有益发挥，而不能压抑个性。一个单位如此，一个班子、一个地方同样如此。如果在班子之间光讲团结，讨论问题时有意见也不发表，发现问题也不争论，那也不是真正的“和”。只有通过意见的充分表达，通过摆事实讲道理，最终达成共识那才是“和”。所以要鼓励班子成员发表个人意见，对社会各界人士也要听得进不同意见，甚至还要包容那些有这样那样缺点的人，只要他有真本事，就要鼓励、允许他发表意见，充分发挥其积极性和创造性。

第五，求开明开放之“和”，存五湖四海之“不同”。加快发展，需要继续扩大对外开放，加快建设开放型经济格局。改革开放以来，通过招商引资，我市外向型经济逐步发展，成效十分明显。如果不是改革开放，能有这么多外地企业来投资创业吗？项目建设能有今天的好形势吗？但我认为开放得还不够，还要以更大的气魄敞开大门，优化环境，招商引资，广纳贤才，真正形成投资的洼地。在市委二届十次全委扩大会上我也说过，对我们来说，开放的重要性甚至重于改革。因为我市是个相对欠发达的封闭地区，只有通过扩大开放，才能带来思维、观念、资本、智力、技术的全方位冲击和拉动。求开明开放之“和”，就要求各级领导、有关管理部门和社会各界都以一种海纳百川的宽广胸怀，大力引进人才、技术、资金、智力，推动全市的发展。决不能抱着小农经济的狭隘观念闭关自守，决不能对外来资本和人才采取排斥和歧视的态度，决不能小家子气只算小帐不算大帐。只要来我们这里投资就要把他们当作家里人看待，一视同仁，搞好服务，帮助他们干事创业。今天在座的很多是企业家，本身就为我市的发展做了很大的贡献，也希望你们在今后做大做强自身企业的同时，充分发挥你们的优势招商引资，引进更多有实力的企业，特别是投资规模大、科技含量高、创税能力强的项目。

第六，求干群融洽之“和”，存利益诉求之“不同”。加快经济社会发展，实现赶超进位目标，需要各级干部凝心聚力干事创业，也需要一个和谐稳定的社会环境。在党的十七届五中全会上，胡锦涛总书记花了很长的篇幅专门讲群众工作，讲群众路线、群众立场、群众观点、群众利益，可谓高屋建瓴，语重心长。市委常委会在集中学习全会精神时，认为要以实际行动贯彻胡总书记指示精神，决定开展“万名干部下基层、和谐稳定进乡村”集中行动月活动。这次活动取得了亲民惠民促和谐的重要成果，也得到了省委的肯定和中央、省级媒体的广泛宣传。但是，维护社会和谐稳定的工作并没有结束，各种矛盾和不稳定因素依然存在。正因如此，市委市政府又接着部署在中心城区开展“为市民解忧、促城区和谐”活动，目前这项活动的效果也正在逐步体现。从我们的实践来看，无论如何改革开放、如何加快发展，坚持群众路线这个最大的政治优势任何时候都不能丢，促进社会和谐稳定这根弦任何时候都不能松，否则就要出问题。党中央一直高度重视民生问题，为什么各级政府拿出那么多钱来做那么多改善民生的实事，但有些老百姓还有意见，一些地方越级上访、群体上访和群体性事件屡有发生？这说明我们在贯彻党的群众路线方面还有差距，而不能怪群众。当今社会，利益格局不断调整，利益关系不断变化，老百姓关心自己的利益是正常的，当他们的利益得不到维护时向党和政府反映同样是正常的，更何况我们的责任本来就是维护好、发展好、实现好群众的切身利益，了解并解决好他们合理的利益诉求。为什么群众对万名干部下基层集中行动月活动给予高度评价？就是因为帮他们解决了一些实际问题，维护了他们的利益。活动期间，我到丰城一位群众家里吃“派饭”，他们四代同堂来陪我吃饭，好酒好菜热情得不得了，非但拒收伙食费，还说一辈子都会记住这餐饭。这说明我们平常到老百姓家里太少了。当然吃“派饭”只是一种形式，与群众面对面、心贴心，拉近距离、融洽感情才是关键。实践告诉我们，虽然农村的生产经营形式变了，但基层组织为老百姓服务的功能不能丢；虽然农民得实惠多了，但对农民的爱国主义、集体主义教育和法制教育不能丢；虽然农村基层干部的工作环境和条件变了，但密切联系群众的优良传统和作风不能丢。融洽的党群干群关系首先是建立在了解群众需求、把握群众情绪、维护群众利益的基础之上的，如果干部长期脱离群众，致使群众有话无处说、有冤无处申、有难无人帮，不仅党群干群关系会越来越紧张，经济社会发展也将难以顺利进行。

第七，求宽容大度之“和”，存得失成败之“不同”。做人宽容大度，才能有和谐的人际关系；当领导宽容大度，才能创造和谐的社会环境和干事创业环境。特别是作为一个地方、一个单位的主要领导，要有宽广的胸怀、容人的肚量，不仅要用人之长，还要容人之短，坚持做到支持改革者、宽容失败者、帮助失误者。实际工作中，很多工作是不可能一帆风顺、一蹴而就的，特别是处于探索、试验阶段的某些工作，应该允许有个过程，允许失误甚至失败，不能一旦没有达到目的，就一棍子打死，就把某个人看“扁”。对待人才尤其需要“包容”。加快发展，我们急需一批思想解放、有胆有识、敢冒风险、善破难题的领导型人才，也急需一批产业运作、资本运作、城市经营、现代企业经营管理等方面的专业型人才，对他们的业绩和贡献固然要大力褒扬，同时对他们的缺点和失误也要宽容，不能因小过斩“大将”。对班子成员同样，作为“一把手”，不仅要以包容之心“团”好班子、带好队伍，还要以包容之心充分调动大家的工作积极性。由于经历、知识、自身素质等方面的不同，班子成员的能力不可能处在同一水平线上，当有的班子成员未能完成某项任务时，如果不是出于主观故意，就不能动辄批评责骂，而要更多地帮其分析原因，总结教训，找到解决问题的办法。总之，无论加快经济发展还是促进社会和谐，无论改革开放还是创新求变，能否真正做到“和而不同”，关键还在“一把手”。如果“一把手”唯我独尊，专横跋扈，胸怀狭窄，斤斤计较，那还谈何“和而不同”?

以上是我个人对“和而不同”的粗浅理解，跟大家作些交流。希望全市各级干部、社会各界都来探讨“和而不同”，做到“和而不同”，共同为经济社会发展献计出力、建功立业。

[实例三]“终生赶考”：勉励式主题

在公开选拔县级领导干部任职仪式上的讲话（摘要）

（2007年11月15日）

一个地方要加快发展就需要人才，没有人才就不可能发展。当今时代，人才是没有地域界限的。市委为什么要拿出10个县级领导职位面向全国公开选拔？目的就是要广招贤才。这次选拔出来的10位同志是经过资格审查、笔试面试、身体检查、组织考察和常委会研究决定，从来自全国各地的659名应试者中择优遴选出来的。这10位同志的加入，必将给我市干部队伍建设和其他各项工作带来新的生机和活力。在这里，我要提醒大家的是，虽然这次公开选拔考试已经结束了，但是接下来还有无数场更加严格的考试在等着你们。我们每一个人，包括领导干部在内，一生都在参加各种考试。这次公开选拔的考卷是摆在考场上、摆在桌面上的，以后的考卷将摆在你们的工作岗位上，摆在萍乡的大地上。希望你们不要因为这次考试赢得了高分而满足，而要以更加饱满的精神状态、更加强烈的事业追求去应对好接下来的几场考试：

第一场考试是环境适应关。就是要尽快地熟悉情况，进入角色。萍乡本地的同志对萍乡的情况有所了解，外市的同志对萍乡的情况未必很了解。即使是本地的同志，当你们走上了新的工作岗位，也必须从更高的层次、以更宽的视野去重新认识萍乡的市情。我们萍乡有着丰厚的文化积淀，是辛亥革命的预演地、中国近代工业文明的发祥地之一、秋收起义的主要策源地和爆发地、中国少年先锋队的诞生地。作为萍乡的领导干部都应当领略这份历史的厚重，都必须熟悉我们薪火相传的宏伟事业。与此同时，对萍乡的经济结构、发展的趋势，大家也要有基本的了解。萍乡过去以煤出名，号称江南煤都，给人的印象是到处黑乎乎、脏兮兮、灰蒙蒙的，现在经过创建文明城市，面貌有了新变化。但是我们也要看到，萍乡作为一个老工矿城市、作为一个资源枯竭型城市的现状没有变；萍乡的产业结构过多地依赖传统产业没有变；萍乡的经济发展纵向比有进步、横向比差距明显，仍然面临着落后掉队的危险没有变。所以每一位领导干部，无论是新同志，还是以前就在萍乡工作的老同志都必须充分认识这种现状，都要有强烈的忧患意识和时不我待的紧迫感。当然，萍乡也有一些很鲜明的特点和个性。比如，萍乡人受赣文化、湘文化的双重影响，特别是受湘文化的影响，干部群众思想比较解放，保守的东西、僵化的东西相对较少，干事创业的能力比较强。另外，萍乡作为江西省的一个小地方，经济总量相对较小，但人均占有量相对较高，像人均 GDP、人均财政收入、农民人均纯收入等一些指标在全省是比较靠前的。当然在各个兄弟市竞相发展的逼人态势下，我们不能满足于人均占有量的位居前列，必须以十七大精神为指针，按照全面建设小康社会目标的要求，加快我们的发展速度，致力于总量的加速进位。总而言之，大家必须看到，任何一条战线的工作都不可能孤立地开展，都必须通过了解萍乡的市情，才能更好地服从和服务于萍乡经济社会发展这个大局。希望大家尽快熟悉情况，尽快进入角色，尽快开展工作。

第二场考试是知识关。对任何一位领导干部而言，包括我在内，知识永远是最重要的。大家必须明白，职位的提升，并不意味着知识和能力的提升，只有不断地充电，不断地充实和完善自己，才能胜任新的职位、新的工作。尤其是在当今知识经济的时代，各级领导干部，特别是年轻的同志，更要像海绵吸水一样不断地学习知识、像钉子一样锲而不舍地钻研知识。大家都知道，萍乡全民创业比较活跃，但是为什么多年来一直没有有效地解决好中小企业贷款难的问题？其中一个很重要的原因就是缺乏对新经济知识的学习运用，只盯住银行一家，融资思路狭窄，融资渠道单一，这肯定是行不通的。在新的发展年代，我们要打开眼界，推进多元化融资，扩大上市直接融资的比重，让更多的企业能够通过资本运作来做大做强。昨天上午，萍乡创新资本创业投资公司正式挂牌成立了，这标志着通过引入风险投资来辅助本地企业上市的工作进入了实质性操作阶段，这也是我市推动实体经济和虚拟经济相结合而作出的一次有益的尝试。目前我市已经有三家企业达成了上市意向，希望明年能够敲响萍乡企业上市的第一面锣，如果这面锣敲响了，肯定将对萍乡的融资方式和今后企业的发展产生革命性的影响。作为领导干部，必须不断地加强对新经济知识的学习，决不能因为这方面的无知而贻误发展时机。在前几天的劳模表彰大会上我还说过一句话，我们要鼓励支持勤劳致富，但是在新的历史条件下，我们也要看到，不是所有的勤劳都一定能致富，只有勤劳加上智慧才能致富。那么对领导干部而言，你尽职尽责、爱岗敬业、埋头苦干，这当然值得肯定，但是如果没有胜任本职工作的能力、知识和智慧，那么再怎么忙也没有用，再怎么干也白搭。特别是在当今发展市场经济的年代、加入 WTO 的年代、经济全球一体化的年代，我们再搬用过去的老经验、老套数，是行不通的，也不可能有大的作为。这就说明，我们各级领导干部，尤其是年轻的同志一定要多学习、多积累、多思考、多实践，不仅要根据工作岗位的需要去认真学习胜任本职工作所必需的业务知识，同时还要学习与业务相关的知识，包括法律知识、经济知识、科学知识、历史知识等等。腹有诗书气自华，大家一定要过好知识关。

第三场考试是能力和素质关。就是希望同志们通过学习，通过尽快熟悉情况，不断地提高自己的实践操作能力。我们有的地方、有的单位做官的人多，做事的人少，有些干部到了领导岗位，具体事情就不想干。同志们，做官就是为了做事，在座的每位领导干部，包括我在内，无论是从事经济工作，还是从事其他方面的工作，都必须实干，都必须做好每一件具体的事。我认为，当今的领导干部，真正要把工作做好，应该具备以下几个方面的能力和素质：第一，要有坚定的中国特色社会主义理想信念。各级领导干部必须坚定不移地树立中国特色社会主义的共同理想，用中国特色社会主义理论体系武装头脑、指导实践、推动工作。第二，要有和而不同的文化理念。就是要有海纳百川、兼收并蓄的宽广胸怀，要善于通过听取群众的意见、听取社会各界人士的意见来完成我们的事业，这也是社会主义民主政治建设、人民当家作主的客观要求。和谐不是“万马齐喑”、一个声音说话、一人脑袋想问题，而是围绕我们共同的理想，大家齐心协力、献计献策，都能充分展现自身的才能，都能在各自的岗位上做出一番业绩，从而共同推动萍乡的发展。第三，要有以人为本的领导价值观。我们无论哪一级领导干部，都是从老百姓过来的，到了领导岗位，都不能忘记老百姓，忘记老百姓就是忘本。我们要始终牢记自己的责任，牢记自己是人民的公仆，始终做到善待群众、造福人民。第四，要有实践操作、破解难题的能力和求真务实的工作作风。我们做任何工作，都必须坚持求真务实，不能弄虚作假，不能搞那些花哨的东西，不能做自欺欺人的事。这一点对于各级领导干部都非常重要，特别是年轻的同志从一开始进入角色就必须坚持求真务实，做到以实干出政绩，以实干树形象。

第四场考试是品德关。我们每一位领导干部都要讲党性、重品行、作表率，尤其是在廉洁自律方面。为此我曾经说过一句话，一个人最大的敌人不是别人而是自己，一个人最大的悲剧不是被别人打倒而是自己把自己打倒。那些贪官污吏曾经“风光”一时，最后沦为阶下囚，都是自己把自己打倒的。作为和平年代的领导干部，党给了我们这么好的待遇，大家一定要时刻以一个党员干部的标准严格要求自己，常思贪欲之害，常修为政之德，常怀为民之心，不要做出那种“自己把自己打倒”的蠢事。在做好廉洁自律的同时，希望各级领导干部在其他方面，包括贯彻民主集中制、加强班子团结、合力干事等方面也能够认真做好。这次选拔出来的10位同志有的是任正县级，有的是副县级，有的是单位的一把手，有的是做副职的，希望大家都能摆正自己的位置，任何时候都把同舟共济、合力干事摆在首位，都要像爱护自己的眼睛一样维护班子的团结。10个单位的领导班子对新来的同志也要热心帮助、严格要求，帮助他们尽快熟悉情况，支持他们大胆开展工作；要加强对他的日常管理和监督，将他们在试用期间的表现情况及时向组织部门汇报，共同搞好试用期间的跟踪考察，促进他们健康成长。

同志们，刚才讲的这四场考试，也是每一位领导干部将终生面对的考试，市委、市政府是监考官，182万萍乡人民是监考员。我希望并且相信，在以后长期的考试中，同志们都能够漂亮地得高分。

D. 秘书心得

作为秘书都知道选好主题的重要性，而且对于有一定公文写作基础的秘书来说，都知道“一把手”的讲话相对宏观，尤其要选好主题、找准切入点。道理都懂，但在实际工作中又经常陷入“误区”：一是不会找主题，往往只停留在平铺直叙、就事论事层面，没有闪光点，以致稿子的格调和层次不高；二是找不到主题，不知道要用什么把全文“拎”起来；三是有主题却无新意，要么是领导过去讲过的，要么是领导近期反复强调的；四是找到了主题却不知道如何围绕主题展开行文，好东西就这样白白被浪费了。如何把握主题？我认为要注意以下三个方面：

一是找主题千难万难，找准领导最想说的话就不难。主题难定，难就难在要对上领导的需要。如果我们定的这个主题就是领导最想说的，最希望在会上提出的要求，最想通过这次会议解决的问题，那稿子“一次性通过率”当然会提高。所以，拟定主题前必须花大量的精力去追踪领导观点、了解工作动态，以使自己定的主题尽可能靠近领导意图。

二是找主题必须契合会议的语境。三个实例展示的是三个不同的语境，有战略布局性讲话，有程序性较强的讲话，有应景式即席讲话，会议场合不同、规模不同、参会对象不同，主题也定得很有艺术：为全市发展把关定向——建设幸福宜春，与党外人士座谈交流——和而不同，与新任职干部谈心谈话——终生“赶考”。相反，如果不顾会议规模大小、无视参会对象心理，随便确立一些大而空的主题，那就不可能达到满意效果。

三是主题必须要有吸引力和号召力，也就是要“统”得住、“拎”得起。党代会报告是换届后新班子的施政纲要，引领一个地方未来五年的发展，所以必须立意高远，内涵丰富。作为这样一个大稿、重稿、要稿，如果没有一个鲜明的主题贯穿其中，就很可能成为“一盘散沙”。为确立我市第三次党代会报告主题，相关人员确实下了一番苦功，经过征求各方意见，最初确立了“建设赣西强市”的主题，但领导认为，我市本来就是赣西的人口大市，经济总量排名第一，再提“建设赣西强市”定位太低、气魄不够，而且对科学发展观要求体现不够充分，最后才确立“建设富裕文明和谐的幸福宜春”为主题，并要求我们不能偏离主题，要以主题统领全文。比如，为策应这个主题，专门用一个部分系统阐述了幸福宜春的内涵；为体现“建设幸福宜春，人民幸福是根本”，打破传统结构，将保障和改善民生，提高人民群众幸福感置于各项工作之首，等等。报告发表后，在全市上下引起了强烈反响。

第三篇
打破结构的“枷锁”

——千篇一律的“提高认识＋任务措施＋加强领导”的结构模式像餐餐吃肥猪肉一样令人腻烦作呕。我们只能当“模式”的俘虏吗？“三段”未尝不可用，跳出“三段”天地宽。

A. 要点提示

文章主题确立之后，接下来就是结构问题，即通常所说的“搭架子”。“架子”是文章的“骨骼”和外在表现形式，讲几个问题、一个问题分几个层次、怎样铺排内容、怎样起承转合、怎样把握篇幅等等，都需要认真思考。当然，由于领导文稿体裁的不同，结构方法也不尽相同。通常，党代会报告、政府工作报告、人大和政协工作报告、纪委全会工作报告等，其结构具有相对稳定性，一般都是回顾总结、部署安排两大块，虽然层次、段落、次序上会有些变化，但变来变去都跳不出这个大的框架。而领导日常工作中在各种会议、各种场合的讲话，其结构方法就复杂多变了，要做到因事而异、因对象而异、因篇幅长短而异，顺乎自然，灵活应变，千万不能固守某种“模式”。

B. 基本训练

接到起草任务时先别忙于搭架子，先要搞清楚需解决什么问题、确立什么主题，然后再考虑搭多大、多长、多少个层次的架子。

2. 搭架子必须始终围绕主题来进行，一级提纲扣紧主题，二级提纲扣紧一级提纲，做到环环相扣，首尾相顾。

3. 当你习惯成自然地又要套用“提高认识+任务措施+组织领导”的“三段式”时，仔细想想：我非要这样做吗？两段式和四段五段六段甚至更多段式难道不可以吗？

C. 实例印证

［实例一］摒弃“三段式”，需讲几点就几点

在全市造林绿化年度总结表彰暨动员大会上的讲话（摘要）

（2010年11月30日）

一、荣获先进并不是终点线，而是向更高目标冲刺的起跑线

去冬今春以来，全市各地各部门瞄准争先创优的工作目标，以前所未有的领导力度、资金投入和有力措施，高标准、高质量地完成了年度造林绿化任务，建设了一大批通道绿化精品工程和城乡绿化亮点项目。在全省检查评比中，我市通道绿化名列全省第一、综合考评名列全省第二，获得了“全省造林绿化工程建设先进设区市”光荣称号，6个县（市）获得全省造林绿化先进县（市）和单项县光荣称号。成绩要充分肯定，但绝不可有松一口气的思想，绝不可骄傲自满，固步自封。相对于建设“森林城乡”的宏伟事业来说，我们只是站在了一条新的起跑线上。目前全省各地对造林绿化工程都抓得非常紧，各兄弟市都卯足了劲争先创优。当先进难，保持先进更难。各级各部门必须做到认识高度统一，步调高度一致，按照礼祖厅长要求“争一流、树品牌、再夺冠”，确保高标准、高质量完成省委、省政府交给我们的造林绿化规划任务。

二、困难不是落后的借口，认准了的路就要坚定不移地走下去

计划生育难、财政增收难、征地拆迁难、工业发展难，这

难那难，千难万难，当领导总是离不开“难”。但实践证明，只要真抓实干，就没有克服不了的“难”。植树造林同样如此。回顾两年来造林绿化工作，有四点基本经验值得总结：一是坚持把造林绿化工程作为一把手工程来抓，各级党委一把手负总责，分管领导具体抓，坚持做到高位推进；二是坚持把在全省站前列作为明确的工作目标，全市上下争优意识强烈，舍得投入人力、物力、财力；三是坚持高地点规划、高标准建设，确保在高质量完成建设任务的同时，打造一批精品、亮点工程；四是坚持把造林绿化与培植主导产业、提高经济效益、促进农民增收结合起来，把绿化工程建成产业富民工程，得到了广大群众的参与和支持。这些好的经验，是实践的结晶，是基层的创造，也是继续推进造林绿化工程的“法宝”，必须继续坚持并在实践中不断完善。

三、我们的市名叫宜春，我们的责任也在于让万水千山更宜春

建设“森林城乡”是赶超发展战略的重要组成部分，是融入鄱阳湖经济区建设的重大举措，对于实现生态文明和经济发展协调统一，促进我市赶超发展具有重大意义，我们必须坚定不移、持之以恒、锲而不舍地抓下去，实现“既有金山银山，又有绿水青山”。我市国土绿化经过几代人的努力，取得了很大的成绩，全市山清水秀，环境优美，生态良好，但是也存在城市绿化特色不鲜明，通道绿化标准不高，山上绿化质量较低，林业效益较差等问题。今后几年，特别是今冬明春，我们要牢牢把握“森林城乡”建设的总体目标，认真贯彻省政府办公厅转发的省林业厅“关于造林绿化工程建设提升创建活动的意见”、市委市政府“造林绿化工程建设提升创建活动实施方案”和志平同志代表市委政府所作的部署安排，结合当地实际，制定规划，明确职责，务求实效，真正实现青山常在，碧水长流，绿色崛起。

四、植树造林也是一门艺术，高质量严要求才能打造最美的风景

造林绿化工程建设提升创建活动，重点在提升，关键在创建，质量是保证。要着力抓好通道绿化的提升工程，组织技术人员摸清高速公路及其连接线，高速公路沿线城镇乡村，高速公路沿线可视范围内山地的绿化现状，科学制定提升规划，切实提高绿化水平，努力做到一路一景，一村一貌，为新一轮争先创优打下扎实基础。要结合森林城乡的建设规划，大力开展森林街道、森林社区、森林单位、森林乡镇等十项创建活动，把任务细化分解下去，责任具体落实到部门、单位。要注重科学规划，选择多样性的绿化树种，丰富绿化景观；注重栽大树、栽好树、栽全冠树，使造林绿化早见效、早成林；注重造林质量，严把整地、选苗、栽植每一道关口，强化绿化后期管护，提高造林质量。要统筹山上造林与山下绿化的协调同步发展，充分利用好国家重点生态建设项目的资金和管理技术，提高森林质量和绿化水平，对重点生态薄弱地区和严重采伐过度的山地，采取严厉的封山育林措施，尽快恢复森林植被。

五、“加强领导”不能成为空口号，领导者首先必须成为模范“植树者”

从特定意义上说，领导者的职责就是“植树”，植经济之树，植企业之树，还要植生态之树。无论从建设“森林城乡”的需要看，还是从造福子孙后代的需要看，植树造林都是一项长远的事业，是一项“积德行善”的事业，也是一项检验各级干部是否真正树立了正确政绩观和科学发展观的庄严事业。因此，各级党政领导尤其是党政主要领导要继续把造林绿化工程建设作为“一把手”工程来抓，明确一位分管领导具体抓。市委、市政府已成立的通道绿化精品工程指挥部继续保持正常运转，机构不撤，人员不减，责任不变。各县市区分管领导要切实深入一线，靠前指挥，落实规划，落实财力、人力、物力保障，协调解决工程建设中的具体问题，真正把工程建设成群众满意的德政工程、民心工程、富民工程。

六、正确的决策和规划形成之后，抓落实就是决定的因素

督查考核对推进工程建设的作用非常关键。市委、政府督查部门和林业部门要继续组织对县（市、区）开展多方位的全面督查，在任务落实、规划编制、责任到位、时间要求和质量保障等关键点上严格进行考核，并及时通报，宣传典型、鞭策后进；宣传新闻部门要继续搞好舆论造势工作，营造你追我赶、争先创优的良好氛围。要继续以争先创优为目标，明确奖惩措施。市委、市政府将造林绿化工程建设作为考核县市区工作的重要内容之一，对没有完成工程任务的县（市、区），农业、农林工作考评实行“一票否决”。在全省核查评比中，如果有哪个县落到倒数后三名，受到省里批评，将继续实行问责制。承担了三项提升和森林十创任务的部门，一把手要亲自抓，对落实不力、进度不快、效果不好、检查过不了关的部门，同样实行责任追究。

七、为绿色事业工作着是辛苦的，也是美丽的，林业工作者要有更大作为

我市造林绿化工程取得今天的成绩，是各级党委政府正确领导的结果，是全市干部群众共同努力的结果，也是各级林业部门、全市林业工作者艰苦奋斗的结果。几年来，各级林业部门带领干部职工奋战在造林绿化工程建设第一线，制订规划、分解任务、现场指导、督促检查，吃苦耐劳，夜以继日，的确难能可贵，功不可没。希望你们发扬连续作战精神，当好党委政府的参谋助手，抓好各项任务的全面落实。希望你们以建设“森林城乡”为己任，爱岗敬业，甘于奉献，成为播撒绿阴的使者。希望各级党委政府和有关部门关心支持林业部门的工作，帮助解决实际问题，为他们做好工作创造良好条件。对造林绿化中表现优秀、贡献突出的干部，要予以奖励和重用。

八、建设“森林城乡”的主体是人民群众，成功的根本在于唤起民众千百万，同心干

如同其他各项工作一样，造林绿化工程的提升创建、“森林城乡”的建设，离不开广大人民群众的参与和支持。各地各单位要广泛发动群众，一切依靠群众，充分调动人民群众的积极性与创造性。植树造林，美化家园，人人有责。要组织全体公职人员、企事业单位干部职工、学校师生和社区居民积极投入到创建活动中来，大家都来为建设“森林城乡”尽责尽力；要充分运用林改后广大林农积极性空前高涨的大好时机，动员千家万户上山造林，使林改成果真正体现在林业大发展、林农得实惠上；要积极稳妥地推进林权经营，培植造林大户，提高造林质量，推进产业发展，发挥示范效应。我们坚信：只要凝聚起群众的力量，就没有克服不了的困难，没有完成不了的目标任务。我们也坚信：只要我们坚韧不拔地向着“森林城乡”的美好未来走去，就一定能够为子孙后代播撒更多的绿阴、创造更多的幸福。

[实例二] 认识无需事事讲，单刀直入又何妨

在全市县域经济发展三年大竞赛动员大会上的讲话（摘要）

（2010年10月12日）

10月8日—11日，我市组织党政代表团到安徽芜湖、马鞍山、宣城以及我省九江、景德镇等地学习考察。考察行程2246公里，可谓风尘仆仆、舟车劳顿，但我们感觉不虚此行，学到的经验成为我们最重的行囊，看到的差距成为我们焦虑的理由。所以，回来后马上召开动员大会，目的就是要动员全市上下进一步认清形势，紧急行动，迅速掀起新一轮县域经济发展的新高潮。

一、实现县域经济发展新跨越，最紧迫的是要有大项目和大产业的支撑

项目是县域经济的基石，产业是县域经济的栋梁。没有项目的支撑，没有产业的集聚，县域经济就将成为空中楼阁。这次学习考察的几个地方都有一批大项目、好项目在支撑。反观我市实际，尽管近年来项目建设、产业发展也取得了喜人成绩，但与先进地区比，无论在数量上，还是在规模上；无论是在产业集聚的程度上，还是新兴产业的发展上，都还存在很大的差距。各地在项目建设和

产业发展上进展不平衡，有的地方小项目多，大项目少；有的地方项目数量、进资数量存在水分；有的项目签约了几年迟迟不见动静。县域经济要加快发展，如果不能抓一批大项目、大产业，那我们三年大竞赛就是白折腾，要实现县域经济发展的新跨越就是一句空话。对比这次考察的五市，我们确确实实没有什么理由可以骄傲，没有老本可吃，更没有什么理由自我感觉良好。全市上下务必同心协力，在肯定成绩的同时，更多地聚焦我们的差距和潜力，开足马力，大干快上。第一，必须坚定不移地主攻新型工业化、新型城镇化和农业产业化。这是县域经济三年大竞赛的核心内容，也是实现县域经济新跨越的关键所在，因而也是我们各县市区特别是党委政府工作重点中的重点、关键中的关键。各县市区在布置工作的时候一定要突出这个重点，不能平分秋色，各县市区委书记、县市区长要以80%的精力抓项目、抓产业。第二，必须坚定不移地主攻大项目、好项目。尤其要主攻带动能力强、创税能力强的项目。小打小闹成不了大气候，零打碎敲干不成大事业。必须通过几年努力，推动一批龙头带动型企业，以此支撑总量做大和财政增收。第三，必须坚定不移地推进产业体系建设。尤其对已经认准的主导产业，要进一步完善规划，延长产业链，尽快形成产业集聚效应。第四，必须坚定不移地做大做强工业园区。工业园区是主攻工业的主战场、是培育财源的主阵地、是三年大竞赛的主要竞技场。必须狠抓园区基础设施建设，狠抓项目承接落地，狠抓入园企业达产达标率和土地利用率，千方百计提高园区的运作水平和质量。

二、实现县域经济发展新跨越，最关键的是各级干部要有良好的精神状态

三年大竞赛，既是能力的比较，也是激情的交锋。精神萎靡不振，怕苦畏难，就等于俯首认输，就只能落后垫底。不为成功想办法，只为失败找理由，那不仅是缺乏事业心、责任心的表现，更是平庸无能的表现。从总体上看，我市各级干部精神状态都是好的或比较好的，我们有一大批奋战在乡镇街道、工业园区和项目建设一线的干部，他们想干事、肯干事、能干事，在各自岗位上作出了巨大贡献。但也不可否认，在少数地方和少数干部身上也还存在一些问题。必须坚决克服和防止四种倾向：一是坚决克服和防止慢慢来、平平过的思想。既然是大竞赛，既然要大跨越，就必须突出一个"快"字，跑项争资要快出手、招商引资要快节奏、项目建设要快效率、形象进度要快实现，包括机关运转也要提速提效。慢吞吞、平平过，不仅会误事，而且会坏事。有些地方和单位的干部，做事慢慢吞吞、拖拖拉拉，说话哼哼哈哈、走路迈八字步，整天西装革履、道貌岸然，没有一点危机感和紧迫感，甚至有的听说人家快，还到处说风凉话，这种作风怎么干得成事！二是坚决克服和防止怕苦畏难的思想。县域经济的竞赛，就是一场没有硝烟的战争，必须打掉惰性，千万不能贪图安逸、怕苦畏难、不愿担当，更不能碰到阻力就撒手，遇到困难就回头，特别是当前加快县域经济发展面临着融资难、用地难、拆迁难、招工难等一系列问题，这些都是绕不过去的"坎"，都需要我们理性操作，破解难题，才能使工作不断向前推进。三是坚决克服和防止吃喝玩乐混日子的思想。我们绝大多数干部事业心都是比较强的，但去年年终考核中也发现了少数干部存在这方面的问题，玩心太重，考虑工作的时间不多，考虑玩乐的时间不少，成天正事不做，到处打麻将玩乐，不敢公开赌就躲在家里赌，不敢上班赌就下班赌、利用周末时间赌。纪委监察部门的同志要抓几个反面典型，一律先免职再调查，狠刹这股歪风！四是坚决克服和防止守摊子、等换届的思想。明年就要换届，我们多数干部能够坚守岗位，听从组织安排，但也有少数干部人心思"变"，蠢蠢欲动，开始四处"活动"，一天到晚在"琢磨"怎么"接近"领导；有的工作上不求有功、但求无过，守摊子、熬日子、等位子的思想严重，根本就无心干事，更别说大干、快干；有的在项目建设、产业发展上，新的项目不多，甚至每次都是拿着几个老项目撑门面；有的功利思想严重，对个人有利的事情就抢着干，对发展有利但个人无利的就撒手不干。实施县域经济发展三年大竞赛，不仅要逼走得过且过、混日子的思想、逼走等靠要的依赖思想，也要逼走私心杂念和患得患失，逼出各级干部的紧迫感和危机感，逼出积极性和创造力。各级干部一定要端正思想，坚决克服和防止以上四种心态，进一步改进工作作风，以饱满的斗志投身三年大竞赛。

三、实现县域经济发展新跨越，最重要的是要为县市区创造良好的发展环境

县市强则全市强，县市弱则全市弱，县市进位则全市进位，县市后退则全市倒退。所以，实施县域经济发展三年大竞赛，再创县域经济新优势，不仅是县市区的事，也是全市上下共同的责任，各部门各单位必须把支持和服务县域经济发展作为自己义不容辞的职责，坚决做到“两个一律、五个不准”。“两个一律”，即凡是能下放给县市区的经济社会管理权限一律下放给县市区，凡是县市区能够自己做到的事情一律交由县市区自主决策。“五个不准”，即不准任何单位和个人对县市区及企业乱收费、乱罚款、乱摊派、乱检查、乱培训；不准任何单位在县市区争取项目资金的过程中搞“雁过拔毛”；不准在涉及县市区的工作请示、项目审批、办事办证等方面拖着不办，甚至使绊设卡；不准在项目招投标、经营性土地出让以及人事任免等方面乱打招呼、乱写条子，干扰县市区的正常工作；不准以“条条”的利益侵犯“块块”的利益，以“条条”的不合时宜的旧框框制约“块块”的发展。所有中央、省属驻县单位既要讲好“普通话”，也要说好“本地话”，要积极配合县域经济发展三年大竞赛活动的开展，服从服务于县市区的发展，落实好县市区党委政府的重大决策部署，把各自的工作主动纳入到各县市区统一行动，尽己所能地为县域经济发展创造良好的条件。要继续实行市领导挂点县市区制度和重大项目协调推进制度，每年召开一次现场办公会，研究解决县域经济发展中存在的重大问题。要继续坚定不移地做大做强市本级，这不仅是推动赶超发展的重大任务，也是支持县域经济发展的重要方面。不做大市本级，不仅辐射带动到不了县域经济发展，甚至还要拖累县市区。为此，市四套班子包括各市直单位，一方面要积极主动地为县域发展三年大竞赛搞好服务，提供支持，另一方面要责无旁贷、快马加鞭地做大做强市本级，做大经济总量，壮大财政实力。

四、实现县域经济发展新跨越，最根本的是要选好人用好人

推进县域经济发展，干部是决定性因素。没有一大批德才兼备，能干事、会干事、干得成事的干部，县域经济发展就是空的。为落实好上级有关精神，也为了策应县域经济发展三年大竞赛活动的开展，市委准备在干部选拔任用方面采取一些新的举措。一是进一步加大竞争性选拔力度。按照省里的统一部署，结合我市实际，从今年开始将分批次竞争性选拔一批县级和科级干部，选拔方式包括面向全国、全省公开选拔，系统内竞争性选拔，公开遴选部分乡镇（街道）党委（党工委）书记提任市直单位副县级干部，从市直机关选拔若干年轻优秀的科级干部到乡镇（街道）担任党政正职，市直单位和县市区采取不同方式选拔一批科级干部等。具体方案正在研究，不久就将出台。二是进一步加大干部培养储备力度。从县市区和市直单位中选拔一批年纪较轻、学历较高、德才表现好、有培养前途的干部到基层重要岗位锻炼，并进行跟踪考察培养，对表现特别优秀、贡献突出、能力出众、发展潜力大的年轻干部，特别是在县乡一线、工业园区招商引资和项目建设中作出突出贡献的优秀干部要及时提拔重用。三是进一步加大干部交流轮岗的力度。对担任同一职务或同一职级时间较长的县级领导干部，从现在起到明年换届期间，根据上级有关规定分批次进行轮岗交流。对长期在一个岗位工作的市直单位县级、中层干部，要认真研究出台相应的交流轮岗办法。继续加大县市区与市直单位干部双向交流、选派优秀干部到经济发展第一线、基层艰苦岗位挂职锻炼的力度，加强优秀年轻干部、重要岗位干部、事业急需干部的培养和锻炼。继续抓好学非所用、用非所长的干部交流力度，坚持学用对口、用人所长，尊重个人意愿与岗位需求相统一的原则，尽快交流到位。四是进一步加大政策激励力度。为调动和保护各年龄段、各部门干部的工作积极性，将根据干部工作年限和表现，在职数允许的条件下，提任非领导职务。五是进一步扩大选人用人的民主，做到公开、公平、公正。总之，要采用多种方式选好人、用好人，充分调动各级干部的积极性。对于三年竞赛中的优胜者，要大胆使用、放手使用；对那些作风漂浮、工作长期打不开局面、基层反映较大的，要通过年度考核和换届予以调整。

［实例三］浓缩凝炼，简单明晰

在全市党建工作会议上的讲话

（2012 年 2 月 12 日）

下面，根据大家讲的，我简单强调几点意见，归纳起来是“一个强化、四个抓实、两个突破”。

一、一个强化

就是要强化“党要管党，书记抓党建”的意识。只有牢固树立了这个意识，才能对党建工作做到真抓真管，抓而有力。第一，书记抓党建是大势所趋。今年是党的十八大召开之年。胡锦涛总书记在去年“七一”讲话中就今后一段时期党的先进性建设、能力建设等重大任务提出了明确要求，在十七届中纪委七次全会上就保持党的纯洁性又作了重要指示，中组部已经把 2012 年确定为“基层组织建设年”，这一系列部署都要求我们要把党建工作抓得更实。各级组织书记作为党建工作第一责任人，更要充分认识抓好党建是形势发展的必然要求。第二，书记抓党建是职责所在。作为党的书记，不抓党建说不过去。书记不仅要重视党建，摸清基层党建的基本情况、典型和存在的问题，还要熟悉党建工作基本要求、基本程序、基本任务和措施。要特别强调的是，党建工作必须成为党组织专职副书记的主业，这既是上级要求，也是工作需要，专职副书记要按照党组织部署，协助书记抓好党建，在书记的领导下，当好党建工作“操盘手”。第三，书记抓党建是任务所迫。经济发展是物质基础，党的建设是政治保证。所以我们绝不能认为抓党建是虚功、是软指标。必须清醒认识到，抓好党建、带好队伍、匡正风气对加快经济发展、促进社会和谐的重要意义。这就要求各级党组织书记必须强化“党要管党，书记抓党建”的意识，对党建工作真正做到愿抓、会抓、敢抓、真抓。愿抓，就是要尽应尽之责，真心实意抓；会抓，就是要有思路、有办法、有点子，创新举措抓；敢抓，就是要敢于坚持党性原则，雷厉风行抓；真抓，就是要注重解决实际问题，扑下身子抓。

二、四个抓实

第一，要抓实干部队伍作风建设。换届以来，市委以“十要十戒”思想作风主题教育活动为抓手，通过明察暗访等有效措施，干部队伍作风建设取得了明显效果。但必须看到，干部队伍作风建设不可能一蹴而就，今年省委省政府专门制订出台了《全省集中整治影响发展环境的干部作风突出问题活动实施方案》，对整治干部队伍工作作风上的“庸、懒、散”，领导作风上的“假、浮、蛮”，为政不廉的“私、奢、贪”等五个方面、19 种突出问题作出了具体部署，各级各部门要把开展这次活动和“十要十戒”思想作风主题教育活动结合起来，严格对照上级要求，突出整治干部作风上存在的沉迷赌博、作风漂浮、跑官要官等问题，以良好的作风端正形象，促进发展。

第二，要抓实班子自身建设。一个地方的班子是否风清气正，是否坚强有力，是否有驾驭科学发展、赶超发展的能力，决定着一个地方发展和事业的成败。一个地方的工作条件再苦，经济发展基础再差，社会环境再复杂，只要班子团结，就没有大问题；尤其是“一把手”正，就没有大问题。“一把手”是一个地方的标杆，“一把手”正，就能带正一个地方的风气；“一把手”不正，就会毒化一个地方的风气，耽误一个地方的发展。所以，我们的书记包括我在内，县市区的也好，市直单位的也好，一定要珍惜这个岗位，更要履行好自己的使命。我们站在这个岗位上，就代表共产党的形象，就寄托着人民的期望。各级干部特别是“一把手”一定要站得住，不要自己把自己打倒，作为“一把手”，既要干成事，又要不出事，不要自己把自己打倒。作为“一把手”，一定要保持“三心”，对党有忠心，对父母有孝心，对人民有爱心，这“三心”必不可少。只有“一把手”正，才能带好队伍，管好班子，使班子成员都能心情舒畅、毫无后顾之忧、不需要互相提防地干事创业，使班子永远保持强大的凝集力和战斗力。

第三，要抓实党风廉政建设。各地各部门一定要认真贯彻中央、省、市纪委全会精神，既要抓惩治，更要抓预防，特别是要加强对权力运行的监督，从源头上杜绝和减少腐败现象的发生。作为一个地方的党委书记，要切实履行“一岗双责”，没有哪个领导希望自己的部下出事，如果一个地方的干部老出事，作为“一把手”也难辞其咎。所以对干部一定要严格要求，严格教育，严格管理，严格监督，谨防“出轨”。“严是爱、宽是害”，我们平时严厉一点，对党风廉政建设多说一点，哪怕被有的干部误会为“婆婆嘴”、唠叨啰嗦，总比看着干部出问题好，即使他们现在不理解，将来还是会感谢我们的。无论从事业出发，还是从干部成长出发，党风廉政建设任何时候都不能放松，不能心慈手软。在前两年的党风廉政建设年度考评中，多数地方和单位做得很不错，但也有少数单位“一把手”对党风廉政建设说不出个所以然，连基本的要求和规矩都不懂，更没有按照市委下达的年度目标任务去抓落实，对检查发现的问题也没有认真整改，甚至连整改落实报告都不交，这糊涂到了什么地步，对事业、对自己、对干部都是非常危险的。

第四，要抓实基层组织建设。基础不牢，地动山摇。加强基层组织建设，从大的方面来讲，是为了密切党群干群关系，巩固党的执政基础，但从现实情况看，要维护社会安全稳定，也必须加强基层组织建设。为什么现在有这么多问题、这么多矛盾冲突，群体性事件屡有发生，一个重要原因就是基层基础工作还不够扎实，基层组织的战斗堡垒作用还没有充分发挥，如果我们所有的基层组织都坚强有力，基层党员干部都能与党和政府同心同德，及时发现问题，及时解决问题，就不会有这么多的矛盾。为什么中组部确定今年为“基层组织建设年”，道理也就在这里。这就要求我们的县市区委书记在抓好发展的同时，必须以更多的精力抓基层组织建设。从某种意义上说，抓基层就是保稳定。

三、两个突破

一是在党建项目化建设上要有突破。党建工作项目化，是省委今年专门推出的新举措。党建工作必须项目化，绝不能泛泛而谈。我市根据省委要求确定的十个党建项目，目前已落实到了有关县市区，其中有的是创新探索型项目，有的是典型示范型项目，有的是制度推广型项目，请各地各有关部门对照要求认真抓好落实。我们的党建工作曾经创造了很多经验，被称为“全国党建工作试验田”，多次得到中央媒体报道和中央领导的批示。今年是“基层组织建设年”，全市各级党组织书记，特别是专职副书记、组织部长要多开动脑筋，确保在新一轮的基层组织建设热潮中，我市能继续出经验、出亮点、创品牌，力争有更多的经验和项目能在全省推广，否则我们“党建试验田”的称号就受之有愧。

二是在党建工作薄弱环节上要有突破。要在社区党建上下工夫。社区党建事关经济发展、事关城区稳定，要特别引起重视。就如何抓好中心城区和各县市区城区的社区党建工作，去年市委已经专门下发了文件，请大家认真对照文件要求，切实把社区党建工作抓实抓好。要在非公企业党建上下工夫。省委组织部对非公有制企业党建工作抓得很紧、很认真，并经常在全省进行排位和通报。务请各地把这项工作继续认真抓下去，尽快提高覆盖率，力争在全省取得好位次。要在机关党建上下工夫。我市机关党建工作总体较好，但也有少数单位机关党组织建设不健全，党组织活动开展还不够，搞活动也就是读读报纸、念念文件，还有一部分单位根本没什么动作，党组织形同虚设，机关党建应有的作用没有得到充分发挥。这块工作一定要有所突破。这次只请县市区和“三区”书记述职，下次市直各单位党组（党委）书记也要分口分系统、分期分批进行述职，进一步提高机关党组（党委）书记抓党建的意识和能力。

[实例四] 打破“一二三四五”，不用标题亦分明

在全市各界人士迎春茶话会上的讲话

（2011年1月25日）

在新春佳节来临之际，市委、市政府、市政协在这里召开全市各界人士迎春茶话会非常有意义。如果说全市550万人是一个大家庭，那么我们就是一家人，聚在一起拉拉家常、谈谈家业。几位代表的发言都很好，体现的正是一种爱“家”的情怀，兴“家”的希望。借此机会，我谨代表市委、市人大、市政府、市政协向在座各位拜个早年，并通过你们向奋战在全市各条战线上的广大工人、农民、知识分子、机关干部职工，向广大离退休老领导、老同志，向各民主党派、工商联、无党派人士、各人民团体，向驻宜部队和武警、消防官兵、公安民警及军烈属，向广大企业家和客商朋友，向所有参与、关心、支持我市发展的各界人士和全市人民致以节日的问候和新春的祝福！

刚才，市长通报了去年全市经济社会发展情况。的确，过去的一年是经济发展丰收之年，也是党的建设、精神文明建设、民主政治建设和社会建设的丰收之年。这些成绩的取得，是省委省政府正确领导的结果，是历届班子打下良好基础的结果，也是社会各界、全市人民共同努力的结果，总起来说，是“和”的结果。为共同的目标和衷共济，为全市的发展和谐干事，为全市人民的幸福和气生财，为凝聚各方面的智慧和而不同，一句话，没有“和”，就不可

能有今天的大好局面。

今年是“十二五”的开局之年，我市进入经济总量的扩张期，新型工业化和新型城镇化发展水平的提升期，知名度和美誉度迅速提高的黄金期，同时也进入了赶超发展的爬坡期，转变发展方式的关键期，区域经济激烈竞争的比拼期，提升群众幸福指数、推进和谐社会建设的攻坚期。要把事情办得更好，要实现赶超发展的目标，要让全市人民过上更幸福的生活，需要全市上下、社会各界继续秉持“和”的理念，发扬“和”的精神，最终达到家和万事兴的目标。

家和万事兴，需要各界人士胸怀全局，奋发有为，尽责尽力。前不久，市委召开全委扩大会，提出了“决战十二五，奋力站前列”的总体目标，确立了今年“一个升级、三个强攻、一个竞赛”的工作重点。“一个升级”，即产业升级。春节上班后第一天即召开动员大会进行部署，在抓好传统产业转型升级的同时，举全市之力抓好锂电新能源、生物医药、盐化工等一批新兴产业。“三个强攻”，即强攻新型工业化，做大做强全市十大产业基地和中心城区六大产业；强攻新型城镇化，以城镇建设三年大会战为抓手，以规划为龙头，以项目为载体，以宜居宜业为目标，全面提升中心城区的承载力和辐射力；强攻农业产业化，力争粮食、毛竹、家禽、中药材、油茶五大优势产业综合产值突破300亿元。“一个竞赛”：即县域经济发展三年大竞赛。通过“纵比增幅、横比份额、内比人均、外比排位”，进一步激发县域经济发展活力，再创县域经济强市新优势。希望大家多了解、支持、参与这些重点工作，心往一处想，劲往一处使，共同为全市的发展贡献力量。

家和万事兴，要求我们进一步提高科学决策、民主决策水平，群策群力，共谋发展。加快经济社会发展，固然需要各级党委、政府不断提高决策水平，尽量减少决策失误，同时还需要广开言路、集思广益、博采众长，需要社会各界包括各民主党派、工商联、无党派人士乃至全市人民开动脑筋想办法，共谋发展之策。特别是在当前转型升级、科学发展等各项任务异常艰巨的情况下，创意也是力量，点子也是生产力。希望大家充分发挥聪明才智，为推动经济社会发展提出更多的金点子、好点子，只要对发展有好处，对人民的利益有好处，我们都将认真听取和采纳。

家和万事兴，要求我们进一步加强民主政治建设，调动一切积极因素干事创业。要继续坚持和完善中国共产党领导的人民代表大会制度和多党合作、政治协商制度，充分发挥人大、政协和统战部门等各方面的工作职能，高度重视社会各界人士建言立论和监督成果的运用。要充分发挥人大代表、政协委员的作用，提高他们参政议政的能力和水平，通过视察、调研、提案、议案、建议等各种方式方法，反映社情民意，促进党委和政府的工作。

家和万事兴，要求我们高度关注民生，促进社会的和谐稳定。全心全意为人民服务是我们的神圣职责，让人民过上更美好生活是我们的庄严承诺，坚持党的群众路线、群众观点是我们党最大的政治优势，密切联系群众、热心为群众排忧解难是执政之要、和谐之基。我们要认真做好新形势下群众工作，积极实施民生工程，解决好与群众利益密切相关的就业、社保、医疗、住房、入学等实际问题，不断提高人民群众的幸福指数；要巩固和发展“万名干部下基层，和谐稳定进乡村”和“为市民解忧，促城区和谐”的工作成果，继续抓好矛盾化解、来信来访、社会管理创新等各项工作，让社会长期和谐稳定，群众长期得实惠。做好这方面工作，同样需要在座各位和你们所代表的社会各界共同做好工作，为改善民生、促进和谐贡献自己的力量。要深入开展向英模人物学习活动，大力弘扬团结友爱、见义勇为、扶贫助残、助人为乐的中华民族传统美德，形成人人争先进、讲道德、作奉献的良好社会风尚。

家和万事兴，要求我们创造更加开明开放、宽松和谐的发展环境。对外开放、招商引资、发展开放型经济，特别需要一种“和”的气氛、“和”的环境。只有“和”，才能广交朋友，才能讲感情讲诚信，才能提供优质服务，才能打造投资“洼地”。近几年我市招商引资和项目建设取得重大进展，其实也是一种“和”的结果，许多客商都说我们的环境好了，办事效率高了，“吃拿卡要”的现象少了。面对新的奋斗目标，我们要继续求开明开放之“和”，求优质服务之“和”，求大气宽容之“和”，以海纳百川的宽广胸怀，大力引进技术、资金、智力，推动全市的发展。

同志们，朋友们！家和万事兴，前景更光明。我希望并相信，我们这个大家庭的每一个成员，都能视“家和”如生命，以“事兴”为己任，在各自的岗位上踏实工作，奋发有为，为把我们共同的家园建设得更加富强、更加文明、更加和谐平安而努力奋斗！

D. 秘书心得

仔细研读本篇之后，最大的感触就是：结构无定法，规律可摸寻。所谓“结构无定法”，四篇稿子已经显得淋漓尽致，或四段式，或八段式，或用标题串或不用标题，或只讲一个问题或讲一个问题的多个方面，总之灵活多样，各具特色；所谓“规律可摸寻”，就是说看似飘逸、随性的结构，实则都有规律可寻，如要点提示中写的“结构要始终服务主题”，“结构要因事而异、因对象而异、因篇幅长短而异”，考虑讲话既定的场合、作用，考虑讲话既定的主题，考虑讲话既定的时间、篇幅，考虑讲话既定的对象，考虑讲话者的个人风格。可以说，四篇讲话都鲜明地体现了这些特点。说实话，我们短期内要像领导这样谋篇布局收发自如、随心所欲，那是难以达到的。但经过学习本篇，至少我们可以在以下三方面作一些尝试和努力。

第一，多一点“集中”意识。接到写作任务后，不要总习惯于按照提出问题、分析问题、解决问题的逻辑顺序，或是按照“为什么开展这项工作、如何开展这项工作、如何才能保证把这项工作搞好”的思路谋篇布局。应该说，这种行文结构固然有很大合理性，符合大多数人的思维习惯，但类似结构用多了往往使人腻烦。在这个情况下，我们能否再深入一些、集中一些，不谈或少谈目的意义之类的话，而是集中火力谈一个问题，比如谈如何解决问题，谈如何做好工作的保障等等，如此下来一者结构耳目一新，二者文章也更为紧凑、更具冲击力，令人听后印象深刻。

第二，多一点“发散”意识。实践使我们体会到：在工作部署会上，“一把手”往往是最后讲，很多时候操作层面的话分管领导已经讲了，在这种情况下如果我们还按传统的三段式布局谋篇，肯定会与分管领导讲话重复，这时我们能否学习实例一的结构，围绕主题发散开去，或是需要强调几点就说几点，或是把事物中的关键问题或工作中的关键环节“抽”出来，独立成一部分，依次阐述。这样结构往往比那种相对固定、刻板的两段式、三段式更单纯一些，与会者听起来也不那么费劲，而且容易与分管领导的讲话互为补充，达到相得益彰的效果。

第三，多一点“研究”意识。安排结构固然有一定技巧，但并非纯技巧性的问题。因为结构只是内容的外在表现形式，内容才是最本质、最重要的。所以我们还是要立足于解决实际问题，先去熟悉工作、了解情况，甚至掌握领导讲话风格。如果对事物认识不深、理解不透、本身没有解决的办法，对领导风格又拿捏不准，那必定找不到好的结构方式，打破结构“枷锁”也就成为一句空话。

第四篇
标题，要说爱你不容易

——一位领导同志是这样诱导秘书的："你只需下功夫把标题搞精彩、搞漂亮就可以了，一般的文字叙述只要没有反动口号就行！"这话虽然带点幽默，但也一语道破了标题的极端重要性。

A. 要点提示

标题是为主题服务的，它细化主题、派生内容，使主题贯通全篇；标题又是为结构服务的，它区分层次，衔接上下，使结构严密完整。因此，任何一位有经验的秘书都会把相当的精力放在标题制作上，反复琢磨，反复修改，大有"语不惊人誓不休"的劲儿；同样，任何一位有经验的领导也会把改稿的注意力聚焦在标题上，看它是否说得恰如其分，是否新颖独特，是否能体现其风格和水平；还有，听众或读者出于对某些"官样文章"的反感，对领导文稿也往往先看标题是否有吸引力、是否能让他们有兴趣听（看）下去。由此可见，在制作标题上下足功夫的确是必要的、值得的。

B. 基本训练

1. 根据主题的需要，首先想清楚大致划分几个层次和段落，再考虑标题。

2. 时刻牢记：标题要始终紧扣主题、围绕主题、呼应主题，舍此，再漂亮的标题也没有意义。

3. 瞄准目标：制作最“抓眼”的标题。

4. 如果一时找不到满意的标题，不妨先列出几个方案，进行对比、碰撞、推敲、深化，也许就如愿以偿了。

5. 有时你脑海里可能已经有了几句很精美的语言，本来只想把它放在段落中加以叙述，何不把它放在标题中呢？不经意中，也许它就是最理想的标题。

6. 标题是千变万化、千姿万态的，可长可短，可平实可生动，可工整可自然，可委婉可直白，千万不要拘泥于某一种格式。

C. 实例印证

［实例一］设问式标题

对着“明镜”正“衣冠”（提纲）

——党性分析材料

（2005 年 4 月 16 日）

（一）我的缺陷在哪儿？

总体评价是：基本洁净中有瑕疵，基本端正中有欠缺。

——缺乏深入系统的理论学习，理论素养不高。

——缺乏为党的事业奋斗终生的拼劲、韧劲，有时存在安于现状、怕苦畏难的思想情绪。

——全心全意为人民服务方面说得多，但有些方面做得不实、不细、不到位。

——履行工作职责不够充分，政府工作改革滞后，工作效率有待提高。

——在思想、作风方面还存在不足，没有做到时时刻刻以共产党员的条件来严格要求自己。

（二）存在这些缺陷的根源是什么？

总的根源是：缺乏“镜鉴”的自觉性和经常性，时而放松对自己的党性约束。

——世界观改造不彻底，缺乏崇高的理想追求。

——存在骄傲自满情绪和忽视政治的偏向。

——“宗旨”观念树得不牢、不深。

——党性修养缺乏“定力”，有时被周围环境所左右。

（三）我该怎样修补自己的缺陷？

总的设想是：“镜子”面前正衣冠，尽职尽责兴事业。

——自我加压，主动“充电”，不断完善和提高自己。

——进一步强化“宗旨”意识，当好群众的代言人、贴心人和“服务员”。

——紧扣发展这个“第一要务”，在市委正确领导下更有效地履行政府职能，加快抚州经济发展步伐，加快改变落后面貌。

——进一步加强党性修养，提高境界，端正作风。

[实例二] 问答式标题

在中共抚州市委一届九次全体（扩大）会议上的讲话（提纲）

（2004 年 2 月 26 日）

一、对过去一年的经济形势怎么看？——成绩很大，不能妄自菲薄；差距不小，必须奋起直追

（一）经济总量实现新增长。

（二）招商引资取得新突破。

（三）经济结构得到新调整。

（四）基础建设获得新进展。

（五）各项改革进入新阶段。

（六）环境整治出现新变化。

（七）社会保障达到新水平。

（八）社会事业有了新进步。

二、新的一年我们应该怎么干？——树立和落实全面、协调、可持续发展观，把握一条主线，打好三个硬仗，做好七项关键性工作

实现上述目标，必须“把握一条主线，打好三个硬仗，做好七项关键性工作”。

（一）“把握一条主线”，就是要把握大开放、大招商这条主线，举全力招商引资，促进开放型经济更快更好地发展。

（二）打好三个硬仗，就是要打好工业园区、重点项目和城市建设三大攻坚战。

1. 打好工业园区建设攻坚战。

2. 打好以公路建设为主的重点项目建设攻坚战。

3. 打好城市基础设施建设攻坚战。

（三）“做好七项关键性工作”，就是要做好工业扶优扶强、农业产业化经营和农民增收、壮大地方财力、跑项目争资金、就业再就业与社会保障体系建设、维护社会稳定和社会事业发展等七个方面的重点工作。

1. 培育壮大优强企业，加速工业化进程。

2. 推进农业产业化进程，强化农业基础，促进农民增收。

3. 壮大财政实力，增强发展后劲。

4. 加大跑项目、争资金力度。

5. 实施就业再就业工程，完善社会保障体系建设。

6. 全力维护社会稳定。

7. 继续大力发展社会各项事业。

三、做好今年工作关键靠什么？——认真践行“三个代表”重要思想，弘扬求真务实精神，难中求进，稳中求进，实中求进，合中求进

（一）保持良好的精神状态，难中求进。

（二）按客观规律办事，稳中求进。

（三）转变干部作风，实中求进。

（四）加强团结协作，合中求进。

［实例三］比喻式标题

在财政工作汇报上的讲话（摘要）

（2008 年 12 月 31 日）

对下一步的财政工作，我提四点要求，即打好“四把算盘”：

第一，要打好促产培财的“活算盘”。财政部门不仅仅是帐房先生，管账管家当“出纳”，而是一方面要抓好财政管理，另一方面要抓好促产培财。我们搞财税工作的同志，在搞经济工作方面相对来说是明白人，你们管的不仅是一本账目，而是要通过这本帐目来观察全市经济运行的走势和结构，从这个意义上说我希望各级财税部门的同志不仅要做好你们的本职工作，而且要在促产培财方面继续为市委、市政府当好参谋。从促产培财来说，是我们当前乃至今后一个时期实现赶超发展的根本。为此，一方面要继续坚定不移实施工业强攻战略，做大经济总量。另一方面要改造和提升传统服务业，改变过去那种规模太小、布局分散、经营雷同、效益不高的状况；同时要根据发展的需要，根据建设宜居城市的需要，发展现代服务业，这也包括房地产业的健康发展。

第二，要打好节约支出的“铁算盘”。前面说过，不仅我们财政部门，全市上下都要有过紧日子的意识。越是经济困难的时候，越要艰苦奋斗，越要过紧日子，过苦日子。我们提出“四个零增长”的要求，实现这个目标，要有相应的监督管理措施，要从党政机关做起，从四套班子做起，在全市倡导一种勤俭持家、艰苦奋斗的风气，坚决制止大手大脚花钱、铺张浪费的行为。在这一方面，财政部门要把好关，要做“铁公鸡”，要强化预算的刚性。

第三，要打好强化征管的“硬算盘”。刚才国、地两家，都谈了很好的征管措施，依法征税，应收尽收，防止跑、冒、滴、漏。在经济困难的情况下，怎么样推进税收的精细化管理，包括税源的监控，税收的稽查，重点纳税人、重点纳税环节要加强监管，求真务实，精细把关。

第四，要打好跑项争资的“巧算盘”。应该说，无论是市里，还是县市，今年向省财政和国家财政部争到了不少的资金，明年还要继续努力。我们财税部门也要去跑项目，特别是财政部门。跟上级财政部门一定要搞好关系，要积极争取项目和资金，多跑、少跑效果不一样。

［实例四］概括式标题

在观看《群体性事件警示录》专题片
集中讨论时的讲话（摘要）

（2009 年 8 月 31 日）

上午我们集中观看了中央有关部门录制的关于群体性事件的内部录像片，我想大家都会感到深受教育、深受启发、深受震撼。刚才大家都谈了很好的意见。结合大家谈的，我谈几点体会，概括起来就是“十句话”：

1. 民利不可争，众怒不可犯。我们党的根本宗旨是全心全意为人民服务，我们党除了最广大人民群众的根本利益，没有别的利益。所以在任何时候任何情况下，都要把解决人民群众最关心、最直接、最现实的利益问题，作为自己的神圣职责，切不可忽视群众利益，更不能与民争利。××事件，起因就是当地政府把本应给老百姓的征地款挪作它用，拿去建宾馆，遭到老百姓连续几年的群起反抗；××事件，橡胶的市场价格大幅攀升，从原来的几千元涨到 2.5 万元以上，但公司对胶乳收购价格不作调整，还是按原来的价格收购，老百姓怎么会接受？触犯民利，就会引发众怒。众怒难犯，众怒不可犯，水载舟，水亦覆舟，这个道理值得我们牢牢记取。

2. 多做惠民事，施政合民愿。我们作决策、办事情，必须以群众满意不满意、高兴不高兴、答应不答应作为标准，要通过科学决策、科学施政，不断提高政府的公信力，建立良好的党群干群关系。××事件，为什么一个女孩子的死亡会引发一起那么大的群体性事件？而且还有那么多学生参与其中？揭示事件发生的原因，就是因为老百姓关心的一些热点难点问题长期未得到解决。比如教育方面，一些学校大班额的问题严重，一个班多的 100 多人，少的也有 90 多人，严重影响教学质量，群众有意见。还有社会治安问题，老百姓没有安全感，妇女晚上不敢出门。对于这些问题，老百姓看在眼里，记在心里，平常不说什么，敢怒不敢言，一旦找到燃点，找到一个突破口，就会像火山爆发一样爆发出来。所以我反复强调，招商引资要搞，老百姓的利益要兼顾，不能因为招商引资，损害老百姓的利益，一定要正确处理好安商与安民、亲商与亲民、富商与富民的关系，一定要多做惠民、利民的好事、实事。

3. 矛盾勤化解，谨防成积怨。任何群体性事件的发生，都有一个逐渐积累的过程，不是一朝一夕突然冒出来的。上午看的四起事件，有一个共同之处，那就是社会矛盾得不到及时化解，平时积怨太深，终于有爆发的一天。难怪有的老百姓说：不闹不解决，小闹小解决，大闹大解决，一定要整出点动静来才行。这话说明什么？说明平常老百姓诉求无门，或者说他的问题长期没有得到解决，所以就把事情搞大，搞大了上面才会重视和解决。事实上也是如此。但问题就在于：为什么非要等到事情闹大了才去重视、才去解决呢？所以一定要重视抓平时、抓苗头，包括调解矛盾、处理信访、落实综治措施等，包括落实领导接访制度、重点信访案件包案制度等，凡属群众的合理要求都要及时解决，千万不能把矛盾拖成了积怨，把小事拖成了大事。

4. 掐断导火索，处置须果断。任何事件的发生都会有一个起因，都先会有一些迹象。一旦出现苗头，要快速反应，及时处理。当断不断，反受其乱。XX事件就说明了这个问题，事发当天晚上，绿海公司的保安打了老百姓，老百姓强烈要求捉拿打人凶手，但县公安局领导说，抓人可以，不过要按程序来，老百姓一听就不高兴了，以为政府在偏袒绿海公司，“火”就烧起来了。如果当天晚上公安局表态坚决并立即行动，第二天就很可能不会出这个事件。

5. 严防群体化，疏散于未然。社会冲突就怕群体化，聚集几百人、几千人、甚至上万人就不好控制了。我们预防和处理群体性事件有一个很重要的原则：就是要千方百计防止人群聚集、特别是在首脑机关聚集。上午看的几个片子也说明，一旦老百姓成千上万地聚集起来了，局面就很难控制了。前不久袁州慈化发生一起意外死人事件，当得知死者家属在串联同族亲友聚集闹事时，区委区政府和公安机关迅速派员进村入户做工作，并通知邻县紧急协助，劝阻当地群众到慈化集聚，有效防止了一起大规模群体事件的发生。

6. 客观亮真相，快速止谣言。一旦事情发生，不能回避媒体，要主动与主流媒体打交道，防止一些小报、一些网站添油加醋、不负责任地加以炒作，造成负面影响。要借助主流媒体主动发布真实消息，制止谣言在民间传播、在网上传播，主动引导社会舆论。有些群体事件就有这个教训，由于主流媒体失声，由于有关部门没有及时向社会说明事实真相，导致谣言四起，事件不断恶化升级。

7. 领导靠前站，现场解疑难。各级党政主要领导是维护稳定的第一责任人，要切实负起责任，平时要积极主动抓稳定，一旦出现问题更应挺身而出。当群众对基层干部失去信任的时候，上级领导出面，有利于稳定群众情绪，迅速控制局面。所以，出现群体性事件时，“一把手”要到现场去跟群众对话，要到现场去解决问题。合理的诉求要解决，不合理的诉求要解释，对违法犯罪行为要果断处置。

8. 着力强基层，用心保政权。基层党组织是我们党执政的基础，是维护社会稳定的重要力量。但从现实情况看，我们有的基层党组织形同虚设、软弱涣散、不起作用，有的时候甚至起反作用，导致干群关系对立。记得高安一位村支书说过一句话，他说我们基层支部书记的责任，就是通过做好工作，富民安民，让老百姓说共产党好。这句话非常朴实但非常深刻，点到了问题的要害。基层党员干部与群众朝夕相处，老百姓看共产党好不好，首先是看身边的党员干部好不好，如果基层党员干部跟群众关系不好，哪个老百姓会说共产党好？在××事件中，村党支部书记、村主任不是与党委政府一条心，不是做好群众的说服工作，而是主动策划和组织群众上访。你们看这个问题有多严重？其他地方也存在类似的情况。有的地方党组织长年没有活动，村组干部根本不发挥作用，甚至任宗族势力、宗教势力、黑恶势力胡作非为，左右局面，掌控基层组织，这样下去是非常危险的。

9. 科学用警力，迅速稳局面。在群体性事件高发的情况下，我们必须高度重视公安武警这支维稳最中坚的力量。慎用警力不等于不用警力，不用就不用，用则毫不吝惜，形成大兵压境之势，迅速控制局面。其实这也是一条经验。在事发之初，我们动员干部下去，做群众思想政治工作，但一旦形成群体性事件，局面无法控制的时候，只有使用警力，动则必胜，稳住局势。同时要切实加强公安武警的自身建设，提高应对和控制突发事件的能力，确保关键时刻拉得出、用得上、打得胜。

10. 增强应急力，花钱“买”平安。各县市区党委政府在预防和处理群体性事件上，一方面平时要做好工作，把矛盾解决在萌芽状态；另一方面要关心支持政法公安机关的工作，充分发挥其在维稳工作中的重要作用，要从人财物方面提供必要的支持，包括一些必需的装备、器械要尽可能配齐。各级政府要有这种意识，舍得投入，花小钱省大钱。

[实例五] 结论式标题

在全市“三看三比”现场观摩会上的讲话（提纲）

（2007年12月11日）

一、对今年以来项目建设的大检阅，实际上是对各级干部事业心、责任心和执政能力、操作能力的一次大检阅。

二、成绩值得肯定，但成绩永远是动态的，在巨大的压力、现实的差距和剧烈的竞争面前，我们不能有丝毫的自满和懈怠。

三、项目建设是经济工作永恒的主题，没有项目就没有财源，没有项目就没有后劲，没有项目就没有“脸面”；抓不到一批大项目、好项目就是失职，就是无能。

四、当前我们要做的一个最大、最重要的“项目”，就是抓住机遇，用足用好用活政策，推进产业结构战略性转型，向新型工业化城市的宏伟目标迈进。

五、宏观调控其实也是机遇，它迫使我们在更新观念、创新方法、积聚内力、负重拼搏当中经受更艰苦的磨练，并获得更深刻的胜利。

六、开发区、工业园区是全市项目建设的主战场，必须举全市之力决战园区，赶超发展，争先进位。

[实例六] 摘要式标题

在全市集中开展“解放思想求突破，科学发展促赶超”主题教育实践活动动员大会上的讲话（提纲）

（2008年5月10日）

一、思想的先进是本质的先进，观念的落后是最根本的落后。我市要实现赶超式发展，就必须继续把解放思想作为“第一道工序”

首先，在由农业主导型向工业主导型转型的加速时期，必须通过解放思想来开辟新天地。

其次，改革进入深水区，难啃的“骨头”比较多，必须通过解放思想冲破障碍。

再次，面临落后掉队的危险，迫使我们要通过解放思想来超越自我、追赶先进。

二、新一轮解放思想关键是要围绕赶超发展、前移前列，扫除一切不合时宜的旧思想、旧观念，解决好想干、敢干、会干、同心干的问题

一是解决好“想干”的问题。

二是解决好“敢干”的问题。

三是解决好“会干”的问题。

四是解决好“同心干”的问题。

三、进一步解放思想要在推进工业化、城镇化有新进展，利用外资规模和质量有新提高，机制体制创新有新突破，县域经济发展有新亮点等方面见成效，一句话，发展才是检验解放思想成果的唯一标准

一要在优化经济结构，推进工业化、城镇化进程上见成效。

二要在进一步扩大开放，提高利用外资水平，提高经济外向度和市场化程度上见成效。

三要在体制机制创新，形成经济自主内生增长机制上见成效。

四要在实现县域经济新突破，再创农业大市新优势上见成效。

四、确保新一轮解放思想取得实效，宣传造势是先导，领导带头是关键，触及问题和认真整改是根本，加强督查和考核是保证

要宣传造势，在全市干部群众当中营造解放思想的共识共为。

各级领导干部要在解放思想促发展中当好标兵、作好表率。

要紧紧抓住制约赶超发展的关键问题进行整改。

要通过强化督查考核确保各项措施落到实处。

[实例七] 长标题

在全市民政残联扶贫老龄工作会上的讲话(提纲)

(2012年1月18日)

一、扶贫济困助残老龄工作是中华民族传统美德的传承,是以人为本、执政为民的必然要求,是建设和谐社会的"重头戏",必须重视重视再重视,抓紧抓紧再抓紧,落实落实再落实

二、做好扶贫济困助残老龄工作需要讲良心、动真情、干实事,需要高扬"慈善、人道、博爱"的旗帜,把每一项惠民政策落到实处,把每一件排忧解难的实事办到实处,把党和政府的温暖送到每一个困难群众心中,让困难群众发自内心说"共产党好"

三、"公信力"是扶贫济困助残老龄工作的生命,是困难群体和社会各界关注的焦点,是"好事办好"的关键。必须严谨操作,规范运作,坚决纠正和防止假公济私、弄虚作假、滞留挤占甚至贪污挪用困难群体"救命钱"的丑恶行为,确保"阳光下的伟大事业"始终在阳光下运行

四、从本质上说,每一个领导干部都应该是一名合格的扶贫济困助残老龄工作者,必须着力推进扶贫济困助残老龄工作"常态化",必须高度重视基层基础工作并及时解决存在的问题,必须动员全社会的力量合力而为。只要人人都献出一点爱,世界就将成为一个美好的人间

[实例八] 短标题

在“重大产业和重点项目推进年”活动调度会上的讲话（摘要）

（2010年4月15日）

现在全市上下方向有了，思路有了，措施有了，关键就要干。干，才能出形象；干，才能突破难题。不干，半点马克思主义都没有；不干，再宏伟的目标，再好的措施都是一句空话。

第一，要快干。所谓“快干”，就是要在科学决策、保证质量的前提下，一切工作都提速，有意向的快跟进、签了约的快开工、已开工的快建设、已投产的快见效，决不允许慢吞吞、磨洋工，决不允许推诿扯皮、敷衍忽视。市委、市政府已经决定，今天会议之后原则上本季度不再开全市性的大会，请大家在做好本职工作，包括安全稳定、防汛抗洪等工作的基础上，市县两级领导以及部门领导都要出去跑项争资、招商引资。这里，我向大家提出“五个一”的要求：第一，市县两级党政领导原则上本季度都要外出一个月以上；第二，凡是有招商任务的市直单位都要组织一支招商小分队出去招商；第三，凡是挂了重点项目的市四套班子领导每周至少要到项目点上一次，了解情况、督促进度、解决问题；第四，本季度内，市委、市政府将分片再召开一次重大产业和重点项目建设现场办公会，帮助大家解决问题；第五，到本季度末，也就是7月份，召开一次重大产业和重点项目交账会。

第二，要实干。推进重大产业和重点项目，必须求真务实，必须埋头苦干。要冲出形式主义的包围，打破文山会海的拖累，扫荡空话套话的垃圾，力戒只说不干的陋习。我想，除了减少会议、不开全市性的大会外，今后部门性的会议凡是不需颁奖、不需汇报、不需讨论的，原则上尽量开视频会，要让大家有尽可能多的时间抓项目、抓招商。要特别注重破解难题，包括土地难、贷款难等等。

不破解难题，就不是实干的表现；不破解难题，重大产业项目就难以推进。包括跑项争资等工作，有关部门一定要多去省里，多去厅局汇报争取。需要指出的是，抓实干，就必须加强督查，以督查促落实，以督查促实干。从现在看，督查工作跟进得非常紧密，非常及时，但也要注意一个问题，现在不少项目存在交叉，有的还涉及多个单位，几条线的督查同志一定要加强配合协作，不要重复督查，不要让项目建设单位疲于应付。

第三，要巧干。在重大产业和重点项目建设上，不能专靠苦干，更要开动脑筋想办法。一是既要挣"死钱"，更要挣"活钱"。挣"死钱"就要做到各种税收应收尽收，防止跑冒滴漏，防止税收外流。挣"活钱"，就要设法引进企业总部，或引进企业的营销总部和结算中心，改变目前不少企业只是把生产基地落在我市，税收不在我们这里缴，或是缴也只是做做样子的现状，从而稳定税基、扩大税源。二是既要挣"慢钱"，更要挣"快钱"。我们从外地引进的企业，不可能一下子就能缴税，但即使这样也必须紧紧抓住不放，因为企业是税收之母，是经济发展的骨架，没有企业就没有财源。除此之外还要挣"快钱"，要十分注意引进那些税收贡献率高，来得快、见效快的企业。三是既要挣"有形的钱"，更要挣"无形的钱"。"有形的钱"就指真金白银，包括上级部委的各种专项资金等等，要尽力争取。"无形的钱"是指项目和政策，同样要积极争取。第四，既要让财税部门合法合理多收钱，更要让各级领导、工业园区和招商队伍都注重挣大钱。今后不管是财税口的同志，还是党政负责同志、园区负责同志乃至所有参与招商引资的同志，都不能仅有引进项目数、引进资金数的概念，还得有税收贡献率的概念，要大力引进税源型企业，大力扶持有税收增长潜力的重点企业，大力培植利税大户。要特别注重提升"无税户"、"低税户"的创税能力，引导他们在搞好生产经营的同时，为增加税收多作贡献。

第四，要合力干。推进重大产业和重点项目建设，靠少部分人的力量肯定不行。全市上下要形成合力，共同为全市科学发展、赶超发展献计出力。当前，全市上下心是齐的，劲是足的，包括通过科学发展观学习实践活动，市直单位绝大多数都对赶超发展形成了共识，参与招商引资和项目建设的热情非常高，要继续发扬。这里要特别肯定中央和省驻宜的各家单位，包括金融，国税，地税，供电等系统都做得不错，都在说好“普通话”的基础上，更加注重说好“地方话”，想方设法支持全市的发展。这都是非常好的现象，说明大家都在为全市发展，为重大产业、重点项目建设想办法。各市直单位要以他们为榜样，一方面承担了引资任务的要坚决完成任务，同时对进来的项目要搞好服务，帮助“落地”，为重大产业和重点项目建设提供“绿色通道”。市委、市政府决不允许任何重点项目的办事办证在市直部门停留、受阻，甚至失败。

第五，要带头干。当领导就要有领导的样子，当领导就要承担责任。特别是现在项目建设排位的压力大，经济指标排位变化的压力大，各级领导干部更要身先士卒，勇挑重担，率先垂范。要带头跑项争资、招商引资，带头破解难题，带头务求实效。产业建设和项目建设是一场硬仗，各级领导干部不仅要喊“给我上”，还要多喊“跟我来”，市领导包括我在内，要为全市上下带好头。

［实例九］排比式标题

在全市安全生产工作会议上的讲话（摘要）

（2008年2月21日）

关于今年的安全生产工作，我简单讲几点意见：

第一，安全生产永远说不得大话、自满的话，而要时刻保持如履薄冰、如临深渊的忧患意识和紧迫感。尽管过去一年我们的安全生产工作取得了优异的成绩，但是也还存在不少的问题。比如：虽然我们建立了安全生产的一系列规章制度，但是在局部上有些制度的落实还不够到位；虽然各企业作为安全生产责任主体的意识有了很大提高，但是一些必需的安全生产知识、基本的安全操作规程并没有被所有的企业员工所掌握，还有漏洞，还有死角，还有空白；虽然去年我们的安全生产事故和死亡人数大幅度下降，但是有的地方仍然出现了安全生产事故等等。这些问题的存在，迫使我们在任何时候、在任何情况下，都要始终绷紧安全生产这根弦，始终保持如履薄冰的忧患意识。特别是萍乡作为一个老工矿城市，高危产业所占的比重较大，我们有相当一部分税收、老百姓的就业，还要靠这些高危产业。当然我们要通过大力优化产业结构，实现产业结构的战略性转型，但是发展新型替代产业，这是需要一个过程的，所以这些高危产业在未来一段时间里仍将继续存在。既然有高危产业存在，安全生产就永远不能说大话、说自满的话，永远不能抱有侥幸心理。各级党政一定要从贯彻落实十七大精神和科学发展观的高度，从讲政治、顾大局的高度，始终保持安全生产高压态势，始终保持狠抓安全生产的责任感和紧迫感，也只有这样安全生产才能持续不断地巩固已有的成果，达到新的水平。

第二，安全生产永远说不得空话、套话，而是要一丝不苟、一心一意、一着不让、一以贯之地抓落实。安全生产工作不抓落实，就会出事故、出人命、出恶劣影响；不抓落实，只说不干，是安全生产最致命的隐患。从这个意义上讲，安全生产工作比其他任何一项工作，都更需要注重细节，注重落实，注重解决具体问题。各级领导干部一定要把安全生产时时刻刻放在心上、念在嘴上、抓在手上、落实到实际行动上，要按照“三个确保、一个不”的要求，善始善终、扎扎实实抓好各项安全生产措施的落实：第一，安全生产隐患的排查整改要落实。国家安监总局把今年定为安全生产“隐患治理年”，我们要按照上级的要求，狠抓安全隐患的排查整改，做到纵向到底、横向到边，不留死角，不留空白。第二，安全生产的各项制度要落实。我们在安全生产方面的制度已经有很多了，而且都具有较强的操作性，现在关键的问题，仍然是抓落实。不仅要落实到基层的领导干部，更要落实到企业，落实到每一个班组车间、每一个生产环节、每一个员工当中。第三，基层基础工作和源头治理要落实。从长远来讲，在抓紧治标的同时，一定要考虑如何通过加强制度建设来实现长效管理。第四，安全生产的责任要落实。作为领导干部，作为从事安监工作的同志，肯定要承担起安全生产的责任，但是这种责任必须落实到责任的主体也就是企业身上，才能从根本上解决问题，要让广大企业主真正成为安全生产的责任主体，变“要我抓”为“我要抓”。

第三，安全生产永远说不得外行话，而是要通过加强学习、通过知识的武装来提高安全生产水平。这实际上讲的是一个学习的问题。各级领导干部，包括我在内，都要注重学习，不学习，打不开思路，不学习，提不高境界，不学习，难以胜任本职工作；不学习，原有的知识也会“折旧”，最终会折旧到“零”。毛主席在延安的时候说过一段话，大意是：我们队伍里边有一种恐慌，不是经济恐慌，也不是政治恐慌，而是本领恐慌。我觉得，各级领导干部都要时刻保持一种对知识和本领的恐慌感，有了这种恐慌感，就会迫使我们不断去加强学习，去掌握本领。相对其他工作而言，安全生产工作具有一定的专业性，这就要求各级领导都必须掌握一定的安全生产知识，特别是安监系统的同志不仅要全面掌握安全生产知识，还要根据新的形势、新的要求和企业发展的现状不断更新这方面的知识。与此同时，要进一步加强对企业的安全知识教育和培训工作，严把行业准入关和从业资格关，通过知识武装来减少安全事故隐患。

第四，安全生产永远说不得“与我无关”的话，而需要各行业、各部门乃至全社会共同担负起安全生产的责任。安全生产涉及方方面面，安全生产工作绝不仅仅是安监、煤管等部门的事，安全监管所涉及的行业也绝不仅仅是煤炭和烟花爆竹，包括非煤矿山、危化品、交通、消防、燃气、学校、公共聚集场所等各个方面，任何一方面稍不注意，都可能出问题，出安全事故。所以，各部门都要增强安全生产意识，都要担负起安全生产责任。此外，宣传部门要大力宣传安全生产方面的知识，宣传安监工作取得的成绩，还要宣传在新的形势、新的条件下安全生产的新要求；工、青、妇部门也要发挥各自的优势，通过各种形式，开展安全生产宣传和培训工作；纪检监察部门要加强工作纪律的监督，对玩忽职守造成事故的，要严肃处理。

D. 秘书心得

画龙点睛，“睛”在何处？对于伏案之人来说，此题答案顾名思义就是“题好一半文”中的“题”。一副好标题，是让读者“一见钟情”的回眸一笑，也是让全文“升华”的神来之笔。特别是领导文稿，一副好标题的要求不仅是能准确地表情达意，还要能“先声夺人”。

话虽如此，搜肠刮肚、绞尽脑汁，也不见得能列出一副抓人“眼球”的标题。跟着领导写材料，一方面切实领略了标题的魅力，另一方面也体会到了写出一副好标题的不易。很多时候挑灯夜战、苦思冥想做出来的标题总是不能让领导满意。但是，看到领导“出手”制作或修改的标题，却总会眼前一亮，同时又有一种复杂的感觉，他的标题确实弄的好，可自己怎么想不到，有时候想到了怎么不到位呢？从我们自己的体会来讲，一是容易落入俗套。“重要性”、“紧迫性”、“提高认识”、“加强领导”……这些平时一做标题就会来脑袋里“做客”的几个词，“招待”多了，自己都烦了。二是容易“走题”。在追求好标题的同时，常常不自觉地“为了标题而标题”，自以为费尽心思做出来的好标题却被指出是离弦之箭，早跑远了。三是“生”搬“硬”对。一串能押韵、对仗的标题当然“抓眼”，但有时为了标题工整，想方设法换词改词，甚至生造些“新词”，看上去很美，却经不起推敲。这样的标题充其量就是“大路货”。

这个篇章的实例非常丰富，为什么这些标题能吸引人？首先是“活”。所谓“活”就是要不拘一格。正如文中所列实例，宜长则长，宜短则短，可以一问一答式，也可排比式，还可以摘要式等等，但无论哪一种形式，都让文章变得生机勃勃。其次是“准”。所谓“准”就是大小标题的语意要紧扣文章的主题，突出核心思想，而且用字用词要准确。比如实例九，对安全生产工作提要求，其实这项工作大小会议都会作强调，但安全事故却时有发生，其中一个重要原因就是很多地方将安全生产停留在了口头上，真正落到实处的不多。对此，讲话稿没有空对空，而是用了“大话、自满的话”、“空话、套话”、“外行话”、“与我无关的话”等词句做标题，视角独特，既点准了问题又提出要求，引起了与会者的高度重视。三是“新”。所谓“新”就是要新颖，与众不同。标题是“亮眼”、“提神”的东西。如果总是用“八股文”是做不出好标题的，而实例中的标题突破“八股”风，显得新颖、自然，有的标题还用上了文学的语言和格调，使原本生硬的标题变得文采飞扬。

第五篇
在陈旧和雷同中“突围”

——也许你正在为从事过无数次的“重复劳动”而搜肠刮肚，也许你正在为了无新意的“无效劳动”而懊恼沮丧，秀才们，拿起错位与创新的武器，在陈旧和雷同的围困中杀出一条血路吧！

A. 要点提示

这或许是人们最苦恼的问题，无论对于秘书还是领导，抑或读者或听众，陈旧雷同、千人一面的领导文稿总是令人生厌。首当其冲的当然还是那些日夜冥思苦想、愁肠百结的秘书们，同一项工作不同时期的讲话，同一个会议上不同领导的讲话，同一项工作上下级领导的讲话，应如何避免雷同？如何写出新意？这实在难以找到统一的答案，大致上只能这样说：第一，根据时代背景和形势任务的不同，赋予新的主题和内容；第二，根据当地实际和工作进展情况的不同，找到不同的“切入点”；第三，根据领导者“角色”的不同，把握好讲话稿的不同高度、角度、涵盖面等等；第四，当然也可以在主题、结构、观点等方面搞点“花样翻新”，给人以“耳目一新”的感觉，但这不是主要的，还得服从内容、服从工作需要。

B. 基本训练

1. 首先把上级有关文件和领导讲话学习好、领会好，做到融会贯通、悟深悟透，一旦进入写作状态就要把它们“抛”在一边，否则很容易被“套”住、被牵着鼻子走进照搬照抄的误区。

2. 永远记住：人不可能两次经过同一条河流，事物总是千变万化的，同一项工作在不同时期都会面临不同的环境和条件，出现不同的问题和特点，因此，熟悉情况、立足于解决现实问题是战胜陈旧和雷同的根本之策。

3. 当你发现自己不幸陷入陈旧和雷同的重围而苦无良策的时候，千万不要勉为其难，先搁笔静思一会儿，看看问题出在哪儿，或向领导和同事请教，或许能出现“柳暗花明又一村”的境界。

C. 实例印证

[实例一] 把握时代脉搏，保持思想鲜度

在全市经济工作会议上的讲话（摘要）

（2009 年 12 月 25 日）

这次全市经济工作会是在迎战危机保增长、科学发展促赶超取得阶段性成果，经济发展步入后危机时代，宏观经济形势仍然十分复杂的关键时刻召开的，意义非同寻常。下面，我就明年经济工作需要把握的几个重大问题强调几点意见。

一、新的形势、新的任务、新的挑战，要求我们以更加清醒的头脑审时度势，以更加理性的思维推进发展，否则，随着后危机时代的渐行渐近，可能恰恰是我们发展危机的开始

今年以来，面对金融危机的严峻考验，全市经济保持平稳较快发展，主要指标增幅排位在全省前移，这是相当不容易的。总结今年的工作，有两点经验特别可贵：一是全市上下工作重点十分明确，就是主抓项目建设。先后开展了两个“百日大会战”，收效非常明显。二是赶超发展、科学发展已经成为全市上下的共识共为。在项目建设中，各级领导干部挂帅出征，高位推进，齐心协力，攻坚克难，谋发展、抓发展的合力很强。成绩应当肯定，但我们不能因此而沾沾自喜，盲目乐观。必须清醒地看到，尽管我市经济回升向好，但回升的基础并不牢固，我们很可能面临“四种危机”：一是排位危机。今年的工作能够取得这样好的成绩，最主要的是得益于全市上下的共同努力，另一方面就是客观上我市经济外向依存度相对不高，受金融危机影响相对较小，我们有的指标排位前移，在一定程度上得益于金融危机。但随着经济的全面复苏，明年我们要赶超前移、甚至要保住目前的排位都可能十分困难。事实上，今年下半年以来，一些受金融危机影响较大的兄弟市就已经重返“快车道”，我们有些进位的指标开始出现退势。二是结构危机。当前经济结构正在发生深刻调整，而我市传统产业比重大，三次产业结构中二、三产业比重低，产业层次低、产品科技含量低、企业抵御风险能力差。如果还是固守这种经济结构，赶超发展就没有希望。三是发展方式危机。随着低碳经济、绿色经济的兴起，特别是《鄱阳湖生态经济区规划》的实施，我们的发展方式将面临严峻挑战。四是生产要素配置危机。土地、资金、劳动力、市场等要素制约正在成为新的发展瓶颈。比如土地问题，这是目前很多地方遭遇的一个最大难题。再比如，中小企业贷款难的问题。这两年各金融机构大局意识非常强，支持重大产业、重点项目建设的力度非常大，但贷款难的问题依然程度不同地存在。如何进一步密切政银企之间的关系，扩大信贷规模？如何按照建立完善与赶超发展相适应的投融资体系的要求，继续引进股份制银行、推进企业上市、搞好资本运作？还有，随着国际市场竞争日趋激烈，沿海发达地区必然以更大力度开拓内地市场，在此情况下，我们如何提高产品的竞争力，保住并扩大本地产品的市场份额？这些都需要我们认真思考、研究并解决。

以上分析所要告诉大家的是，在新的形势下，满足现状是十分危险的，沿用过时的理念、方法肯定是行不通的。否则，别人进入后危机时代，我们则可能进入新的危机时代。现在大家都想加快发展，都想争先进位，但光有激情是不够的，当浮躁成为一些地方的通病的时候，理性就成为特别短缺、特别宝贵的品质。因此对明年的经济工作，我们要在保持旺盛激情的同时，更加注重理性操作，在逆境中发展，在挑战中奋进。

二、封闭式发展没有出路，必须面向更大的空间，站在更高的战略层面找准发展定位，积极策应鄱阳湖生态经济区建设，以建设“亚洲锂都、宜居城市、森林城乡、月亮之都”为龙头，快速推进重点产业和重大项目建设

12 月 12 日，国务院批准了《鄱阳湖生态经济区规划》，尽管我们列入规划的只有丰樟高三个市，但实施鄱阳湖生态经济区建设作为一个重大战略是覆盖全省的。因此不仅丰樟高要积极策应，全市都要积极策应。而要做到这一点，关键还是依托我们的基础、特色和优势大力推进项目建设。一要突出抓好以锂电新能源产业为重点的重大产业建设。经过 1 年多的努力，锂电新能源产业发展有了很好的起步，省委、省政府对我们的锂电产业发展也非常关心支持，所以我们要拼尽全力，朝着“建设千亿工程，打造亚洲锂都”的目标前进。同时，要大力发展低碳经济、绿色经济，包括其他一些高新技术产业、循环经济、有机农业等。二要突出抓好以宜居城市为重点的新型城镇化建设。把中心城区建设成为中部地区最佳宜居城市，这是我们重要的发展定位。近年来，中心城区实施“三大战役”、建设六大产业，还有“13579”工程、人口倍增、强化城市管理等方面，都取得了很好的成绩，要巩固扩大成果，明年要努力建成全省生态园林城市，进一步提高城市品位。同时，要把各县市区的城镇建设摆上重要的战略位置，通过完善规划，完善配套功能，使小城镇成为当地辐射和带动农村发展的消费中心、生产要素集散中心、“三农”服务中心、社会保障和公共服务中心。三要突出抓好以森林城乡建设为重点的生态建设。建设森林城乡我们是有基础的，通过实施造林绿化工程，进一步彰显了我们的生态优势。下一步，一定要按照市委、市政府的要求，大力度实施好森林城乡建设，切实抓好造林绿化工程建设以及农村垃圾处理、污水处理等工作。四要突出抓好以月亮之都为重点的旅游业的发展。旅游业是绿色经济、低碳经济，又是启动内需，融入鄱阳湖生态经济区的重要工作内容。近几年我市旅游业发展迅速，特别是今年举办央视秋晚，知名度和美誉度迅速提高，月亮之都的城市品牌正在逐步叫响。除了明月山要继续打好旅游升级战以外，各个县市区也要根据自已的资源，发挥自身的优势，抓紧旅游资源的开发利用，提高我市旅游业发展水平。

需要特别强调的是，无论打造亚洲锂都、宜居城市，还是建设森林城乡、月亮之都，都必须以项目建设为载体。没有项目，一切都是空谈。对项目建设，我们要在继续加大力度的同时，更加注重项目的质量。从目前来看，尽管我们项目建设成效可喜，但是也存在一些问题，主要表现为“一小三低”：一是投资规模小。全市工业园区普遍存在签约资金大、实际进资少的情况。二是科技含量低。企业缺乏科技人才和科技投入，创新能力不强。三是税收贡献低。四是产业集聚度低，关联度不高，体系不完整，配套能力差。今后，在产业和项目建设中，要坚持做到“抓现的、盯大的、瞄高的、来快的、攻弱的”。“抓现的”，就是对投产企业，全力搞好服务，尽快让他们达产达标；对已经落户项目，要抓开工、抓进资，力争早投产、早见效。“盯大的”，就是要主攻亿元以上大项目，特别是大型、骨干、龙头企业，争取一批实打实的大项目在工业园区落地生根。“瞄高的”，就是要瞄准那些科技含量高，创新能力强，发展潜力大的项目，在引进高新技术产业项目上取得突破。“来快的”，就是要积极帮扶重点税源企业，尤其是利税大户，使之为财政增收多做贡献，多培育新的财政增长点。“攻弱的”，就是要抓住薄弱环节，在推动县市加快项目建设的同时，市本级要继续发力使劲，做大做强。市委、市政府下了很大的决心来调整市区两级的体制和利益关系，取得了明显成效。但是市本级经济实力仍然比较弱，仍然是制约我市加快发展、科学发展的薄弱环节。因此，加快项目建设，市本级包括三区要继续加压、加力、加速，通过做大做强市本级，辐射带动全市经济社会又好又快发展。

三、加快发展、科学发展，比以往任何时候都更迫切需要科技和人才支撑，那种对科技和人才说起来重要、做起来次要，那种重视企业家、金融家而忽视科学家的偏向必须坚决纠正和避免

在金融危机肆虐，很多企业生产经营陷入困境的情况下，一批高科技企业逆势上扬，风景独好，展现出广阔的发展前景。这无疑启示我们：谁掌握了科技，谁就将赢得主动。多年来我们各级在重视科技、重视人才方面做了很多工作，但是与加快发展、科学发展的要求相比，这方面我们还是弱项。尽管“科技强市”的理念各级干部都能接受，但在具体实践中并没有真正落实“科技是第一生产力”，一定程度上表现为一些领导干部缺乏科技意识、一些企业缺乏科技活动、一些产品缺乏科技含量。这显然与赶超发展的需要是不相适应的。因此，要赶超发展，就必须牢固树立“抓科技就是抓发展、抓未来、抓出路，就是对企业负责、对历史负责、对人民负责；走科技创新之路，就是走发展之路、希望之路、腾飞之路、再创辉煌之路”的理念，把“科技强市”战略真正落到实处。第一，各级领导尤其是“一把手”要学科学、懂科学、用科学。作为一名现代领导干部，特别是主要领导同志，一定要有科技意识。不懂科学、不重视科学、不善于利用科学是危险的，也是无知的，就不可能真正抓好经济工作，也不可能形成科学的决策。所以，各级领导一定要带头学科学、用科学，从思想深处真正关心科技工作。要在全市建立党政“一把手”总负责，分管领导具体负责，责任部门各负其责的科技工作责任制，对重要科技创新工作、重点高新技术产业项目，主要领导要亲自过问、亲自部署、亲自抓落实。要进一步完善绩效考核评价体系，把科技创新的实际成效作为评价领导干部政绩的重要标准。第二，要充分发挥企业在科技创新中的主体作用。从总体上看，目前我市企业的自主创新能力还不够强，甚至非常薄弱，企业的科技创新主体地位还没有得到充分体现。要引导企业加大科技投入，使企业成为技术开发、技术引进、成果应用的主体。要采取有力措施，吸引全国各地高校和科研机构在工业园区建立科研基地、实验基地及产品推广基地。第三，要加快建设一支结构合理、素质优良的科技创新团队。要像重视招商引资一样重视科技人才的引进和培养，大力实施“人才引进工程”，加快引进科技创新领军人才，特别是要不惜重金引进我市重大产业所需的国内外知名专家。要依托优势企业，加强与国内外知名高校、科研院所的科技合作与交流，带动一批专业技术人才来宜从事研发活动，建立人才柔性流动机制。同时要根据产业发展需要，采取校企联办、校园（工业园区）合作等方式，充分发挥学院和职业技术学院的作用，培养一批急需管用的技术人才。第四，要在政策支持、资金保障等方面拿出推进科技创新的实实在在的举措。加快科技创新不仅仅是一句口号，必须有实实在在的行动。我们要在用好用足中央和省鼓励科技创新各项政策的基础上，抓紧制订出台激励科技进步和自主创新的政策措施。要进一步加大财政投入力度，设立科技创新专项基金，建立稳定的财政投入增长机制。有条件的县市，可以由政府投资建设中小企业孵化园，促进中小企业成长和科技成果转化。各级党委和政府要主动关心现有科技人才的工作和生活，为他们提供良好的工作条件，帮助他们解决好后顾之忧，让他们集中精力，大胆创新，安心创业，为全市经济社会发展贡献智慧和力量。

四、完成明年的经济社会发展目标，任务十分艰巨，必须坚定不移地继续解放思想，坚定不移地继续优化发展环境，坚定不移地弘扬求真务实作风，坚定不移地加强基层组织建设、干部队伍建设和党风廉政建设

第一，要坚定不移地继续解放思想。去年开展的“解放思想求突破，科学发展促赶超”主题教育活动，把各级干部的思想搅动了、观念更新了，在推进科学发展、赶超发展上见到了实际成效。但是解放思想，只有逗号，没有句号。针对新的形势，面对新的挑战，我们各级领导干部要在更高层次上解放思想，创新思维，突破封闭意识和狭隘视野，树立世界眼光、战略思维，站在国际国内大格局中审视自己，在宏观经济形势变化中找准工作的着力点。同时要看到，解放思想不是抽象的而是具体的，思想解放不解放，与一个地方干部群众长期以来形成的特质、性格有关。我认为我们的干部有很多优点，有很多很好的代表着中华民族优良传统的特质，值得继续发扬。但在保持这种优良特质的同时，也要根据形势的变化、发展的需要打破一些局限。比如：一是既要老实听话，又要大胆灵活，不能谨小慎微，反应迟钝。老实听话肯定是好事，但是如果前怕狼后怕虎，谨小慎微，照抄照搬，缺少创造，领导指一下就动一下，领导不指就不动，那就不好。在服从组织纪律、服从组织安排的同时，多一些闯劲，多一些灵活性和创造性，这是加快发展所需要的。二是既要自力更生，又要敢跑敢争，不能不叫不到，不给不要。我们既要依靠自己的力量求发展，同时也要巧借外力，敢跑敢争。现在各个县市区、部门跑争项目都很积极也很努力，但有时候力度还是不如别人大，在与上级部门的沟通联络等方面有欠缺、有差距。这方面要注意改进，要多去跑、多去争，多掌握信息。三是既要勤俭节约，又要开明大方，不能锱铢必较，小家子气。我们提倡艰苦创业，禁止挥霍浪费，这是完全正确的，但是在对外交往中，特别是跑争项目和招商引资时，千万不能小家子气，只要不违反财经纪律，该给的工作经费要给，该花的钱要舍得花，包括项目论证包装、工程规划设计，一定要舍得花钱。四是既要遵纪守法，又要活跃开朗，而不能缩手缩脚，死气沉沉。党纪国法必须人人遵守，这是毫无疑问的，谁也不能去碰这条红线。但另一方面，我们要活跃一点，开朗一点，培养高雅生活情趣，安排好丰富的业余生活，包括看书学习、体育健身，包括节假日唱唱歌、听听音乐，我认为这并不是什么坏事，而且有利于服务业的发展。机关的同志尤其是年轻的同志一定要充满朝气，充满活力，而不要搞得像个小老头似的，暮气沉沉，老气横秋。五是既要谦虚低调，又要自强自信，不能自我埋没。做人谦虚低调是好的，但在工作上，该汇报的要汇报，该宣传的要宣传，该争先的要争先，不仅全市作为一个整体要争，各部门各单位也要在全国全省本系统内争先创优，这不仅是鼓舞士气、做好工作的需要，也是提高我市知名度的需要。六是既要诚实劳动，又要学会市场运作，不能一味埋头干“苦力活”。诚实劳动是优秀品质，但是进入市场经济年代，市场运作很重要，不能只会赚死钱，还要开动脑筋赚活钱，要善于“无中生有”，借助市场的手段办成事，借助“外力”的支持办大事。

第二，要坚定不移地继续优化发展环境。这里我强调两个方面的问题。一是投资环境。通过这两年的努力，我市的发展环境总体趋好，得到了投资商、市民们的好评，但是仍然存在一些问题。比如，明目张胆索、拿、卡、要的少了，但利用职权变相索要好处的仍然存在；“门难进、脸难看、话难说”的现象少了，但事难办的问题、拖拉的问题仍然存在；市县两级总体服务质量得到了明显改善，但少数管理部门、监督部门服务发展的意识仍然不强，习惯了高高在上，照抄照搬，死抱着条条框框不放，基层的同志仍有反映。为此要继续加大优化发展环境的力度，进一步深化“两集中、两到位”改革，进一步加大对优化发展环境各项优惠政策和亲商安商制度落实情况的督查力度，进一步加大对破坏环境扰商事件的通报力度、问责力度和打击力度，真正把环境建设得更好更优。二是社会环境，主要是社会安全稳定。加快发展没有一个良好的投资环境不行，没有一个安全稳定和谐的社会环境也不行。群体性事件、突发事件，都是由于矛盾的长期积累而产生的，包括工业化、城镇化的加速推进中出现的拆迁、征地、社保等利益方面的矛盾，医患矛盾，交通事故矛盾等，类似这些涉及群众切身利益的矛盾、积案的化解力度要进一步加大。同时，要进一步加大为老百姓解决实际问题的工作力度。此外，社会治安管理也要进一步加强。近年来中心城区和各县市区，社会治安综合治理抓得很紧，打黑除恶力度很大，取得很好成效，给了犯罪分子有力震慑。但是现在靠近年关，中心城区侵财性犯罪、流窜作案增多，要继续加大打击力度，开展专项整治。还有信访工作，越是到了年关，越是矛盾比较集中、工作难度比较大的时候，有关部门要全力以赴，千方百计防止越级访，特别是非正常上访。

第三，要坚定不移地弘扬求真务实作风。去年以来，通过贯彻市委求真务实十八条，求真务实作风建设取得了一定成效，但还只是初步的、浅层次的，必须不断引向深入。重点要在“钻进去、沉下去、走出去”上下功夫。钻进去，就是要加强学习，提高能力。要进一步增强素质，开阔眼界，提高推动科学发展、赶超发展的能力，解决好知识恐慌和本领恐慌的问题。沉下去，就是要深入基层了解情况，解决实际问题。注重细节，注重操作，不能高高在上，坐而论道，特别是项目建设要精心操作，善于运作。对已经出现和即将出现的难题，要做到心中有数，并找到破解的办法。走出去，就是要积极主动跑项争资、招商引资。要带着任务走，跟着项目走，把精力集中到抓项目、抓大事上来，不要天天守在家里，尤其不能把宝贵时间浪费在开长会、讲长话和讲究那些婆婆妈妈的繁文缛节上。部门的同志不能只看市委市政府怎么说，还要看你的上级部门怎么说，那里有什么项目，有什么资金、政策、信息。凡是上面有资金、有项目的部门，一定要盯住不放，及时跟进，努力争取。机遇往往在迟钝中错过，也往往在封闭中错过，我们一定要做到眼观六路，耳听八方，耳聪目明，反应灵敏。

第四，要坚定不移地加强基层组织建设、干部队伍建设和党风廉政建设。要善始善终抓好第三批深入学习实践科学发展观活动，按照“一年抓示范、两年全覆盖、三年上水平”的目标要求，继续抓好农村基层党组织建设“三落地”活动，增强基层党组织的战斗力和凝聚力。推进农村改革发展稳定，离不开加强基层党组织建设；密切党群干群关系，也离不开加强基层党组织建设。各县市区要高度重视此项工作。要坚持德才兼备、以德为先的标准，围绕赶超发展、科学发展选人用人，进一步推进干部人事制度改革，加大干部交流力度，大胆启用优秀年轻干部，激活干部队伍活力。这里强调一点，机构改革在即，涉及到机构改革的单位和领导要以大局为重、以事业为重，安心本职工作，服从组织安排，千万不能因此影响工作。要注意发现和重用那些政治上靠得住、工作上有本事的干部，进一步加大治庸力度，让那些不干事、混日子的人没有市场，让肯干事、能干事、干成事的人舒心、顺心。要进一步加强党风廉政建设，坚决查处违纪违法案件，同时要根据惩防体系建设的要求，继续加大源头治腐的力度，努力营造风清气正、干净干事的良好氛围。

［实例二］精心选择“题眼”，引领全篇出新

在全市防汛抗洪总结表彰暨灾后重建动员大会上的讲话（摘要）

（2010年7月12日）

经历前段时间的特大洪涝灾害，我们倍感平安的宝贵；遭受灾害带来的巨大损失，我们倍感时间的宝贵。今天召开这次会议，就是要通过总结前阶段的防汛抗洪工作，大力弘扬抗洪精神，激励全市上下以火热的激情，扎实抓好灾后重建和经济社会发展各项工作。这次抗洪救灾的胜利，得力于省委、省政府的正确领导，得力于省直单位的大力支持，得力于人民解放军、武警消防、民兵预备役、公安干警英勇善战，得力于全市各级干部、广大群众团结奋战，得力于基层党组织充分发挥战斗堡垒作用、广大党员充分发挥先锋模范作用。一场场抢险斗争，一个个动人事迹，共同塑造了“不畏艰险、克难制胜，顾全大局、团结奋战，恪尽职守、身先士

卒，生命至上、为民解难”的抗洪精神，这是加快发展、实现赶超进位的强大动力，是胜过GDP和财政收入的宝贵财富，是今后我们战胜各种艰难险阻的精神力量。

现在，洪水已经消退，险情已经排除。但是，没有灾难的时候往往是最容易麻木的时候，麻木的时候往往也是最容易出现灾难的时候。洪涝灾害的险情虽然已经解除，但灾后重建的任务很重，经济发展的任务更重，落后掉队的危险时刻在警醒我们。我们必须始终保持强烈的危机意识和忧患意识，无险当有险，小险当大险，以强烈的责任心和事业心抓好各项工作。我们今天召开这次大会，总结成绩、表彰先进是一个方面，更重要的是动员全市上下弘扬抢险精神，强化抢险意识，保持抢险劲头，坚持发展速度不退、发展指标不减、发展水平不降，争分夺秒、只争朝夕地抓好经济社会发展的各项工作，确保实现年初确定的各项目标任务。下面，我简单强调几点意见：

第一，弘扬抗洪精神，抢抗灾能力脆弱之险，夯实灾年夺丰收之基

当前我们的头等大事是帮助受灾群众尽快恢复生产、重建家园，这是一场不亚于抗洪救灾的硬仗，更需要与时间赛跑、掌握科学方法，更能检验各级干部连续作战的能力。灾后重建，要做的工作很多，市政府已经多次做了部署，关键要抢时间、赶进度抓好落实。这里我特别强调一下基础设施建设的问题。这次洪涝灾害，暴露出我们在基础设施建设、抵御自然灾害方面存在严重不足。我市是水利大市，水库特别是小型水库多，而且多数水库带病运行多年，各类问题逐渐暴露，在洪灾面前弱不禁风、不堪一击。由于十多年未发生特大灾害，有一些基层同志防灾意识有所减弱，特别是年轻同志警惕性不够、防汛知识缺乏，有的甚至连辖区内有哪些病险水库、哪些病险堤坝都搞不清，一旦洪水来临，显得手足无措。部分群众特别是山区县的群众对地质灾害认识不够，喜欢切坡建房、沿山建房，自己身处危险地段还茫然无知。一些小型水库管理单位一味追求经济效益，水库承包出去就什么都不管了。诸如此类的问题不解决，就难免年年防汛、年年受灾，今年不出问题，迟早也要出问题。各地要针对这次抗洪救灾中发现的水利设施建设和管理中的不足，采取有力措施予以补救，提高防御灾害的能力。当务之急，包括今年冬修，重点就是维修水利设施特别是病险水库。

第二，弘扬抗洪精神，抢排位后移之险，夯实赶超发展之基

抗洪救灾需要抢险，经济发展同样需要抢险。这种“险”，是指落后之险、竞争之险、排位后移之险。今年以来，全市经济社会发展呈现开局良好、高开高走的态势，但发展速度不快、发展质量不高仍然是我们面临的重大“险情”。当前，主要有四个方面的压力：一是主要经济指标在全省排位的压力。6月份的指标排位还没出来，但从5月份的情况看，形势非常严峻，除规模以上工业增加值、固定资产投资增幅进位外，其他主要经济指标排位都后移了。二是招商引资和项目建设的压力。今年实施“重大产业和重点项目推进年”活动，各级热情很高，并取得了初步成效。但也有的单位和同志产生了厌烦情绪，不愿意参与招商引资，有的领导甚至不愿意分管开放型经济工作，弄虚作假，以次充优、以少充多、以旧充新的现象仍然存在，有的项目签约一两年还没有动静，多数项目存在投资规模小、产品档次低、实现税收少的问题。三是发展高新技术产业的压力。这方面我们只是刚刚破题。我们有国家级的锂电产业基地，并且有丰富的锂资源优势，没有任何理由落后。所以，我们必须加力加压，加速推进锂电新能源产业发展。四是县域经济发展的压力。我们的县域经济发展具有一定特色，但如果我们沾沾自喜的话，止步不前，过去的优势就很可能成为现在的劣势。此外，还有宏观经济形势复杂多变，节能减排约束力加大，资金、土地、用工等要素制约进一步加剧，给下半年的发展带来了严峻挑战。因此，洪灾过后，各级各部门必须迅速凝心聚力，自我加压，以抗洪的精神和如火的激情，集中力量开展招商引资，快马加鞭推进项目建设，狠抓招商和安商，狠抓项目落地，以急行军的速度抓好项目建设、抓好科学发展和赶超进位。

第三，弘扬抗洪精神，抢思想道德滑坡之险，夯实精神文明建设之基

一个人如果不重视道德修养，必然会粗俗乏味、丑陋不堪；一个城市如果缺少精神支撑，必然是死气沉沉、没有生机和希望；一个领导干部如果不重视抓精神文明建设，那也是不讲政治、缺乏远见。党中央和省委、省政府，包括我市各级党政都非常重视抓精神文明建设。GDP、财政收入固然重要，但是对于广大党员干部和群众身上涌现出来的思想道德闪光点，我们也要大力宣传和弘扬。近段时间我市涌现了一大批英模人物，包括这次抗洪抢险涌现出那么多的好人好事，这与我市各级党委、政府重视精神文明建设是分不开的。在肯定成绩的同时，我们也要清醒看到，改革开放、市场经济在激发人的创造性、积极性的同时，也释放了一部分人人性中自私、贪婪、冷漠的一面，在推动经济社会发展的同时，也给精神文明建设带来了一系列新的问题。比如一些地方拜金主义盛行，功利主义膨胀，干什么事都要讲好处、谈条件；创业精神、艰苦奋斗精神淡化，不愿艰苦创业，只想坐享其成。有的人把大公无私、见义勇为看成是傻子行为，把兢兢业业、踏实干事看成是无能、老实，把投机钻营、走后门、拉关系反而认为是聪明、有能耐。甚至有极少数党员领导干部，功利思想太重，连起码的事业心责任心都没有，只想当官不想做事，总是自我感觉良好，一旦提拔无望，就牢骚满腹、怨天尤人，甚至把矛头对着领导；有的人看到别人提拔，不是从工作上找原因，从自身找差距，而是整天瞎琢磨，说是谁的关系。对精神文明建设，有的地方存在“说起来重要、做起来不要”的倾向，不愿抓、不想抓、不会抓。我们要看到，当一个地方精神文明建设没人抓、没人管，人们自私自利，到处物欲横流的时候，这是非常可怕的。这些问题警示我们：各级党委坚持“两手抓、两手都要硬”方针是何等重要！坚持不懈地进行社会主义核心价值体系教育是何等重要！在抓好经济建设的同时，匡正社会风气、建立和谐社会关系，包括融洽的干群关系、党群关系是何等重要！各级党委要切实担负起抓精神文明建设的重要责任，把“两手抓、两手硬”的方针贯彻落实到具体工作当中。要把弘扬抗洪精神与弘扬英模精神结合起来，作为构建社会主义核心价值体系的重要内容，作为当前和今后一段时期精神文明建设的抓手，精心组织开展“学英模、树正气、促和谐、谋发展”主题教育活动，使抗洪精神、英模精神转化为促进我市科学发展、赶超进位的强大动力。

第四，弘扬抗洪精神，抢安全稳定防线不牢之险，夯实社会和谐平安之基

今年在安全稳定方面，各级各部门做了大量工作，全市保持总体平稳，但形势不容乐观。对于安全稳定工作，我们也要像抗洪抢险那样时时保持高度警惕，一丝不苟地抓细节、抓督查、抓整改。现在有些事不是没有说到，不是没有想到，而是没有做到。前不久有关部门对全市安全生产落实情况及煤矿安全生产工作进行了暗访和交叉检查，发现仍有部分企业该停产的不停产、该整顿的不整顿，仍然我行我素，这比泡泉、管涌还更危险。在这个问题上，大家千万不能拿群众的安危开玩笑，不能拿我们的声誉开玩笑，也不能拿个人的政治生命开玩笑，要像对待洪水猛兽一样对待非法生产，像排除管涌、泡泉一样排除安全生产中的各种隐患，像保障大堤安全一样保障社会和谐安全。这里要特别强调：一是国有非工企业七大系统的改革已经启动，市政府已经专门布置了此项工作，市直单位有一块，但主要在县市区。大家要主动担责、坚决实施，既要按时完成改制任务，又要严防出现不稳定因素。二是要高度重视城镇建设中的拆迁问题。当前各地都进入项目建设的高峰期，征地拆迁的矛盾日益突出。在征用土地和动迁过程中，各级各部门既要严格依法办事，又要讲究工作技巧，尽量减少矛盾、减少对抗；既要办成事，又要努力做到不出事。三是对因洪水侵袭被迫关停的企业、煤矿，安监部门要进行一次全面检查，验收合格才能开工，切实防止发生次生灾害。四是进入高温夏季，要特别注意烟花、爆竹企业生产安全和消防安全。

第五，弘扬抗洪精神，抢基层组织软弱之险，夯实党的执政之基

基层党组织是我们党的执政之基。在这次抗洪救灾工作中，全市各级党组织和广大党员干部的表现充分说明：关键时刻，我们的基层党组织是有战斗力的、有号召力的，我们的共产党员是能够站得出、冲得上、叫得响的！由此我想到，没有灾害的时候，我们的党员干部是否也能够继续保持这种精神？我们的群众是否还会像抗洪救灾那段日子那样信赖我们、拥护我们，说党的好话？我们的基层党组织是否还会有这样的凝聚力、号召力？这值得我们认真思考。基层党组织的战斗堡垒作用和党员的先锋模范作用，不仅关键时候要发挥出来，平时也要看得出来。如果基层组织软弱涣散，形同虚设，甚至任由宗教势力、宗族势力把持，这也是一种“险情”。这种“险情”既影响一个地方的改革、发展、稳定，也影响党的执政基础。从这个意义上说，基层组织建设也和水利设施一样，需要不断地“除险加固”。要知道，党的执政能力并不是与生俱来的，而是各级党组织尤其是基层党组织和广大党员干部在血与火、在风雨中与人民群众同呼吸、共命运，一点一滴积累起来的。为什么在这次抗洪救灾中，许多群众发自内心说：“还是共产党好！还是党的干部好！”原因就在于此。所以说，这次洪涝灾害既是考验，也是改善党群、干群关系的机遇。借这次抗洪救灾，我们不仅清除了水库、堤坝的裂缝，也在一定程度上修补了党群、干群关系的一些“裂缝”。这种“裂缝”如果不经常修补防止的话，就可能扩大加深。在这次抗洪抢险中，我们相当一部分领导干部、共产党员表现非常突出，事迹非常感人。但是，随着洪水的消退，基层组织建设的强基固本、除险加固不能放松，而应该加强。要通过加强组织建设，包括深入开展创先争优活动和基层党组织建设“三落地”等，解决实际问题，确保取得实效，让基层党组织建设这道“堤坝”永远牢不可破。除了抗洪抢险，在平时工作当中，我们很多基层党员干部也表现非常出色，默默坚守在自己的岗位上，以自己的模范行为诠释着“共产党员”的称号。各级各有关部门要深入挖掘，认真总结，号召全体党员干部向他们学习，并以此作为教材，推动创先争优活动深入开展。

同志们，降灾不由人，抗灾不由天，迎着困难上，灾年变丰年。我们一定要保持和发扬抗洪救灾时期那么一股劲，那么一股拼命精神，那么一份无私的爱心，奋力夺取灾后重建和经济社会发展的全面胜利！

[实例三] **避免就事论事，说事与说人相结合**

在全市项目建设动员大会上的讲话（摘要）

（2008年2月28日）

关于项目建设，我简单提几点要求。

一、抓项目要有“一日无为、三日不安”的使命感和紧迫感

去年我们抓项目建设的实践充分证明：再好的经济发展战略都必须项目化。没有项目，就没有发展，就没有后劲，就没有财源。省委省政府高度重视项目建设，正在全力推进重大项目的实施，全省上下抓项目的势头非常强劲，各个兄弟市的项目建设也是你追我赶、千帆竞发、如火如荼。在这种情况下，我们只有继续再动员、再鼓劲，把项目建设始终作为经济建设的主抓手，咬紧牙关，奋力拼搏，把项目建设搞上去。我们要看到，一个城市发展水平的差距、财力的差距、人民生活水平的差距，主要是项目的差距。所以，抓住了项目，就抓住了根本，就抓到了后劲。各级党政组织、全市上下一定要深化对项目建设重要性的认识，继续鼓足干劲，把项目建设抓出实效。

二、抓项目要有“不到长城非好汉”、“不到黄河心不死”的狠劲和韧劲

大家都有体会，要搞成一个项目，尤其是大项目，不是那么容易的事情，要历尽千辛万苦、千难万险，要想尽千方百计。所以，抓项目首先要有一种不怕挫折、不怕困难、不怕失败的精神，甚至要不怕坐冷板凳，不怕丢面子，不怕冒风险。要正确对待项目建设当中出现的挫折和失败，没有一种百折不挠的精神，是抓不成项目的。所谓失败，其实除了人心理上的失败以外，并不存在什么别的失败。就一个项目而言，失败就是通向成功的必由之路。有些项目的确费了很多周折，花了很大精力，最后才能搞成。抓项目一是要敢想。搞项目是需要想象力的，想都不敢想，你还能干什么呢？对好的项目，就要吃准，就要策划，就要争取，就一定要拿下。要敢于做“无中生有”的事情。二是要勤跑。跑一遍不行两遍，跑两遍不行三遍，直到跑成为止。不叫不到，不跑不要，你能搞成什么项目？天上会掉馅饼吗？三是要多磨。好事本来多磨，很多项目也需要“磨”。你和客商谈项目也好，到上级部门跑项目也好，多数情况下，人家不会一口答应你的，这个我们大家都有体会。但你千万不能人家一说不行就掉头，就泄气，就无计可施。有时候要“软磨硬泡”，反复做工作，天下没有一谈就成的项目。四是要善谈。就是要善于谈判。有时候谈判也是颇费周折、颇费口舌的，我们搞项目的同志应该掌握这种技巧。善不善于谈判，有没有谈判技巧，对一个项目的成功与否是十分关键的。五是要紧盯。有了好的项目，就要抓住不放，一抓到底，千万不能时冷时热，虎头蛇尾。六是要穷追。要“缠”住不放，注重“感情投资”，以情感人，以情动人，善于和客商交朋友。七是要守信。说话算数，服务到位，答应人家的就要兑现，做不到的就不要随便承诺。

三、抓项目要有“时间就是金钱、效率就是生命”的快节奏

为什么特别强调快节奏？就是要只争朝夕抓发展，慢不得、拖不得、等不得，项目建设尤其如此，耽误一天可能影响一个月，耽误一个月可能影响一年。哪些方面要快节奏呢？一是对政策的反应要快。特别是当前国家加强宏观调控的情况下，对政策的反应一定要快，要密切掌握、跟踪有关重要的政策信息。对政策的研究和利用决定项目成败，慢一拍，或者慢半拍，你就有可能错过机遇。我们各级领导、各有关部门一定要对政策保持高度敏感，作出快速反应，把政策用好、用足、用活。二是项目实施要快。有意向的要快速推进，已签约的要快开工，已开工的要快投产，已投产的要快见效。对重点项目，要制定时间表，限时完成。三是服务配合要快。一旦项目敲定，在办事办证等各项服务工作上，各个部门要密切配合，全力推进，减少办事环节，缩短办事时间，提高办事效率。

四、抓项目要有“凡事必作于细”的理性态度

我反复强调过，成败在于细节，细节在于操作。抓项目既要有旺盛的激情，又要有理性的态度。在操作当中，一是项目的策划论证要细。不能草率行事，不要做后悔的事，不要做无用功。二是选择项目要细。要推行择商选资，尤其要注重项目的投资额度，项目对财政的贡献率，不能饥不择食。三是政策的配套支持要细。对某些项目肯定要给予政策优惠，但优惠要适度，要符合国家政策，要本着互惠双赢的原则，要算好账，不能够不计成本乱优惠。四是项目管理要细。对项目要严格管理，注重质量，不能出现“豆腐渣”工程，不能出现腐败工程。

五、抓项目要有“非学无以广才、非学无以明识”的知识恐慌感

我们抓项目，就必须有抓项目、管项目、建项目的知识。不加强学习，不掌握必要的知识，项目建设也难以成功。我们领导同志特别是主要领导，要把主要精力用于抓项目，衡量领导干部抓经济工作的本领，关键是看领导干部抓项目的本领。去年一年，我们搞了这么多项目，应该说是很能锻炼人的，不少同志搞项目很有一套办法，但有的同志干着急，想把项目搞到手，但缺乏韧劲、钻劲，或者缺乏这方面的知识，和上级部门、客商洽谈的时候，说不出几句话来。在此，我要求，各级领导干部要努力成为策划项目的高手，成为跑项目、引项目的行家里手，成为管理项目的能手，还要成为善于运作推进项目的操作手。要做到这一点，就必须努力掌握相关政策、法律法规、基本操作程序和方法、必要的谈判技巧和本领、管理和运作项目的基本要领、项目的筛选论证包装推介的基本知识和项目决策的基本要求。

六、抓项目要努力营造“人尽其才、才尽其用”的良好环境

抓项目，关键在人的积极性、主动性和创造性。所以，在主攻项目的过程中，各级党委政府要千方百计调动各级干部、广大企业家的积极性和创造性，要为他们抓项目、干实事搭好平台，创造机会，提供支持。要坚持以项目见政绩，以项目论英雄，以项目建设的成效来评价干部优劣。抓项目不可能没有困难，不可能没有风险，不可能不出现失误，因此，要采取开明、宽容的态度，允许干部出现失误，但是不允许干部不认真抓项目。对抓项目有突出贡献的，要给予重奖和重用；对由于经验不足而出现失误的，要帮助其总结经验教训；对抓项目既有功劳又犯有错误的，重在教育，改了就行，不要求全责备；对那些被动应付，不干实事，影响项目建设的，要及时批评教育，仍不改正的，要及时调整；对那些不仅不认真抓项目，反而对抓项目、干实事的同志说三道四、造谣中伤的人，要严肃批评，严重的要给予组织处理；对那些利用项目建设之机，贪污受贿、中饱私囊的人，则要坚决依法依纪予以惩处。

[实例四] 错位互补，避免重复

在全市城镇建设工作会议上的讲话

（2010 年 2 月 22 日）

春节长假一结束，市委、市政府紧接着召开“重大产业和重点项目推进年”活动动员大会和今天的城镇建设工作会议，这透露出强烈信号：市委、市政府将继续坚定不移地推进新型工业化，着力解决发展不足、发展不快、发展不充分的问题；继续坚定不移地加速新型城镇化，着力解决城镇化水平较低、实力不强、发展粗放的问题，这两项重要工作在新年之初拉开序幕，吹响前进的号角。刚才，有关领导就如何推进我市城镇化建设、打好三年大会战作了详细部署，讲得很明白、很到位，我就不再重复，请大家认真抓好贯彻落实。我这里只是简单强调一下，城市建设三年大会战，既然是会战而且是大会战，那就不是一般意义的战役，不是一般性的工作部署，必须振奋精神，凝心聚力，决战决胜。

——既然是大会战，就不能满足现状，不能坐井观天，不能陶醉在“五星级城市”的光环里“睡大觉”，而应是一场在更高层次上推进城镇化进程、奋力赶超、勇创一流的争夺战。

——既然是大会战，就不能修修补补、小打小闹、小家子气，而应是一场以大思路、大气魄、大手笔、大力度推进，尽快拉大城市框架、完善城市功能、改善城市形象的总体战。

——既然是大会战，就不能急功近利，不能浮躁盲目，而应是一场以规划为龙头、以项目为载体、以特色和个性为竞争力、以质量取胜的攻坚战。

——既然是大会战，就不只是领导层和有关部门的事，不能有旁观者，更不能有“绊脚石”，而应是一场全市上下总动员、各方力量齐参与，共同为提高城镇化水平冲锋陷阵、建功立业的群体战。

——既然是大会战，就不能慢慢来、平平过，不能被动应付，不能怕苦畏难，不能弄虚作假，不能当懒汉懦夫，而应是一场责任分明、快速高效、克难制胜、不达目的不罢休的大决战。

市委、市政府希望并相信，今天会议之后，各县市区、各部门各单位一定能够迅速行动起来，激情在心中，行动在脚下，目标正前方，誓夺城市建设三年大会战的全面胜利！

D. 秘书心得

跟领导写材料常听他说：“不是你们写的材料不好，只是我喜欢讲点新话。”这当然是领导宽慰我们的话，但也确实道出了文字工作的难。文字工作相对单纯，如果你长年累月地写，应该说领导常用文稿的基本格式、一般写作技巧都可以掌握，假如按部就班、四平八稳地“应付”当然容易，真正难的还是难在领导水平很高，“听众”又非常“挑剔”，没有“新”东西，讲的讲不下去，听的听不进去。但是，要讲“新”话又谈何容易，同一工作年年要讲，同一会议多个领导要讲，同一精神上下都要传达贯彻，要避免雷同已经很难，要出新出彩更是难上加难。

本篇列举的几个实例，都属于“曝光率”比较高的讲话类型，而且都是重要工作或重要场合的讲话，这种情况下往往都是多个领导先讲，“一把手”最后总结讲话，是典型的需要在“狭缝”中求突破的文稿。这些讲话有的是被领导大刀阔斧修改过的，有的则是领导临场应变的即兴讲话，但都说明了一个问题：在陈旧和雷同中“突围”，首先必须学会错位，包括观点的错位，适应新形势，研究新问题，始终保持思想的“鲜度”；上下的错位，不照搬照抄，认真领会上级精神，紧密结合当地实际，既要讲好“普通话”，也要讲好“地方话”；虚实的错位，根据其他领导讲话的虚实程度，或避实就虚，或避虚就实，或虚实结合；点面的错位，当某个会议内容较多，或某项工作比较庞杂，又或是其他领导讲话比较宏观的情况下，与其面面俱到，不如选准一个“切入点”展开讲话，或许能收到不一样的效果；长短的错位，当该布置的都布置了、该强调的都强调了、该讲的话都讲完了，那就没有必要再没话找话，长话短说更能体现务实作风。当然，领导讲话要出新出彩，光懂得错位还不行，有时候一些新概括、新论述，甚至像实例二一样用一个巧妙的题眼同样能引领全篇出新。

记得刚“入行”的时候，有的前辈就告诉我们，从事文字工作要有点悟性和灵气，开始也不懂，现在才渐渐明白，所谓悟性，就是指学习借鉴的能力，触类旁通、融会贯通的能力，也包括领会领导意图的能力；所谓灵气，就是指创新能力。作为文字工作者，不管从事文字工作的时间有多长，文字工作有多么枯燥繁重，公文写作有多么的规范严谨，都不能磨灭或丢掉了“灵气”。

第六篇
语言风格：什么山上唱什么歌

——别以为领导文稿都是千篇一律的“官腔”，其实它也像音乐一样“多姿多彩”：既有小提琴的清亮激越，也有圆号的低沉凝重；既有散板的悠闲飘逸，也有快板的热烈昂奋。

A. 要点提示

不言而喻，领导文稿的语言与哲学、文学、新闻、理论的语言有着明显的不同，带有鲜明的思辨性、指令性、倾向性和鼓动性。但这并不意味着其语言格调都是严肃庄重的、居高临下的、不带任何感情色彩的，更不是人们通常戏称的千篇一律的“打官腔”，而是因不同工作、不同场合、不同对象、不同领导者的个性风格而千变万化的，这需要文秘人员依据不同情况灵活掌握。

B. 基本训练

1. 首先搞清楚：这次会议的主题是什么、讲话的听众是谁，以此确定什么样的语言风格、什么样的表达方式。

2. 注意体现领导者本人的语言习惯。

3. 换位思考：假如我是听众，我最希望领导以什么样的口吻讲话。

4. 在同一篇讲话中，将一种语言风格进行到底。

C. 实例印证

[实例一] 交谈励志式语言

在抚州市政府办公室干部职工会议上的讲话（摘要）

（2003 年 6 月 30 日）

办公室的工作特点，我觉得概括起来就是两句话，第一句话，“默默无闻地做着轰轰烈烈的事”。办公室的工作内容很多，有搞文字的、搞后勤的、搞机要的、搞保密的，虽然都是默默无闻，但你们所干的每一件事与政府工作的运行，与整个经济的发展、改革开放的深入都有着极其密切的关系，所以又是轰轰烈烈的。第二句话，“辛辛苦苦地做着风风光光的人”，就是说，搞办公室的工作具有很特殊的意义，到领导身边工作，很光荣，很不容易，有时还令人羡慕，但也很辛苦，没早没晚，加班加点，有时候还要受点委屈，所以说做这种风风光光的人非常辛苦。我到抚州工作两个月来，觉得我们办公室的同志包括正副秘书长、正副主任、科长及其他成员，都做了很多卓有成效的工作。大家的工作是认真的，作风是扎实的，成效也是明显的。没有办公室优质高效的工作，就没有政府机关工作的正常运转，也就没有政令畅通的局面。作为我们领导来讲，应该对办公室的同志多关心、多支持。但是办公室的工作要做好，与其他工作一样，是没有止境的。我们每前进一步，都要把它当作新的起跑线。成绩永远是动态的，追求也应该是永无止境的。办公室的工作怎么搞，以前其他领导都有过要求，我就随便与大家像拉家常一样聊几句，引用几句印象比较深刻的话，与大家共勉。

第一句话，是毛主席说过的：“我们的队伍里边有一种恐慌，不是经济恐慌，也不是政治恐慌，而是本领恐慌。”

这句话是毛主席在新民主主义革命时期说的，至今读来仍觉新鲜，耐人寻味。我不是说我们在座的同志都有本领恐慌，我看大家的能力都很强，但是为了不断地适应新形势新任务的需要，我们要不断地提高自己、丰富自己、充实自己。对任何人来说，哪怕他素质已经很高了，也不能满足于自己。有这种本领恐慌，就会使自己不断地自我加压，自求奋进，把工作做得更好。我们搞办公室工作的同志，就是要以这种“恐慌感”来增强勤奋学习、提高素质的紧迫感，做到“四个博”：

首先，就是“博览群书”。多读书，多掌握知识，包括学习政治理论，学习经济知识、法律知识、科技知识、历史知识和哲学知识，特别是与经济工作密切相关的知识，大家都要掌握和了解。第二，就是“博闻强记”。搞办公室工作不博闻强记是不行的，有些东西你必须要记，要把它放在脑子里。如国土面积、人口、行政区划、一定时间内主要经济指标、主要工作动态等等都要记到脑子里，翻本子还不行。搞文字的同志，还要记住一些名人名言，经典论断、历史掌故和报章上的重要精彩言论等等。第三，就是“博采众长”。任何个人的能力和智慧都是有限的，每个人都必须在一种良好的人际关系和民主的气氛中，认真听取各方面的意见，善于吸收别人的长处和智慧。在领导身边工作，要协调各方面的关系，要当好领导的参谋助手，同样要善于博采众长，吸收各个方面有益的建议、各种不同意见包括批评意见。第四，就是“博学多才”。因为办公室是搞综合工作的，经济工作包括方方面面，不仅包括财贸、工业、农业，而且还包括科教、文卫、政法、涉外等方面的工作，这就决定了我们要努力熟悉各方面的情况，掌握各方面的知识，努力使自己成为通才。当然，世界上绝对的通才是没有的，一个人的时间精力毕竟有限。但作为搞办公室工作的同志，应该在努力使自己成为专才的基础上，尽可能多涉猎一些领域，多掌握一些知识，这是非常重要的。任何一项工作都不是孤立进行的，搞经济离不开政治，离不开法律，离不开科技，有时还离不开历史。各方面的知识掌握多了，工作中就可以做到左右逢源。

我们每个同志，包括我在内，都要有一个不断学习、不断积累、不断提高的过程，哪怕过去读了很多书，有很多经验，但是随着形势的发展，不去更新自己的知识，不去更新自己的经验，那么过去的某些经验也许会成为今后前进的绊脚石。吃老本是不行的，我相信大家都能意识到这一点。要使自己真正成为学习型的干部，还要做到“三勤”。一是要勤学习。只要是对工作有利的，都要认真去学。在掌握知识方面，我们要有海绵吸水的精神，要有钉子那种锲而不舍的毅力。古人有句话叫做“腹有诗书气自华”，就是说肚子里有知识，人的气质都得到了升华，眼界、境界都不一样。过去我在省里工作，现在搞这个常务，很多东西我也不懂，不懂我就向同志们请教，向各位市长和其他几套班子成员请教，包括向市直单位和县区的同志请教。我觉得这不是什么坏事情，不懂何必要装懂，都是为了工作需要。不懂，我学了，问了，就懂了。在知识面前，来不得半点虚伪。二是要勤思考。光学不思，叫做“食而不化”。学了要消化，这种消化要结合我们的工作实践，结合整个抚州改革和发展形势来思考一些问题。我们的秘书长、主任、科长和秘书们，经常接触到大量的东西，要为领导出谋划策，当好参谋助手，不思考问题是不行的。有时候为领导起草材料，起草重要文件，你也必须对整个经济的发展运行情况有个清晰的了解，有哪些经验，存在哪些问题和教训，包括有哪些典型，要做到心中有数，在此基础上认真分析研究，从中发现带本质性和规律性的东西。三是要勤积累。积累非常重要，就是要把学过的东西，见到过的东西，只要是对工作有价值的，都要把它积累起来。积累有两种办法，一个是死的办法，就是往本子上记，往头脑中记。有的东西光记还不行，还必须到实际中应用，才能加深记忆。我们搞办公室工作的同志一定要多积累，积累的意义就在于“厚积而薄发”，只有厚积才能薄发，不积累就无所谓“发”。

我说这么多，关键还是加强学习、提高素质的问题。通过学习不断地充实自己，不断地战胜本领恐慌，从而不断地提高自己的能力和本领。第一个本领，就是判断形势把握大局的本领。我们对抚州经济的运行情况要做到了然于胸，同时全国、全省改革与发展的基本走势，发展趋势，都要有个大致的了解。比如说加入 WTO，WTO 对政府最大的挑战是什么？对政府的挑战首先表现为对机制、体制、制度和管理方式方法的挑战，表现为对公务员素质的挑战。我们怎样应对这种挑战？怎样化挑战为机遇？这就需要我们认真分析思考，以增强工作的预见性和针对性。第二个本领，就是正确地分析问题和解决问题的本领。在政府工作，必然涉及到改革与发展，包括精神文明、政治文明建设各个方面的问题，甚至会遇到很多矛盾、困难和问题。化解这些矛盾，固然是我们政府领导的责任，但同时也是我们办公室同志们的责任。因为办公室是参谋部，某个问题怎么处理，我们的秘书长、办公室主任们，要尽力为领导当好参谋助手。第三个本领，就是驾驭机关各种文字材料的本领。机关文字材料是领导决策的载体。政府在一定时期内经济工作的总体思路、目标任务，包括政策措施等等，都要通过文字来表达，通过文字传达到基层去。文字作为辅政的重要工具它的作用是非常大的。所以我们搞文字的同志，一定要熟悉机关各种文体、各种体裁写作的基本要领，而且能够达到比较高的质量。第四个本领，就是协调上下左右、方方面面关系的本领。办公室是综合部门，要同各个方面、各个单位、各个部门和基层单位打交道，我们必须要学会协调，多联系、多沟通、多做化解矛盾的工作，促进政令畅通，为政府领导开展工作创造一个良好的环境。

第二句话，是一个企业家对他的员工说的，他说："当领导者交给你一个难题的时候，你不能说没有办法，而要说：我试试看。"

这是一个工作态度的问题。作为在政府工作的同志，要有高度的责任心、事业心。我们办公室的同志素质都比较高，工作都很努力，但是当遇到难题的时候，特别是当领导也感到有些为难的时候，办公室的同志怎样帮助想办法化解难题呢？领导者并不是全能、万能的，至少我不是，为什么有些问题我要请教那么多同志，请教市长、秘书长、主任们，就是请大家一起来帮我想办法。有一句话叫做，“秘书的脑袋应该是领导脑袋的扩张，秘书的手脚应该是领导手脚的延长”，说明办公室工作人员的作用是非常重要的。同志们知道，去年以来，抚州推进大开放、大招商、大发展，形势很好，发展势头很好。但我们的工作中也出现了一些难题。我们不能因为有难题就消极悲观，这些难题都是发展中、前进中必然出现的，我们应该努力去解决。一个地方、一个单位或者一个人，如果没有矛盾、没有困难、没有问题，那么我们的奋斗就没有价值。我们的工作也总是存在缺陷，如果没有缺陷，或者不承认缺陷，我们的工作就会变成一潭死水。有时候矛盾与缺陷恰恰是激发我们前进的强大动力，能够激活我们的思维，磨砺我们的意志，推动我们去创造、去追求。比如，我们招商引资扩大开放，工业园区建设有了一个很好的起步，但如何加快建设进度，使这些企业尽快达产达标、提供税收，进而推动整个工业化进程？我们的城市基础设施相对滞后，没有垃圾填埋场，没有污水处理厂，甚至没有地下管网，下雨的时候污水遍地流，这些都是与老百姓生活密切相关的问题，而且都是火烧眉毛的事情，这此问题怎么解决？钱从哪里来？我们的财政困难，总量和人均量在全省排位都很后。而且财源结构不合理，工商税收占的比重太小，怎样加大财源建设力度、迅速壮大财力？抚州是农业大区，农村经济相对欠发达，农民生活水平还比较低，在当前这种情况下，“三农”问题怎么解决？怎么加快农村经济的发展？所有这些问题、困难、矛盾，天天都困扰着我们。一方面我们政府要想办法克服这些困难，解决这些问题，尽快地把抚州建设好。另一方面，也要求办公室的同志加强调查研究，拿出解决实际问题的办法，为领导决策提供依据，为领导分忧。面对困难，我们不能说没有办法，而要“试试看”，试试看就是开动脑筋想办法，百折不挠破难题，千方百计完成领导交办的任务。作为政府办的同志，一定要做到恪尽职守，埋头苦干，把我们手上的每件工作都处理好，把领导布置的任务努力完成好，无论是文秘工作、机关保密、接待群众来信来访，还是后勤服务方面，办公室作为参谋助手要在更高层次上，发挥参谋助手的作用。要想领导之所想，急领导之所急，不怕苦畏难，不回避矛盾。有些工作，也许有的时候领导为了留点余地，不宜一下子就去面对，而是首先由我们领导身边的助手们去面对、去解决，在这种情况下，我们就必须义无反顾、勇往直前，不能拖、不能等、不能推。

第三句话，是印度大诗人泰戈尔说过的一句话："花朵的事业是美丽的，果实的事业是尊贵的，但我愿做一片绿叶，绿叶的事业是默默地垂着绿阴的。"

这句话说得很好，很有哲理，很精辟，也很动人。花朵当然美丽，果实当然尊贵，绿叶则默默无闻，素朴无华，只是作衬托。但没有绿叶是不行的，没有绿叶哪来的花朵、哪来的果实？我们搞办公室工作就要有这种绿叶精神，也就是奉献精神，淡泊名利，无私奉献，不计较个人得失。个人的使用问题，前途问题，人人都免不了会考虑，这是情理之中的事。作为组织之上来讲，要从政治上关心干部，真正德才兼备的，要予以重用。同时作为个人来讲，要正确对待这件事情，特别是在个人愿望没有得到满足的时候，要有良好的心态，要经得起考验。有句话说得好："权位只是脚下的台阶，不是一个人真正的高度；荣耀只是脸上的脂粉，不是一个人真正的肤色。"这也就是正确对待权、位、名的问题。一个人，他有丰富的知识，有做好工作的实际本领，有良好的人格，这才是他真正的高度。所有权位、荣耀都是暂时的，一个人真正的拥有，他的人格魅力和他的学识才华，这才是永恒的。

办公室工作受累、受苦，有时还受气，这是客观存在的。受累，一天到晚忙个不停；受苦，就是工作艰苦，生活清苦。累和苦是绞在一起的，受不住累和苦，就做不好办公室工作。受气，有时候领导性子急了，或者你哪件事情没做好，批评几句，这样的情况也会发生。对此大家一定要理解。领导批评人，并不是出于恶意，而是出于工作，很多情况下还是出于对部下的爱护。如果领导觉得连批评你都不值得，对你失去信心了，那你心里又是什么滋味？严是爱，宽是害，相信大家懂得这个道理。

第四句话，就是“一个人最大的敌人不是别人而是自己，一个人最大的悲剧不是被别人打倒，而是自己把自己打倒”。

这是对我们品德人格的要求。我们当领导的要这样看这个问题，办公室的同志也要这样看这个问题。作为领导者来讲，当他手中掌握一定的权力的时候，权力可以产生效应，但是仅仅有权力效应，这种权力效应未必是充分的，只有在他行使这种权力的时候，同时辅之于领导者本人的人格魅力，这种权力效应才算完美。这就涉及到领导者的个人修养问题。我们办公室的同志，同样有个人修养的问题。办公室的同志由于处在领导身边，地位比较特殊，这就更加要严格要求自己，要有一种强烈的自警、自励、自重、自省的精神。我们必须看到一个严峻的事实，在改革开放条件下，面对各种思想观念的碰撞、各种利益关系的调整和形形色色的诱惑，我们的各级领导，特别是管钱、管人、管物的领导要经受住严峻的考验，办公室工作人员也都面临着严峻的考验，如果稍不注意，就可能被香风毒雾所击倒，做出自毁名节的蠢事。我们领导身边的工作人员，尤其要做到警钟长鸣，木鱼常敲。根据我了解的情况看，我们办公室的同志在这方面做得比较好，没有出现过什么问题。但是现在不出问题，并不意味着将来不出问题，所以还是把丑话说在前面。这里有几个具体要求：

一是要清正廉洁，不以权谋私。办公室的同志一定要严格遵守廉洁自律的各项规定，不能以自己特殊的工作岗位谋取私利，也不能打着领导的旗号去下面要这要那，这是最损形象的。最近省委办公厅下了个文件，专门对秘书人员的教育管理提出了若干要求，要好好地学一学，并认真遵照执行。要加强自身约束，使自己立于不败之地。在和平年代，一个人不大容易被别人打倒，只怕自己把自己打倒。只要你经得起考验，没有问题就是没问题，就打不倒。但是如果自己屁股上有屎，干出违法乱纪的事情，那就要受到制裁，当然就是自己把自己打倒了。在这个问题上，我们一定要清醒。

二是要顾全大局，不损害团结。这点非常重要，在办公室工作，在领导身边工作，不仅要做好事情，同时还要坚决维护领导同志之间的团结和领导班子之间的团结。在这个问题上，如果我们稍不注意的话，不管你是自觉还是不自觉，就可能会影响到领导和领导班子间的团结。团结是发展的重要条件，市委开展“二问三视四比”活动，其中有一条，就是视团结如生命。我们一定要做到：不利于团结的话坚决不说，不利于团结的事坚决不做。在维护团结方面要旗帜鲜明，毫不含糊，要非常清醒，决不允许在领导之间搬弄是非、挑拨离间，决不允许听信谣传，传播小道消息，决不允许做损害领导之间团结和班子之间团结的事。

三是要公道正派，不趋炎附势。这是对办公室的同志最起码的要求。在办公室无论做什么工作都是组织决定的，都是为党为人民干事，为抚州人民干事，不是为具体哪一个人。有些人喜欢瞎议论，把办公室工作人员说成是谁谁谁的人，这是非常糟糕的，这是封建观念的遗毒。当然作为我们本身来讲，搞办公室工作必须公道正派，尊重领导，不折不扣地完成领导交办的任务，这和投其所好、趋炎附势完全是两码事。你在领导身边工作，如果不尊重领导，不按领导的意图办事，不完成领导交给的任务，那领导要你干什么。需要防止的是另一种倾向，就是把社会上一些庸俗的作风和做法带到工作中来，把这种工作关系，服务与被服务的关系，看成人情依附关系，这是不允许的。

四是要待人以诚，不损人利己。办公室的同志，人与人之间，科室与科室之间，领导与被领导之间要形成一种和谐的人际关系。领导班子要讲团结，我们办公室的同志也要讲团结、讲配合、讲支持。和谐也是一种力量，是一种推进力和凝聚力，不和谐是一种离心力和破坏力。我们的事业，我们的工作只有在一种和谐的环境中，才能不断地迈上新台阶，进入新境界，才能取得好的成效。每位同志都必须有一种好的品德，光明正大，光明磊落，待人以诚。大家合作共事，有不同意见可以发表，不要害怕有不同意见，应该让各种意见包括不同意见统统摆到桌面上，然后权衡利弊，最终做出正确的选择。也只有这样，决策才能符合实际，才能更加科学。

五是要善待群众，不搞衙门作风。我们的政府是人民的政府，一定要为人民着想。我们走访了一些困难企业和一些贫困家庭，说实话，任何一个有责任心的人，看到我们有的群众现在连孩子读书的学费都交不起，基本的生活必需品都要算好钱来买，我们心里感到很沉重。我们都来自群众，不能忘记群众，不能忘本，群众有困难，我们应该帮。当然有一些问题是无法解决的，但只要是合理的，就应该帮老百姓解决。我们是人民的公仆，公仆是什么？公仆就是为群众办事。不为群众办事，我们还叫什么公仆？我们一定要善待群众，体贴群众，造福群众。群众最可爱，群众最可敬，群众最可怜，群众也最可怕。群众最可敬，是因为历史是群众创造的；群众最可爱，是因为群众的要求不高，他们的感情最纯朴；群众最可怜，是因为一些群众尤其是弱势群体生活还很困难；群众最可怕，是因为如果我们不为群众办事，积累到一定的时候，矛盾爆发了，就不可收拾。办公室的同志一定要有群众观念，要克服和防止门难进，脸难看，话难听、事难办的衙门作风，热心为群众排忧解难，在群众心目中树立党和政府的良好形象。

第五句话，是一位哲学家说的："影响我们前进的可能不是前方的一座高山，而是我们鞋帮里的一粒砂子。"

这就是一种自省自励的精神。遇到困难，遇到矛盾，要多从自己身上反思，自我反思，自我剖析，自我加压。有时我们在工作中遇到问题，没有解决，无法逾越，克服不了，实际上问题还在于自己本身，是你自己不小心鞋帮里掉进了一粒"砂子"，影响了前进的速度。那么我们就要赶快把"砂子"倒出，然后使自己更快地前进。在这个问题上，要防止几个方面的东西：

第一，要防止片面性。处理问题、思考问题一定要防止片面性，防止走极端。办公室的工作千头万绪，每天都很忙，一定要做到忙而不乱，特别是有些问题，一定要注重理性思考。我们处理一些问题，涉及到很多方面，涉及到深层次的矛盾，这个时候一定要全面地、辩论地看问题，不能搞片面性，不能走极端，包括调查研究，提工作方案，为领导出谋献策，决策的依据要求真求实，不能片面，不能提供片面的、失真失准的决策依据。另外，起草重要文件，起草领导讲话，这个过程同时也是出谋献策的过程，是体现文秘人员思想方法、思想观念的过程，当然也是提观点、提思路的过程。哪怕领导的意图交待得很清楚，必然还有些思路要靠你去提出，有些观点要靠你去完善，有些素材要靠你去补充，这里同样有个防止片面性的问题。外界有的同志认为搞材料无非是玩玩文字游戏，其实远没有这么简单，思想方法、政策水平是寓于文字之中的，所以我们搞文字来不得半点马虎潦草，一定要严肃认真对待，使每一个观点，每个思路都经得起推敲。

第二，要防止惰性。惰性就是不思进取，满足于一进之得，缺乏进取精神。办公室工作一天到晚都很紧张，一定不能拖拖拉拉，不讲效率。无论办文、办公、办事，都要雷厉风行，优质高效。我们讲优化发展环境，其中政务环境是一个很重要的环境，而政务环境的优化，很大程度上有赖于办公室工作水平的提高。还有工作质量提高的问题，同样要防止惰性。我对办公室的工作是肯定的，但是好是没有止境的，希望大家不要满足于已经取得的成绩，要不断地向更高的目标、更高的质量跨越，各项工作都要力求领导满意、基层满意、群众满意。

第三，要防止虚浮。要加快发展，我们的思路不能虚，政策措施不能虚，实际步骤也不能虚。一个地方的发展，如果光有目标，光有纲领，光有政策，而没有扎扎实实的作风是不行的。不落实就落空，不实干就白干。这要求我们各级干部一定要有求真务实的精神，要坚决克服那种虚浮不实、只说不干的不良作风。那种“慷慨激昂在会上，宏伟蓝图在墙上，措施得力在纸上，就是落不到实际行动上”的不实作风，我们要坚决制止和防止。同样，办公室的工作也必须要有强烈的务实精神。办公室的工作都是具体的，实实在在的，漏了、虚了哪个环节都不行，一定要严谨细致，一件一件事情做到位。

说这么多，耽误大家时间。政府的工作能够有好的环境，能够顺利运转，离不开大家的辛苦劳动，希望大家不要满足现有的成绩。政府办公室的工作应该是市直单位的一面旗帜，应该争创一流，有一流的人员素质，一流的组织纪律，一流的工作效率，还应有一流的工作成绩。希望大家不辱使命，恪尽职守，把本职工作做得更好更出色，为政府工作正常运转，为全市的发展作出新的更大的贡献。

[实例二] 严肃指令式语言

在全市安全稳定工作电视电话会议上的讲话

（2010 年 4 月 28 日）

在“五一”和上海世博会即将召开之际，市委决定召开这次安全稳定工作会议，平时我们要求尽量少开会，让大家集中精力抓项目、抓发展，而且关于安全稳定工作，该讲的话都讲了，该发的文都发了，本来不打算多讲，但是在关键时期，尤其是在兴丰煤矿发生这起重大矿难后，我们不得不“老调重弹”。下面我简单强调几句话：

第一句话：不能把领导的宽容作为开脱责任的理由，而要深刻反省，吸取教训。兴丰煤矿发生矿难，省委、省政府主要领导和分管领导都到了现场，对抓好抢险救援和善后工作提出了明确要求，同时对当地做的工作表示肯定，虽然省里承担了很大压力，省领导对事故发生都深感痛心，可是对基层的工作和同志却很宽容，说了很多宽慰的话，但是我们决不能把领导的宽容作为开脱责任的理由，领导越是信任我们、体谅我们，我们越要把工作做好，不给省委省政府添乱。当前我市发展势头很好，多项工作得到上级肯定、媒体关注，在这个时候发生这起事故无疑对我们是当头一棒。事故已经发生，光难过是没有用的，而是要深刻反省，举一反三，吸取教训，严防此类事件的再次发生，为省委、省政府分忧。

第二句话：不能以客观原因掩盖主观上的不足，而要更多地从主观上查找我们的不足。我市的安全生产压力确实很大，高危行业门类齐全，点多面广，但这不能成为我们不做好工作的借口。出了重特大事故，我们更多地要从主观上查找原因，从思想上，从工作方式方法上，从干部作风上去深挖根源。刚才分管的同志讲到了兴丰煤矿为什么发生这起事故：在13日井下已经出现瓦斯异常情况，如果当时矿主采取断然措施，如果井下矿工发现这个问题能够停产作业，如果瓦斯监控员发现瓦斯报警停止井下作业，或者监控员有2个人能够轮流值班，可以说，如果监管到了位，这起事故是不会发生的。还有一些烟花鞭炮企业，查出了安全生产隐患并下达了整改通知书，但就是停不下来，有的擅自改变工房用途，不执行“少量、多次、勤运走”的规定，这样怎么会不出事！很多事故本来是可以预防的，可以避免的，但它却偏偏发生了，这就是我们的主观原因。

第三句话：不能以文件、会议、讲话和签责任状来代替工作落实，而是要一丝不苟地抓细节、抓督查、抓整改。关于安全生产，我们开了很多会，下了很多文，关键还是没有抓落实。省领导在兴丰煤矿现场说了一句话，他说有些事不是没有说到，不是没有想到，而是没有做到，这句话意义深远。现在没有谁会说安全生产工作不重要，谁也不敢不重视，但确实有不少人、不少地方用会议、用文件来落实，没有真抓实干来重视。抓安全生产就要打破常规，不仅要加强督查，还要进行暗访，如果发现重大事故隐患不仅要追究企业的责任，还要追究监管部门乃至当地政府的责任。

第四句话：不能把安全生产责任悬空于领导层，而要真正地把安全生产责任主体落实到企业、落实到员工。各级领导干部、分管领导，包括安监部门都负有抓安全生产的重要责任，但光靠领导重视是不够的，只有企业才是安全生产的责任主体，如果企业没有意识到安全生产的重要性，没有承担到自己的主体责任，企业如果认为不是我要抓，而是要我抓安全，那就永远存在安全生产重大隐患。兴丰煤矿这起事故就说明了这个问题，县市区包括乡镇再怎么重视，安监机构再怎么监管，如果企业管理层和企业员工硬是不执行安全生产有关规定，那就是最大的安全隐患。所以说，如何把企业的安全生产主体责任落到实处，我们还要想很多办法。不抓企业，不抓老板，我们各级政府和部门，累死都没有用，还会出问题。

第五句话：不能停留在头痛医头，脚痛医脚上，而要在建立长效机制上下工夫。过去往往是出了事故以后，领导就说要吸取教训，举一反三。这样说当然没有错，但光说解决不了问题。今天煤矿出了事故，就抓一下煤矿安全，哪天花炮出了事故，又抓一下子花炮安全，这种头痛医头、脚痛医脚的做法，事故还是避免不了。所以我们还是要从根本上下功夫，建立安全生产长效机制，才能真正保持不出事，不出大事。制度不能停留在表面上，而要抓落实，要抓安全培训教育，抓安全设备设施，还要抓安全监管队伍。凡是有高危行业的地方，乡镇都有安监队伍，这支队伍人数还不少，应该说总体上这支队伍做了不少工作，为安全生产工作作出了贡献。但是，据了解有些安监队伍是存在问题的，这次建山兴丰煤矿出事，就有乡镇监管队伍不到位的情况，监管人员到了井下却不去查看瓦斯监控记录；有的监管人员根本不懂怎么去搞安全监管；甚至还有的监管员在一个地方呆久了，和烟花爆竹的老板，和煤矿的老板已经混到一起了，接受老板吃请、娱乐、入股，吃人嘴软，拿人手短，该管的不管，该处理的不处理，这还不会出问题吗？请凡是有监管队伍的乡镇，对这支队伍进行一次整顿，进行一次职业道德教育，对那些不适宜做安全监管的，特别是和老板沆瀣一气的人要及时清理。

第六句话：不能只重视抓发展，忽视抓安全，而要始终做到既只争朝夕抓发展，又如履薄冰保安全。为了实施好赶超发展、科学发展的战略，各个县市区都在全力以赴抓项目、抓发展，这是对的。但是与此同时，安全生产这根弦，任何时候都不能松，促一方发展，保一方平安，是我们的双重职责，丢掉哪一条都是不行的，作为一个地方的主官，保不住一方平安，就是失职。我相信我们县市区的主官、分管领导，包括部门的领导，都能科学地处理好这个问题。特别这次高安兴丰矿难，不仅给当地敲醒了警钟，全市上下都要敲响警钟，发生这么大的事故，肯定是要追究责任的。谁都不愿意处理干部，但是出了事，那也只有挥泪斩马谡。

[实例三] 恳谈交心式语言

在政协委员分组会议上的讲话

（2010 年 3 月 26）

时代发展到今天，推进决策的科学化、民主化，尽量减少决策的失误，使我们的决策更加完善，更加符合发展的需要和人民的愿望，这是我们义不容辞的责任。从我听取委员分组讨论情况来看，委员们都能够以推进发展为己任，畅所欲言，表达自己的意见和观点，这非常好。要加快发展、加强民主政治建设，听真话、讲真话、用真话非常重要。听真话，就是说要鼓励各方面包括人大代表、政协委员和社会各界，大家应该集思广益，放宽思路想问题，共同为全市发展献计献策。我们在这方面是做了不少工作，当然有些方面还需要改进。因为决策要科学、完善，领导者本身的作用固然重要，但更多的还要靠调查研究，听取社会各方面的意见，集思广益，形成科学的决策，尽量避免决策的失误。一个地方有没有一种听真话、讲真话、用真话的氛围，不仅决定着这个地方民主政治建设能否富有成效，而且决定着这个地方的发展能否富有成效。那么，要形成这样一种氛围，至少要从三个方面下功夫：

第一，领导同志要善于听真话。领导同志都应多到一线去听真话、摸实情，把真正的问题找到，把老百姓最想说的话听进耳朵里，为老百姓解决实际问题，为发展解决实际问题。领导干部都必须养成听真话的习惯，否则，如果养成“听到奉承就笑，听到批评就跳”的习惯，这不仅对本人不利，而且对事业发展更不利。领导者的作用固然重要，但其作用是有限的，领导者的作用就在于凝聚各方面的力量和智慧，集思广益，共同把各项事业推向前进。

第二，社会各方面、各级干部要敢于和善于讲真话。所谓敢于就是要有政治勇气，直面现实，实事求是，实实在在反映问题、提出意见建议，特别是不能“忽悠”，下级不能“忽悠”上级，上级也不能“忽悠”下级。有些干部习惯于报喜不报忧，或者弄虚作假，把小的说成大的，把差的说成好的，把没有的说成有的，自欺欺人，误国误民，必须坚决纠正。只有求真务实，才是对事业负责，对人民负责，也是对自己负责。所以我们鼓励大家要敢于讲真话，只要说的对人民有好处，我们就照你的办。同时，还要善于说真话，就是要通过调查研究，真正发现问题，提高参政议政水平。各位政协委员来自第一线，了解基层情况，也代表各自所联系那部分群众的愿望，要善于沟通民意，掌握实情，提出有价值的意见和建议。

第三，要用真话。不少调研报告被束之高阁，没有用到真正的地方，一些很好的意见建议没有得到有效落实。如每年政协的大会发言材料，我都认真看了，各有关部门、各级领导也都要认真看，凡涉及到自身职权范围内的事情，都必须主动去处理。再如统战部搞的百字金点子，我每期也认真看，其中不乏真知灼见。所有的调研报告、人大代表和政协委员提出的建议、金点子，以及平常群众的属于意见建议类的建言献策，各级领导、有关部门一定要真正去重视，要让真话有用场、有市场，让假话没用场、没市场。

［实例四］ 号召鼓动性语言

在全市庆祝中国共产党成立九十周年暨“七一”表彰大会上的讲话（摘要）

（2011 年 7 月 1 日）

90 岁，对于人生来说，已是耄耋之年；而对于中国共产党这样一个执政大党来说，却正值青春年少，充满生机活力。我们每一名党员干部都是党的儿女，受党培养，承恩于党，“谁言寸草心，报得三春晖”，不仅要热爱党、维护党，更要为党分忧、为党尽责。因此，对党的生日的最好纪念，不是鲜花和歌唱，不是口号和掌声，而是要以实际行动共同推进党所领导的中国特色社会主义伟大事业，以实际行动维护和巩固党的执政地位，以实际行动为党的旗帜、党的形象增辉添彩，以实际行动不断推进新形势下党的先进性建设，总之，要以实际行动和优良绩效，让全市人民说共产党好。

——让全市人民说共产党好，就必须坚持科学发展、赶超进位、绿色崛起不动摇，全力以赴建设“幸福宜春”。没有发展就没有说服力，没有发展党组织就没有威信，没有发展就无法让老百姓说共产党好。“十二五”时期将是我市赶超发展的爬坡期，转变发展方式的关键期，也是提升群众幸福指数、推进和谐社会建设的攻坚期。全市各级党组织和广大党员干部要切实增强机遇意识、忧患意识和责任意识，积极自觉地投身到经济社会发展的战役中来，努力建设经济发达、人民富裕、社会祥和、风气清明的“幸福宜春”。要在推进产业项目建设上体现先进性，围绕实施“十二五”规划和建设“亚洲锂都、宜居城市、森林城乡、月亮之都”的目标，主动作为，率先垂范；要在带领群众致富、推动全民创业上体现先进性，树立干大事、创大业的雄心壮志，以饱满的创业热情和艰苦奋斗的拼搏精神，激励和引领群众自主创业、加快发展，共同致富；要在创优经济发展环境上体现先进性，立足本职、爱岗敬业，强化服务意识和效能意识，为赶超发展创造良好的政策环境、法治环境和信用环境，努力成为聚集生产要素的“洼地”、投资兴业的“热土”。

——让全市人民说共产党好，就必须大力弘扬党的优良传统，始终保持党同人民群众的血肉联系。群众路线，是我们党最大的政治优势，是关系我们党执政基础、执政地位和党的事业长盛不衰并永远立于不败之地的重大政治问题、原则问题。面对社会利益格局深刻调整，我们党更要正确运用手中的权力，始终保持同人民群众的血肉联系，自觉维护和充分实现最广大人民的根本利益，不断提高人民群众的幸福指数。全市各级党组织要始终把保民生、促稳定放在与经济工作同等重要的地位来抓。每一位党员干部都要牢固树立为民服务的意识，发自内心、倾注真情地关心爱护广大人民群众；要切实增强同群众打交道，做群众工作的能力，主动到基层去、到农村去、到企业去、到群众身边去，同群众同甘共苦，倾听群众意见，热心为群众排忧解难、解决合理诉求；要精心实施好每一项民生工程，把党的温暖送到群众心坎上；要加强新形势下对群众的思想政治工作和法制教育，宣传党的惠民利民政策举措，将群众紧紧团结在党的周围，守住安全稳定防线，努力构建城乡和谐平安新秩序。

——让全市人民说共产党好，就必须始终坚持党要管党，从严治党，切实加强各级领导班子的思想作风建设和能力建设。领导班子是事业发展的核心，也是社会关注的焦点，特别是今年换届产生的新一任班子将要担负起领导“十二五”发展的历史重任。因此，必须十分重视和切实加强各级领导班子的思想作风建设和能力建设。要着力加强领导班子的思想政治建设，切实解决少数干部党性观念不强，理想信念动摇的问题；要深入学习贯彻落实科学发展观，着力解决部分干部中存在的思想观念和工作方法与科学发展观要求不相适应的问题；要进一步解放思想，开阔眼界，着力解决部分领导班子和干部中存在的思路不活、眼界不宽、办法不多的问题；要进一步加强能力锻炼，强化督促考核，着力解决部分领导班子和领导干部中存在的不重视操作、不善于操作，缺乏攻坚破难能力的问题；要大兴读书学习之风，建设学习型班子，着力解决部分干部中存在的不重视学习、不善于学习，存在知识恐慌和能力恐慌的问题；要进一步加强党风廉政建设，着力解决少数干部为政不廉和“亚健康”的问题；要深入持久抓好求真务实作风建设，着力解决少数干部作风漂浮、不干实事的问题。总之，新班子要树立“开拓进取、求真务实、廉洁勤政、亲民为民”的新形象，不辜负党和人民的殷切期望。

——让全市人民说共产党好，就必须抓基层打基础，充分发挥基层党组织的战斗堡垒和共产党员的先锋模范作用。基层党组织是党在基层全部工作和战斗力的基础。老百姓看共产党好不好，首先看身边的党组织和共产党员好不好。为此，要以深入开展创先争优活动为抓手，扎实推进基层党组织建设“三落地”工作，把乡村两级班子建设好；要切实加强学校、机关、非公有制企业和新社会组织的党建工作，扩大基层党建工作覆盖面；要突出抓好基层党内民主建设，切实保障党员的知情权、参与权、选举权和监督权；要建立健全基层干部保障激励机制和基层党员扶助、救济、关怀激励机制，充分调动基层干部的工作积极性。要积极探索党员教育管理的新途径、新方法，逐步形成党员经常受教育、永葆先进性的长效机制。要继续在全市各级党组织和广大党员干部中深入开展“学英模、树正气、谋发展、促和谐”主题教育活动，教育每一位党员“在党言党、在党爱党”，自觉加强党性修养，自觉维护党的形象，在各条战线奋发有为、建功立业。

同志们：让全市人民说共产党好，是一句响当当的诺言，更是一份沉甸甸的责任。作为一级党的组织、一名党员干部，如果不能让辖区内的人民群众说共产党好，那就是失职、就是无能，就是对党不忠、对事业不负责任，就没有资格当共产党员和领导干部。而要让人民群众说共产党好，就必须奋斗，必须奉献，必须全心全意为人民谋利益、谋幸福，必须常怀忧党之心、恪尽兴党之责。市委希望并相信：只要全市9600多个基层党支部都能成为坚强的战斗堡垒，全市20多万名共产党员都能成为先锋模范，全市2万多名公务员都能成为合格的“公仆”，550万人民就一定会发自内心说：共产党好！

[实例五] 演讲式语言

在抚八线竣工典礼上的讲话

(2005年12月12日)

今天是一个大喜的日子，我们在这里隆重举行抚八线竣工典礼仪式。此时此刻，让我们感念难忘的，不是结果，而是过程。我们不能忘记国家和省发改委、总后交战办、南京军区交战办的支持，尤其不能忘记省交通厅、省公路局、省建行等部门对我们的关心支持。没有他们的关心支持，我们就没有今天的成功。在此时刻，我们也不能忘记广大公路建设者们所付出的艰辛努力。两年前，市委、市政府向市公路局下达命令，要市公路局以最快的速度和最好的质量拿下抚八线。市公路局向市委、市政府立下军令状，两年不拿下抚八线就拿掉公路局长的“帽子”。在这两年的时间里，广大的公路建设者们克服了地质条件差、施工难度大等重重困难和障碍，逢山开路、遇水架桥、风餐露宿、攻坚克难，确保了工程如期完成。在此时刻，我们还不能够忘记沿线各县（区）、各乡镇、各村组广大干部群众的密切配合和积极支持，没有几百万父老乡亲的热切期盼和积极配合，也没有我们今天的成功。所以，首先我要代表市委、市政府向上级有关部门，向今天到场指导的省交通厅、省公路局、省发改委领导同志，向广大的公路建设者、向沿线的广大干部群众表示衷心的感谢和崇高的敬意！

同志们，我们深深地懂得“要想富先修路”的道理。这几年来，市委、市政府坚持科学的发展观，坚持“打基础、管长远”的战略思想，在财力非常困难的情况下，咬紧牙关、拼尽全力，在上级有关部门的支持下，短短两年时间里，我们改造了580公里的国省道，新建了1800公里的县乡路。这其中，抚八线是我们抚州市公路建设史上自行一次性投资最大、建设里程最长、建设标准等级最高、也是建设程序最规范的一条路。这条路连接着黎温、赣粤、京福三条高速公路，连接着昌厦和东临一级公路，因此，它是一条加快发展的加速路，是全市人民的致富路，也是巩固国防的战备路。更重要的是，抚八线的建成标志着抚州境内国省道主干线基本改善完成，标志着抚州市到县、县到县通二级以上公路的目标提前一个五年计划得到实现，也标志着市委、市政府提出的建设“30分钟和90分钟交通经济圈”目标的顺利完成。

同志们，在这喜庆的时刻，我们对公路的理解，有了更深的感悟，也有了更多的向往。敢问路在何方，路在脚下；敢问路在何方，路在建设中、路在开拓中、路在奋斗中。曾几何时，我们为抚州的道路坎坷不平而忧心忡忡，我们为众多的外商对我们的路况差望而却步而忧心如焚，也为千百万父老乡亲的行路难而深感愧疚。现在，抚州的公路交通得到了全面的改善，但并不能说我们就可以松一口气了。我们要在省交通厅、省发改委和上级有关部门的支持下，进一步加大公路建设力度，改造好境内国省道主干线；要继续加强农村公路建设，提高公路的通达能力。“十一五”期间，我们还要继续努力，建好济广高速公路抚州段、抚州至吉安高速公路抚州段；还要圆全市人民的铁路梦，修好向莆铁路，进一步形成和发挥抚州作为“南昌远郊、闽台近邻”的区位优势；我们更要利用公路交通得到全面改善的大好时机，进一步解放思想、开拓进取，加大招商引资力度，全面建立开放型经济格局，加快全民创业、富民兴市的步伐。

同志们，有了路，我们就有了底气；有了路，我们就有了信心；有了路，我们就没有理由再落后。我们要让省委、省政府和全省人民看到，一个欠发达的抚州，正在沿着一条条宽阔平坦的道路加速前进，甩掉贫穷，甩掉落后，走向繁荣，走向和谐，走向更加美好的明天！

D. 秘书心得

毛泽东在《反对党八股》中写道："俗话说：'到什么山上唱什么歌。'……我们无论做什么事都要看情形办理。"同样的道理，起草领导讲话稿也要根据讲话场合、对象和要求的不同灵活掌握，该严肃的要严肃，该活泼的要活泼，该委婉的要委婉，该激昂的要激昂，这样才能与听众互动交流。一个没有语言风格的讲话稿就像一个人说话没有升降调，是很难说服人、吸引人的。

对比这几篇例文，使我对领导讲话的语言风格有了更深刻的理解：作为领导，在讲话中要经常提要求，但针对不同对象的"提法"却各不相同。对办公室干部职工提要求，领导没有居高临下，而是像一位"过来人"对后辈进行谆谆教诲，爱护之情溢于言表；对各级领导干部提工作要求，必须一板一眼，严肃认真；对全市党员提要求，更多的是出于号召和激励，必须慷慨激昂，充满鼓动性，使人精神振奋。此外，领导说话也十分注意场合，比如实例三，领导在政协委员分组会议上并没有对政协委员提过多要求，反而对各级领导和社会各方面提出了要求，为的是更好地集思广益，科学决策。这样的讲话合情合景，更能引起听众的共鸣。

"什么山上唱什么歌"，这"山歌"唱起来也不容易，很多文字工作者包括我们在内经常会有"八股调"，要么官腔，装腔作势，套话空话连篇；要么书生腔，矫揉造作，脱离实际。这都是需要我们注意防止的。但要说起如何培养语言风格，我觉得还是要多写多练多听，熟悉领导的风格，培养自己的"语感"。此外，不管用什么语言风格，都必须有自己的真情实感，不仅要用笔讲话，还要用"心"去说话，换位思考，互动交流。而且，尽管我们要根据不同的场合不断变换语言风格，但无论怎么变都不能遗失自我，丢掉领导的特色，只有特色的才能“出色”，只有符合领导的“口味”才能更多地被领导认可，否则就适得其反了。

第七篇
理论未必都是“灰色”的

——人们总是厌烦讲理论，其实责任不在于理论本身，而在于我们笔下的理论以什么姿态出现。抹去空洞说教、空话套话的嘴脸，理论照样会带着微笑和温情走进人们的心间。

A. 要点提示

理论是行动的先导。作为带有鲜明政治倾向性、工作导向性的领导文稿，不可能不讲理论，不可能不从思想认识上提出某些问题、澄清某些问题，以体现决策层的主张、统一人们的行动。需要我们把握的只是：空洞的理论让人腻烦，晦涩艰深的理论让人迷茫，为理论而理论不能解决实际问题，不重视理论只重视实践又会使文稿显得单薄浅陋。

B. 基本训练

1. 明确目标：这篇文稿讲理论、谈认识的目的是什么？要解决实践中的什么问题？只有把理论和实践挂起钩来，人们才会觉得理论并不遥远，就在身边。

2. 学会用深入浅出、生动活泼的语言讲理论、谈认识，亦即学会把教科书上的话变成自己的话来说，而不是相反。

3. 千万不要忘记：如今的干部都有一定的理论素养，陈旧过时的理论、空洞枯燥的理论没人喜欢听。

4. 并不是每一篇文稿都需要谈理论、谈认识，得视实际情况而定。

C. 实例印证

领导干部要树立正确的幸福观

（2012 年 3 月 14 日）

“幸福”二字已成为当今流行的一大“热词”，也成为人们向往和追求的目标。领导干部也是人，当然也有追求幸福的权力和渴望，但其幸福观是否正确，不仅关乎个人能否幸福，更关乎人民能否幸福，关乎一个地方经济社会发展的兴衰成败。

一、领导干部必须正确定位幸福的“支点”，找准幸福的“感觉”

“幸福”是什么？各人有各自的见解，各人有各自的感受。有人说幸福就是金钱，有人说幸福就是地位，也有人说幸福只是一种感觉。古希腊哲学家伊壁鸠鲁说“幸福就是身体无病痛，灵魂无纷扰”，德国哲学家叔本华说“幸福不过是欲望的暂时中止”。反正见仁见智，莫衷一是。不过，从大的方面来说，现代人的幸福感不外乎这么几个方面：职业的满足感、生活的优裕感、衣食住行的舒适方便感、精神文化生活的充实感、人格的尊严感、人身财产和合法权益的安全感、社会的公平正义感等等。作为领导干部，除了这些方面之外，其幸福感又应与普通群众有所不同。那么，领导干部的幸福是什么呢？

——是地位和荣耀吗？不是。当官也是“高危行业”，领导干部如果在权力和地位面前失去了清醒头脑，就难免成为“高危人群”，稍有不慎也会出现“安全事故”。

——是待遇和享受吗？不是。如果领导干部把享受和待遇作为追求的目标，作为幸福的衡量标准，那就错了。“为官避事平生耻”，如果当了官只是贪求享受和待遇而不做实事，那老百姓只会骂你是懒官、庸官。

——是金钱和特权吗？也不是。如果把金钱和特权当作为官从政的追求，那是低俗和危险的，不仅不会幸福，而且恰恰是不幸福的根源。

既然都不是，什么才“是”？我认为领导干部的幸福感主要包含六个方面：

第一，成就感。任何一个领导干部在一个单位和地方工作，都希望能有所成就，都希望地方经济快速发展、群众幸福安康、社会安定和谐。当领导干部因为干出政绩得到上级肯定、群众认可的时候，就会有成就感，这种成就感会让人感到幸福。比如，铺好一条公路、建好一座桥梁、破解一个难题、破获一起案件、引进一个重大项目、为百姓办好一批好事实事等等，这些都能让你产生成就感。追求这种成就感是领导干部不断进取的动力所在，同时也是领导干部的职责和使命所在。

第二，胜任感。胜任感就是能够胜任本职工作，就是领导干部所拥有的阅历、能力、知识足够胜任所任职务，工作起来得心应手，游刃有余，这也会产生幸福感。如果不能胜任本职，工作老是上不去，长期打不开局面，不仅工作会受影响，你的部下跟着你也会觉得脸上无光，心里没底，你自己也会活得很累很窝囊。而如果能出色地完成各项工作任务，别人没想到的你想到了，别人没做到的你做到了，别人没得到的荣誉你得到了，就会觉得心情舒畅，充满成功的喜悦。

第三，被信任感。普通群众需要被信任，领导干部也一样。如果不被上级信任、同事信任、下级信任、群众信任，就会感觉很孤立、很憋屈，影响情绪，进而影响工作，影响幸福感。而这种被信任感，必须靠工作和业绩去获得，靠自己的人格和能力去获得。当我们获得这种信任时，工作就会有底气，有冲劲，觉得浑身有使不完的力量。

第四，和谐感。领导干部在工作和生活中必然会追求一种和谐感，包括社会和谐，如果所管辖的地方矛盾成堆，问题百出，你连睡觉都睡不安稳，还谈什么幸福感？包括单位班子和谐，大家工作时是同事，平时是朋友，互相支持，互相配合，就有和谐感。如果班子成员之间闹不团结，互相提防，互相拆台，那就会搞得很累很烦很不顺心，而且影响工作。还包括家庭和谐，如果没有一个和谐温馨的家庭环境，家人对你的工作不支持不理解，就会对你的工作造成影响，幸福感就要大打折扣。

第五，安全感。这里所说的安全并不仅仅指个人的人身安全，更重要的是指领导干部的廉政安全。常言道，"为人不做亏心事，夜半敲门心不惊"。如果领导干部能做到严于律己，遵纪守法，就会有安全感；如果做了违法乱纪、以权谋私的事，心里就会不踏实，就没有安全感。

第六，健康感。没有一副好身体，什么事都干不成，再高的职位都没有任何意义。领导干部工作压力大，工作任务重，更需要有一个好的体魄。我们有些同志往往因为工作繁忙，不注意锻炼身体，结果把身体搞垮了。领导干部既要注意身体健康，也要注意心理健康，心理不健康会带来身体不健康，一定要注意心理调节，祛除阴影，充满阳光，乐观豁达，坦诚平和地待人处事。

领导干部的"幸福感"当然不止这些，但这些方面无疑是主要的和必需的。直白而概括地说，领导干部的"幸福"离不开五个"好"：一是身体好，无病无痛，精力充沛；二是心态好，淡泊宁静，宠辱不惊；三是班子好，团结协作，同舟共济；四是配偶好，既是贤内助，又是廉内助；五是身边工作人员好，忠诚正派，不帮"倒忙"。

二、幸福的方法其实很简单，关键在于我们是不是找到了正确的"幸福之源"

领导干部的幸福感从哪里来？幸福就在心中，幸福就在手中，幸福就在身边，关键是"幸福之源"是否正确，是否符合一个党员领导干部的标准。

第一，幸福来自于学习。学习是永恒的话题，也是我们终身的任务。古人说“腹有诗书气自华”，就是说读书可以使人充实，可以改变一个人的气质，可以使矮小的人变得高大，使丑陋的人变得漂亮，使虚弱的人变得强壮。拥有知识是一种幸福，通过学习可以获得进步、获得知识、获得能力，从而获得信任和尊重。不学习就会不懂行，就会说外行话，更不懂如何破解难题，就无法胜任本职。特别是作为“一把手”，要通过学习和实践增强“三气”：一是正气。就是要有丰富的理论素养和坚定的理想信念，正气凛然，公道正派，讲党性，讲原则，讲大局，爱人民。有正气，人家才会服你，你本人才能立得住、站得稳，才能把一个班子、一个地方的风气带正，把工作搞上去。二是虎气。“一把手”没有虎气是不行的。虎气不是骄横跋扈、主观武断，而是在实践中磨练积累而成的一种魄力，一种驾驭能力，一种掌控力，雷厉风行、说干就干、敢抓敢管、敢于担当，不畏首畏尾、不怕苦畏难，不回避矛盾和问题，不和稀泥，不怕得罪人。三是才气。才气不仅仅是琴棋书画等方面的才艺，更重要的是胜任本职所必需的知识、能力、操作力，包括科学决策的能力、攻坚克难的能力、做群众工作的能力、应对突发事件的能力等等。

第二，幸福来自于感恩。感恩是一种美德、一种境界，也是领导干部应该保持的一种心态。当感恩成为一种习惯，我们就会倍加珍惜生活中的一切美好，而不会把它们当成理所当然，更不会因为某种欲望没有实现而怨天尤人。存感恩之心，具体要有“三心”：一是要感恩党，对党忠心。尽管一个人的能力和知识水平在一定程度上可以决定成就大小和职位高低，但是如果没有党的培养，没有组织上给你的机会和平台，你本事再大也将一事无成。二是要感恩人民，对人民有爱心。领导干部来自普通老百姓，手中的权力也来自老百姓，必须珍惜人民给予的一切，用手中的权力为人民谋幸福。三是要感恩家人，对父母有孝心。一个不孝敬父母的人，根本不配当领导干部。感恩家人还包括要感恩妻子（丈夫），“每一个成功的男人（女人）背后都有一条寂寞的影子”，没有家人的支持，就不可能心无旁骛干事业。

第三，幸福来自于进取。幸福，不是没有烦恼、没有忧愁，也不是没有艰难曲折、没有失败，而是用信念、用能力战胜艰难曲折之后获得的快感。“樱桃好吃树难栽”，幸福不会从天上掉下来。领导干部作为一个地方经济社会发展的组织者、推动者，既面临着加快发展、赶超进位的压力，又面临着改善民生、维护稳定的压力，尤其在当前利益格局深刻调整、各种矛盾累积叠加、要素制约日益增多的情况下，任务之重、压力之大可想而知。面对压力和困难，如果耽于安逸、满足现状、无所作为，不可能有真正的幸福；只有迎难而上，拼搏进取，只为成功想办法，不为失败找理由，在攻坚克难中兴一方经济、富一方百姓、保一方平安，我们才能获得真正的幸福，享受成功的快乐。

第四，幸福来自于清廉。人贵知足，领导干部更要知足。有些东西当我们拥有的时候，也许并不感觉很可贵，但一旦失去就后悔莫及。想想饥寒苦，温饱就是福；想想疾病苦，健康就是福；想想离乱苦，平安就是福；想想牢狱苦，守法就是福。人不能把权力和金钱带进坟墓，但是放纵的权力和对金钱的贪婪却可以把人送进“坟墓”。现在，领导干部的生活条件、工作条件都有了明显改善，但仍然有极少数干部不懂得知足，总是怀着侥幸心理，以为人不知鬼不觉，做出一些自毁名节的傻事、蠢事，这是对党忘恩负义，对人民忘恩负义，不仅使自己身败名裂，而且还连累家人，白发苍苍的父母和含辛茹苦的妻子也要跟着你遭罪。组织上培养一名干部不容易，总是希望自己的干部不出事，但如果你仍要置党纪国法于不顾，在错误的路上越走越远，那即使你本事再大，也只有将你绳之以法，绳之以纪。所以，“守法就是福”，也可说“清廉就是福”，大家一定要谨记遵行，洁身自好。

第五，幸福来自于宽容。作为领导干部，宽容也是一种必备的素质。古人说："宰相肚里能撑船"，现代领导干部也应该要有这种容量和肚量，包括对班子成员、对干部要宽容，注意发挥他们的长处，调动他们的积极性；包括对犯过错误和失误的同志要宽容，帮助他们总结经验教训，改进工作；包括听得进不同意见，而不是"听到奉承就笑，听到批评就跳"；还包括领导干部要与人为善，为人民多做好事、善事。特别是作为"一把手"更要学会宽容，靠你的宽容大度，像磁铁一样把班子成员紧紧地吸在一起，共同干事创业，千万不能搞名利之争，谨防以小当大；千万不能搞意气之争，谨防小事闹大；千万不能搞面子之争，谨防因小失大。只有具备了这种大度能容的胸怀，才能真正感到轻松、超脱，否则就会四面树敌，怨声载道，活得很累。

第六，幸福来自于"简单"。所谓"大道至简"，就是不要把简单的问题复杂化，而要尽可能把复杂的问题简单化，简单的深刻往往比复杂的肤浅要可贵得多、管用得多。当然，领导干部每天要处理大量的事务，接触大量的实际问题，简单只是相对而非绝对的，关键在于我们能否把握好"度"，在可控范围内尽可能把那些不必要的"复杂"因素给"简化"掉。比如，"简化"人际关系，不要把人际关系搞得太复杂，包括"简化"与上级的关系，既尊重和服从上级领导，又不搞阿谀奉承、人身依附那一套庸俗的东西；"简化"与下级的关系，对干部一视同仁，公平对待，不搞封官许愿，拉帮结伙；"简化"与朋友的关系，慎重交友，不乱交朋友，尤其不能交"酒肉"朋友和搞权钱交易的那种朋友。又如，"简化"自己的个人生活，保持平民意识、平民作风，不追求特殊待遇，不沉溺于吃喝玩乐，不摆官架子，不热衷于前呼后拥和被人"伺候"，力戒特权意识和"老爷"作风。此外，还要尽可能"简化"自己的工作，抓重点、抓大事、抓主要矛盾，重实干，重效率，不要事无巨细眉毛胡子一把抓，不要越俎代庖干不该自己干的事和干不了的事。总之，人人都知"简单"好，做到"简单"不简单。

三、幸福的创造者是我们自己，幸福的最大障碍其实也是我们自己

谈到当领导干部的感受，很多同志都会谈到“苦”和“累”。从一个方面看，这种说法是客观的，当官的确“苦”、“累”，怕苦怕累就莫当官，当了官就别怕苦和累，否则就不称职。但从另一个方面看，一个领导干部在自己可控范围内是可以做到不那么苦和累的，要说“苦”和“累”的话，那是因为有些同志要么忙到正常工作之外的事情上去了，要么方法上、作风上走偏了，那叫“心苦”、“心累”，就会成为一些同志幸福的“障碍”。

第一大“障碍”：求官谋官。各级干部身在政界，政治上求进步，职位上求提拔，这都是人之常情，可以理解，包括正当的“毛遂自荐”都应当允许和鼓励。但这种追求必须建立在德才兼备、业绩突出、群众公认的基础之上，而不能放下工作不干，一门心思求官谋官，跑官要官。不正确的求官之道是很累人、很伤人、很见不得人的，于公于己都没有好处。官欲太重，就会整天患得患失，忧心忡忡，为提拔重用绞尽脑汁、用尽心计、日夜奔波，一旦个人想法没有如愿，要么心生不满，忿忿不平，牢骚满腹，要么悲观消极，自暴自弃，积忧成疾。所以，在对待职务的问题上，各级干部要始终保持感恩心和平常心，知足常乐，宁静致远，能得到提拔当然高兴，没得到提拔也别太在意，始终保持心态平衡，正确对待个人进退留转，始终以党的事业为重、以人民利益为重，不因个人荣辱得失而影响工作积极性。

第二大“障碍”：以权谋私。“贪如火，不遏则燎原；欲如水，不遏则滔天。”节制欲望，管好自己，是领导干部必须遵守的党性原则和起码要求。一个贪婪的人，也许可以得到某些“好处”，但他不可能是幸福的，这是因为：要以权谋私、满足贪欲，就必须躲过监督部门的“眼睛”，为此就必定要处心积虑，绞尽脑汁，难免心累；干了违法乱纪的事以后，又怕被人检举揭发，怕受到党纪国法的惩处，整天担惊受怕，惶惶不可终日；一旦东窗事发，就一切都完了，想补救也来不及了。人贪必自毁，说的就是这个道理。大家不妨多看看某些贪官的“忏悔录”，那种痛彻肺腑的反省，那种追悔莫及的悲苦，必定给予人们深刻的教益和警示。

第三大“障碍”：形式主义。领导干部都很忙，忙，首先是一种积极的人生态度，是事业成功的需要，是责任心强的表现。但“忙”有两种情况，一种是忙而有序、忙而有效的“忙”，快节奏，高效率，言必行，行必果；一种是忙而无序、忙而无功的“忙”，两眼一睁，忙到熄灯，连节假日也没闲着，但忙来忙去就是忙不到点子上，到头来连自己也不知忙了些什么，看不出有多少效果，有的同志还把身体累病了、甚至拖垮了。这后一种“忙”，多半是形式主义作祟。形式主义累死人，烦死人，害死人。比如不必要的迎来送往，比如没完没了令人生厌的繁文缛节，比如热衷于开长会、讲长话、发长文，比如不惜花费大量时间和精力寻章摘句咬文嚼字搞那些充满空话套话的文件和讲话稿，比如搞那些没多大实际意义的检查、评比、庆典，如此等等，那都是自找的瞎忙、乱忙、无效之忙，自找的“不幸福”。

第四大“障碍”：大权独揽。揽权是一些领导干部特别是“一把手”最容易犯的毛病，也是影响干部幸福感的重要方面。领导干部要干的事情很多，责任心、事业心强是好事，总揽全局、行使权力也是应尽之责，但如果不把握好“度”，不善于调动大家的积极性，什么事情都不相信别人，大权独揽，唯我正确，事必躬亲，就会让自己活得很苦很累，而且还会压抑班子成员的积极性，产生矛盾隔阂，影响班子团结，最终还影响工作。因为一个人的精力和能力毕竟是有限的，如果不形成“万斤重担众人挑”、“众人拾柴火焰高”的局面，那就什么工作都难以做好。揽权还容易造成决策失误，特别是对那些涉及人民群众切身利益、涉及地方长远发展的大事要事，如果“一把手”搞个人说了算，就容易出大问题。因此，“一把手”不要把权力看得太重，管大事、管方向、管原则，具体的事要充分信任班子成员，给他们施展才华的空间，同时通过积极协调各方关系，营造良好的政治生态，让所有班子成员有责有权，不仅能够干好事、干成事，而且不需要互相提防，没有后顾之忧，始终保持心情舒畅。这不仅是“一把手”相对超脱、轻松的“艺术”，也是正确用权、科学用权的必然要求。

第五大“障碍”：心术不正。心术不正，不仅是为人处世的大忌，也是为官从政的大忌。跟一个心术不正的人共事，大家心里都没有安全感，总是担心被算计、被“套牢”，当然不会感到幸福；而心术不正的人天天琢磨那些见不得人的事，生活在阴影之中，自己也不自在、不快乐，严重影响身心健康。据世界卫生组织调查，心术不正的人往往是心脑血管疾病的高发人群。一个心术不正的人，玩点小花招、要点小伎俩，充其量就是一点小聪明，而且让别人看出他在玩“小聪明”的人其实并不聪明。作为领导干部，还是要有真正共产党人那种大智慧、大聪明，这样才能志向远大，立党为公，执政为民，而不是鼠目寸光，唯利是图，为了一点蝇头小利就干出一些违背党性原则的事情来；这样才能光明磊落，坦坦荡荡，而不是投机取巧，弄奸使猾，做出一些聪明反被聪明误的事情来。有大智慧的人，尽管有时也吃点小亏，但收获的是信任与敬重；而心术不正玩“小聪明”的人，尽管可能蒙蔽别人于一时，但终究会被人识破，遭人鄙视。领导干部一定要学会取舍，学会明辨，学会坚守，坚持阳光做人、踏实做事、清正做官，真正做到以德修身、以德服众、以德载福。

总之，作为领导干部，作为人民公仆，我们要坚决摈弃那种自私狭隘的幸福观，把自己的幸福定位在为人民谋幸福上，这样才能得到真正的幸福。

D. 秘书心得

“官样文章”之所以饱受诟病，一个重要原因就在于许多人认为此类文章讲的都是大道理，而且通常老调重谈，语句僵硬，着实无法让人产生美感。但话说回来，领导讲话，尤其是“一把手”的讲话，光讲事也不行，也要讲“理”，关键在于讲什么“理”，怎么讲“理”。“理”讲通了，事情也就更好办了。对于如何讲“理”？参与写作《领导干部的幸福观》一文使我有了切身的感受。

其实，会前半个月我们就接到了写作任务——领导要在市委党校秋季开学典礼上与参会领导干部谈幸福观。讲话提纲领导已经搭好了，总共三个部分：领导干部的幸福是什么？来自于什么？障碍是什么？我们的工作就是按照框架填充内容就行。我们一开始以为比较简单了，工作量应该不大，但事实上并非如此。讲话稿写得非常艰难，每一段话甚至每一句话都要挖空心思绞尽脑汁去想，就像挤“牙膏皮”一样。当时我们百思不得其解，但事后在交流写作心得的时候我们才认识到，这篇文章难写，关键在“理”难讲。一方面，对领导干部谈幸福观，不能不讲“大道理”；另一方面，讲“大道理”必须有个人的真实感受，有能够打动人心、发人深思的东西，否则就成空洞说教了。加上“领导干部的幸福观”这个论题比较抽象，很难具体化，所以，绞尽脑汁写的东西连自己都觉得十分乏味。后来领导拿到我们起草的稿子后，估计是尽量照顾我们的感受吧，对稿子进行了多次精心修改，拿到修改稿，我们本以为顺利过关了。到了开学典礼上，令我们感到突然和惊喜的是，领导把原先准备好的讲稿完全抛开，结合自身感受与各级领导干部娓娓道来谈幸福，正反结合，情理交融，整个报告厅掌声雷动，《领导艺术》、《光华时报》等报纸杂志全文登载了讲话整理稿。

这篇即兴讲话之所以有如此“魅力”，我认为主要原因在于：一是讲了心里的实话。通篇讲话，领导没有讲一句官话、套话、假话，句句都在说实话、真心话，用自己的切身体会诠释了领导干部应有的幸福观，五个“好”，把看似捉摸不透的“幸福”具体化、简单化了，让每一个人都产生“幸福其实就在身边”之感。二是抓住了问题的要害。如果做到五个“好”，得到幸福应不难，可为什么不少领导的幸福指数依旧不高呢？从本质上讲就是“心苦”、“心累”，自己成为了幸福的阻碍。三是融入了自己的真情。如何寻找领导干部的幸福？领导指出了六个幸福之源，这既是他发自内心的实感，也是他对各级干部的强烈要求，包括增强“三气”、保存“三心”、“清廉是福”、追求简单。他既是这么说，更是带头这么做，如此说来，怎能不使人深受教育启迪呢？

第八篇 观点的“魅力”

——如果说主题是“最美的眼睛”，那么观点则是那眼睛里射出的撩人的波光。她并不神秘、并不遥远，关键在于，当她投以青睐时你能否敏捷地捕捉住。

A. 要点提示

所谓“观点”，即人们对某事某物的看法。领导文稿的性质，决定了它必须有鲜明的观点，以此表达领导同志的见解和主张，爱什么，恨什么，坚持什么，反对什么，提倡什么，制止什么，要说得清清楚楚、明明白白，这样才能让下级准确领会领导意图，才能统一人们的思想和行动。观点不仅要鲜明，还要独到，即依据各人阅历、素养和实际情况的不同，见人之所未见，言人之所未言，使观点新颖独到、发人深省，甚至振聋发聩、寓意深远。观点出现在文章中可能有三种情况：（一）主题统帅观点，观点来自主题；（二）观点本身就是主题；（三）观点寓于标题上，或者在文字叙述中。

B. 基本训练

1. 动笔之前，你准备表达什么样的观点？观点在哪儿？领导同志经常挂在嘴上的“我的观点是……”、“我的意见是……”，这里就包含了观点。

2. 观点需要提炼。它带有倾向性、判断性、结论性，所以它不可能含混不清、模棱两可，而应鲜明、确定，让人一听就明白；它不可能是一般性的文字叙述，而应突出、简练，往往只是一两句简短、精辟的话，让人一听就记住。

3. 观点切忌雷同，需不断推陈出新。

4. 如果你找到了精彩的观点，千万不要把它淹没在冗长而无关紧要的文字叙述中，最好通过标题或黑体字把它凸现出来。

C. 实例印证

[实例一] 用不一样的观点表述同样的要求

反腐倡廉要从治理“亚健康”开始

——在市第二届纪律检查委员会第六次全体会议上的讲话（摘要）

人的肌体要警惕“亚健康”，人的思想作风也要警惕“亚健康”。当前，我们的干部队伍的主流是好的，多数同志是勤政廉政的，也就是说多数同志是健康的。但也有一些同志，存在“亚健康”问题。有的纪律意识淡薄，大错不犯，小错不断，自以为组织拿他没办法；有的作风漂浮，不办实事，乱作为，对群众需求漠不关心，对个人利益寸土必争，甚至利用职权收受礼金、红包；有的插手工程招投标和土地出让，喜欢打招呼，批条子，从中捞油水、干扰正常的招投标活动；有的生活情趣低下，贪图享受，挥霍浪费；有的嫉贤妒能，跑官要官，投机钻营，等等。他们的行为虽然够不上立案，够不上党纪国法处理，但已经在腐败的边缘，再发展下去，就和腐败“接轨”了，就会重病缠身。可以说，干部“亚健康”问题，是干部腐败的前兆、干部腐败的源头。因此，我们必须坚持“标本兼治、综合治理、惩防并举、注重预防”的方针，在严肃查处违纪违法案件、严惩腐败分子的同时，更加注重抓源头、抓预防，从防治干部“亚健康”开始，把腐败产生的几率控制在最小的范围，让干部队伍永葆健康。

治理“亚健康”，教育是基础。要加强理想信念和政治纪律教育，引导干部树立正确的世界观、人生观、价值观，坚定中国特色社会主义信念，不断提高政治敏锐性和政治鉴别力，在重大问题上立场坚定、旗帜鲜明，在大是大非面前，头脑清醒。要加强领导干部廉洁从政教育和反腐倡廉法规制度教育，践行胡锦涛总书记提出的“四个牢记”，自觉遵守党纪条规，自觉遵守廉政准则，做到站得直、行得正、把得住。要大力开展示范教育、警示教育、重大敏感节日廉洁自律提醒教育等廉政文化教育活动，促进领导干部廉洁自律。要不断加强党性修养，培养干部健康向上的生活情趣，让廉洁成为一种人生追求、一种价值取向、一种生活方式。

治理“亚健康”，制度是根本。如果不注重从制度上解决问题，铲除滋生“亚健康”的土壤，“亚健康”就会像割韭菜那样，割一茬，长一茬，防不胜防。要围绕领导干部廉洁自律加强制度建设，围绕规范权力运行加强制度建设，围绕重点领域和关键环节加强制度建设，围绕维护群众权利和利益加强制度建设，通过制度的约束来减少腐败。制度的生命力在于执行。再好的制度，如果不认真执行落实，也是形同虚设，难以发挥应有的效力。因此，既要重视制定制度，更要在制度的落实上下功夫，着力提高制度的执行力。要建立健全保障制度执行的工作机制，完善保障制度执行的程序性规定和违反制度的惩戒性规定，保证反腐倡廉各项制度得到切实执行。

治理“亚健康”，监督是保障。这种监督就是他律，就是要对干部进行经常性的“体检”。通过“体检”，对“健康状况”良好的干部，经常打预防针，增强其“免疫能力”；对有“小毛病”、“常见病”的干部，有的放矢地对症下药，防止其“病情”恶化，促使其早日“康复”；对“身患重病”的干部，及时进行“大手术”，能挽救则挽救；对病入膏肓，无可救药的干部，该撤职的撤职，该查处的查处，决不心慈手软，既挽救他本人，也避免其危害整个干部队伍。既要加强对干部八小时之内的监督，也要加强八小时之外的监督，让党员干部时时处在群众监督之下。要采取民主评议、曝光等方式，促使这些“典型”知耻而改，收敛自己的行为。总之，各级党组织要通过强化监督，治病于“未病”之时，让“红灯”亮在“出轨”之前，使干部不出事或少出事。

治理“亚健康”，落实是关键。干部“亚健康”问题，说到底是党风和政风问题。治理“亚健康”是个系统工程，要把它列入党风廉政建设责任制内容，统筹协调，整体推进，加强领导，形成合力。要落实党政主要负责同志“第一责任人”的职责，对班子内部和管辖范围内出现的问题要必抓必管、敢抓敢管，班子成员要明确分工，落实好“一岗双责”。在平时督查中，既要督查工作，又要督查作风，及时纠正干部“亚健康”行为。对党风廉政建设责任制检查考核中发现的问题，要一件一件抓落实，确保整改到位。特别是对那些抓反腐倡廉工作不力甚至不抓不管，惩防体系建设工作不到位、屡屡出现重大腐败问题的地区和单位，要严格按照党风廉政建设责任制规定，该追究什么责任就追究什么责任，决不袒护。对领导干部管辖范围内发生重大问题的，不管是否是当事人，是否直接参与，只要负有“失教”、“失管”、“失察”、“失误”、“失责”中任何一种责任，都要严格追究。

国以人兴，政以才治；事业兴衰，关键在人。各级干部一定要从全局和战略的高度关注“亚健康”、预防“亚健康”、治理“亚健康”，最大限度地防止或减少腐败现象的发生，既让党的事业兴旺发达，又让党的干部“健康”平安。

[实例二] 见人之所未见，言人之所未言

领导干部要崇尚“简单”

——在全市领导干部会议上的讲话（摘要）

遵守纪律、廉洁自律，既是党和人民对领导干部的最基本要求，也是领导干部自己爱护自己的法宝。现实中，一些本来很有作为的领导干部因为不能遵守纪律，不能从严要求自己，在钱、权、色方面迷失了方向，一步步滑入腐败的深渊，有的丢掉了美好前程，有的受到牢狱之灾，有的甚至招来杀身之祸。在这里我再次提醒全市各级干部特别是领导干部，一定要在廉洁自律方面做表率，在拒腐防变当中做表率，要紧绷廉政之弦，常弃非分之想，不仅要管好自己，还要管住身边的人，管好家里的人。各级干部要崇尚简单，简单工作，简单做人，简单生活。

简单工作，就要做到“三不”：一是不搞形式主义。形式主义、表面文章累死人，搞形式主义、做表面文章就简单不了。要按照市委求真务实 18 条，坚持少开会、开短会、开解决问题的会，少讲话、讲短话、讲管用的话，少发文、发短文、发有“干货”的文。二是不能面面俱到。抓工作要抓重点，抓主要矛盾，抓薄弱环节。什么都抓，什么都抓不好。我们领导干部在一个地方、一个单位任职，就要抓住当前经济社会最主要的问题、抓住老百姓最需要解决的问题，抓几件能够为长远发展打基础的事情，集中精力，坚持不懈。三是不要大权独揽。特别是“一把手”，要按照民主决策、分工负责的原则，充分调动和发挥班子成员的积极性，让他们有责有权，各负其责，独挡一面。不能太自信，事必躬亲，越俎代庖，只会适得其反，不仅无益工作，还会把自己搞得很累。这既体现了“一把手”的胸怀，也体现了领导艺术和水平。

简单做人，就要保持“三心”。一是平常心。平平淡淡才是真，才能保持健康快乐的心态。我们一些干部要求进步，这可以理解，但人不可能事事如愿，如果组织上不能如你的愿，也要正确对待，顺其自然，不能埋怨，不能泄气，要一如既往地做好工作，以优异的工作成绩接受组织的考验和挑选。二是感恩心。我们的领导干部能走到今天这个岗位，都是组织培养、人民信任的结果，我们要常怀感恩之心。唯有如此，才会不计个人得失，心安理得去工作、去奉献。有的同志对待个人的问题斤斤计较，稍不如意就埋怨组织和同事，好像谁都欠了他的，这样就会活得好累。三是诚心。做人要诚恳，待人以诚，与人为善，不能有坏心眼，更不能有害人之心、妒忌之心。对组织要诚、对同事要诚、对老百姓要诚。诚，就会坦荡，就会自在，就会快乐。

简单生活，就要做到“三戒”。一是戒低级庸俗。不要滥交朋友、卷入庸俗的人际关系、选择低级的生活方式、沉湎于声色犬马。我主张领导干部在工作之余多读书学习，多锻炼身体，培养健康高雅的生活情趣和业余爱好。二是戒贪欲、贪婪。贪官都是很累的，中饱私囊要挖空心思，防止东窗事发还要处心积虑、担惊受怕。这样不仅很累，影响身心健康，还会招致牢狱之灾。想想饥寒苦，温饱就是福；想想疾病苦，健康就是福；想想离乱苦，平安就是福；想想牢狱苦，守法就是福。作为领导干部，要常思贪欲之害，常怀律己之心。三是戒奢华。领导干部要学会简单地生活，清淡地生活，清苦地生活。不要大手大脚挥霍浪费，不要一天到晚大吃大喝，俗话说：“山珍海味败肚肠，青菜豆腐出健康。”清淡、清苦不仅是我们应有的本色，对我们身体也有好处，大家一定要养成朴素的生活方式。

总之，敬业爱岗是简单，心无旁骛、潜心干事，不为杂念所扰；求真务实是简单，务实落实，说到做到，不为虚名所累；清正廉洁是简单，知足常乐，心清气正，不为贪欲所惑；大度宽容是简单，胸怀坦荡，宽以待人，不为狭隘所困。作为领导干部，真要做到“简单”，其实并不简单。

[实例三] 最深刻的往往也是最朴素、最实在的

群众路线：党的最大政治优势不能丢

——在“万名干部下基层，和谐稳定进乡村”集中行动月活动结束时的讲话（摘要）

时代需要革故鼎新，事业需要与时俱进，但党的群众路线只能传承，不能遗弃；党与群众的血肉联系只能加深，不能割断，否则就要出大问题。具体的体会是四个“不能丢”：

第一，虽然农村生产经营形式变了，农民的自主权扩大了，但全心全意为人民服务的宗旨不能丢。一些同志曾经认为：农村分田分山到户了，农民的自主权扩大了，可以不管或少管了，现在回过头来看，事实并非如此。如果我们的干部脱离了群众，如果一家一户解决不了的生产生活问题得不到及时解决，如果基层干部不公不廉，如果群众有话无处说、有冤无处申、有难无人帮，不出问题才是怪事。所以，各级干部还是要主动上门上户了解情况，体察民情，积极帮助群众排忧解难，群众才会发自内心说共产党好。

第二，虽然农民得实惠多了，民主意识和维权意识增强了，但团结、教育、引导群众的职能不能丢。必须明确，服务群众是群众工作，教育引导群众同样是群众工作。有的同志往往把上访、闹事等归咎于群众“不听话”，其实深究起来，责任还在干部身上，在于放松了农村的思想政治工作和精神文明建设。现实告诉我们，正因为统包统揽的“大集体”时代已经过去，更应加强对农民的爱国主义、集体主义教育，更应加强中华传统美德教育和法制教育，巩固党在农村的思想阵地，为促进农村和谐稳定奠定思想道德基础。

第三，虽然农村基层干部的工作环境和条件变了，但党的优良传统和作风不能丢。必须教育广大基层干部强化公仆意识，履行公仆职责，深入基层、深入群众，和群众交朋友，帮群众办实事，人对人、面对面、手拉手、心连心地拉近距离、融洽感情，而不能因

为有了现代交通工具而拉开了与群众的距离、因为有了现代通讯手段而疏远了与群众的感情。从这次实践效果看，干部住农家屋、吃农家饭等曾被认为“过时”的做法其实并不过时，农村的新发展、农民的新期待，呼唤党的优良传统作风的回归，呼唤融洽的党群干群关系的回归。

第四，虽然我们党的工作重点转移了，各级干部抓项目、抓发展的能力大大提高了，但我们党重视群众工作、善做群众工作的传统不能丢。发展是第一要务，稳定是第一责任，二者不可偏废。加强经济社会发展，要求我们各级干部不仅要具备抓经济工作的能力，还要具备做群众工作、促社会和谐的能力。如果只会抓经济工作而不会做群众工作，就会顾此失彼，就会出事惹事，最终连经济工作也做不好。

[实例四] 标题即观点

在全市信访工作会议上的讲话

（2009年2月26日）

一个地方的稳定，信访工作很重要，这项工作每年都要强调，但关键是要抓好落实，今天的会议，我送给大家四句话：

第一句话：抓不好一方的发展是无能，保不住一方的稳定不仅是无能而且是耻辱

讲这句话的意思，是要解决好领导同志的事业心、责任心的问题。在一个地方当政，既要抓好发展，同时要保住稳定，即发展是第一要务，稳定是第一责任。为此我们要做到三个认清：一是认清信访工作面临的严峻形势。去年，我市的信访工作做得非常扎实，实现了“三个下降，两个未发生”，即：全年赴省上访总量下降，赴省集体上访下降，赴省重复上访下降；未发生赴省非正常上访，未发生奥运期间非正常进京上访，我市还被评为全省信访工作先进集体，非常不容易。但是，信访工作任何时候都不能放松，不能满足于已有的成绩，今年的维稳任务同样也很重，重要敏感时期特别多。从信访、政法委、公安等各条线报上来的情况看，不稳定因素还比较多，如果处理不好，越级进京赴省上访问题随时可能发生，所以，绝不能掉以轻心。二是认清责任。全省信访工作会议对今年的信访工作提出了“四个确保”的目标：确保不发生大规模进京上访，确保不发生上访人员在京极端事件，确保不发生重要敏感时期赴京非正常上访，确保不发生影响江西和谐稳定的群体性上访事件。要做到“四个确保”，任务非常艰巨。但不管怎么样，一定要按照这“四个确保”的要求，把工作抓实、抓到位，不给省委省政府添乱。三是认清“三保”的重大意义。“保增长、保民生、保稳定”，这“三保”是当前我们各级组织、各级党政领导面临的共同的、艰巨的任务。尤其是在当前面临金融危机，经济发展遇到很多困难的情况下，实现“三保”责任重于泰山。从“三保”的逻辑关系来讲，首先要保增长才能有稳定，没有物质基础谈何稳定。保民生，也是为了稳定，民生工程不实施好，老百姓气顺不过来，情绪不理顺好，老百姓的切身利益不维护好，就保不了稳定。保增长，保民生都和稳定有关，甚至是保稳定的前提。稳定问题不处理好，信访问题不处理好，不仅影响形象，还影响发展。对于这一点，我们一定要有高度的警觉，一定要在加快发展的同时，始终把信访稳定问题抓在手上，落实在行动上。

第二句话：我们要经常设身处地想一想：假如我是一名上访者

说这句话的意思，就是要解决好对人民群众的感情和态度问题。首先不能忘本。走上领导岗位，一定不能忘记老百姓，忘记老百姓就是没有良心、就是不讲党性、就是没有人格。如果我们身为一名百姓，遇到了冤屈，遇到了问题没有解决，我们是一种什么心情。要想到，作为平民百姓无权无势的时候，要解决问题是多么的艰难。一定不能忘记我们是从老百姓中来的，手中的权力是老百姓给的，我们要用手中的权力为老百姓办事。忘本就会脱离群众，忘本就会遭到人民群众的唾弃，忘本信访问题就不可能得到真正的解决。第二，不能怠慢上访群众，而要善待上访群众。老百姓平常没有事不会来找政府，有事、有问题才会来找政府。所以假如我们自己是一名上访者，我们希望什么呢？当然希望能够顺利地找到处理问题的部门，希望领导或接访人员能够笑脸相迎、态度和蔼，希望能够耐心地听他们讲完，希望提出的问题能够合理地解决。有的时候群众来上访，就是为了找个地方诉诉苦，如果你态度冷漠生硬，甚至避而不见，反而会让他产生对立情绪。第三，不要做损害群众感情的事。李瑞环同志讲过一句话：“群众最可敬，群众最可爱，群众最可怜，群众最可怕”。这句话有很深的哲理性，群众最可敬，因为历史是群众创造的；群众最可爱，因为群众是非常朴实的、单纯的、简单的；群众最可怜，是指群众有了问题不能解决，有了怨气不能申诉的时候；群众最可怕，一旦老百姓的合理诉求得不到解决，那就是积少成多，积冤日深，最后是积重难返，总有一天会爆发出来，所以我们千万不能做损害群众感情的事。我们确实也有少数领导干部对信访工作口头重视，实际上不重视，不解决实际问题；有的对群众的合理诉求不及时给予解决，拖而不决，或者干脆视而不见；有的平常不接触群众、不了解群众的愿望和情绪；有的衙门作风严重，门难进、脸难看、事难办；甚至还有的把为人民群众办好事、做实事当作一种恩施，所有的这一切都会伤害群众的感情。大家想想，现在我们是在领导岗位上，但终究还是要回到老百姓中去，当官只是一时的，做人才是一辈子的。所以要有一颗平常心，要善待老百姓，对年长的要像自己的父母的一样，对年幼的要像对待自己的儿女一样，对平辈的要像对待自己的兄弟姐妹一样，真正把自己摆到为人民服务、做人民公仆的位置上，才能减少对抗，也才会减少信访问题。在这个问题上，我们一定要时时刻刻不忘公仆意识，时时刻刻践行公仆的职责。

第三句话：要通过广大基层干部的努力，让身边的老百姓发自内心说共产党好

这实际上是信访工作的基层基础问题。基础不牢，地动山摇。做信访工作需要我们各级党政领导，各部门尽职尽责，但是如果基层基础工作不做好，我们再怎么做工作都没有用，防不胜防，甚至出了问题还茫然不知所措。所以不仅上级要重视，基层基础工作也一定要打牢。信访工作也好，发展经济也好，落实科学发展观也好，如果基层基础不打牢，基层组织和基层干部不扎实工作，上级再怎么重视，开再多会，下再多文件都是没有用的。为此要做到“四个着力”：一要着力建立良好党群干群关系。特别是在农村，要老百姓说共产党好，首先要看他们身边的共产党员好不好，身边的共产党员如果贪污腐化，作风漂浮，不为老百姓办事，他就会说共产党不好。一定要让群众从他们身边的党员干部身上看到党和政府是为人民办事的，从这些党员干部的所作所为去看去说共产党好。如果老百姓和基层干部的关系是水火不相容，他们对共产党的说法、看法就不可能好。二要着力发展经济，造富群众。在进入零税赋时代后，基层党支部包括乡镇党委要注重转变职能，从过去的“三要”干部变成服务型干部，让老百姓富起来。三要着力解决好老百姓的切身利益问题。包括信访问题，包括其他矛盾纠纷，这些问题不处理好，群众就会对党和政府有意见。基层干部既要承担起造富群众的责任，也要承担起保一方平安的责任。四要着力加强农村基层思想政治工作。要加强对群众的教育和引导，增强群众爱国主义观念和集体主义观念。现在有些地方群众的爱国主义观念和集体主义观念淡薄了，没事不叫你，有事就找你，问题不解决就闹你，再不行就告你。因此，对群众仍然有个教育引导的问题。

第四句话：各级领导干部都要力争成为“一号信访接待员”

这句话的意思，就是要求领导同志要真正重视信访工作。各级领导从职责来讲，也是信访工作者，要做到“四个坚持”：一是坚持领导干部接访制度，亲自处理重大信访问题。特别是现在矛盾比较集中，不稳定因素比较多的时候，领导接访并亲自处理信访问题应该常态化、制度化、规范化，而且不能是作秀，否则就没有作用和意义。二是坚持民主决策、科学决策，防止因为决策不当损害群众利益，酿成不稳定因素。特别要处理好亲商与亲民、安商与安民、富商与富民的关系。重视工业、重视招商引资、重视项目建设毫无疑问是当今赶超发展的重要内容，但同时必须处理好发展经济与群众利益关系的问题。不能因为现在农村没有税收了，我们就不重视农村，不能因为招商引资项目建设而忽视老百姓的利益，更不能因为招商引资项目建设而损害老百姓的利益，这个度一定要把握好，防止顾此失彼。三是坚持抓源头、抓预防、抓机制，及时处理人民内部矛盾，防止矛盾激化，着力构建大信访格局。要重视群众的切身利益问题，不要等到老百姓积怨深了再来重视，那就迟了。要坚持落实好综合协调机制，矛盾纠纷排查化解机制，领导干部接访制度和干部下访制度，信访工作督查制度，这些行之有效的制度不但要坚持下去，还要不断完善，通过机制和制度的力量，从源头上减少不稳定因素的发生。

D. 秘书心得

日常对话的一个重要目的就是表达自己的观点，让听者接受自己的观点，实现思想的交流，进而达成共识。而各级领导干部向下级传达自己的执政理念，必须通过会议讲话或者下发文件的形式，这也离不开观点。善于提炼观点，善于表达观点，这是领导常用文稿写作的一个关键环节。缺少观点的领导讲话就好比开车没有方向，航海没有灯塔，让听者浑浑噩噩，不得要领。

对领导提炼观点的高超“技术”，我们一直是充满好奇，总觉得他有一双慧眼，有用不完的观点，而且很多他的随意之作，在我们看来都是神来之笔。一是可以化普通为神奇。抓源头、抓预防是反腐倡廉工作的一贯要求，已经说了多少年了，如果还是正经八百，局限于常规去说，说来说去还是那些陈词滥调，但有时又不得不讲。

在实例一中，领导把抓源头、抓预防形象地形容为“治理‘亚健康’”，并以此为主线将领导干部廉洁自律、防微杜渐的有关要求掺杂其中，使人耳目一新、入心入脑。二是可以化深奥为浅显。各级领导干部如何做到求真务实看似是一个很宽泛很哲学化的命题，但实例二中并没有高谈阔论，而是简练干脆地概括成为“三个简单”，即：简单工作，做到“三不”；简单做人，保持“三心”；简单生活，做到“三戒”，以自己独特的视角对求真务实作了简单明了的注释。三是可以化复杂为直白。信访工作是我们党和政府联系群众的桥梁，是社会和谐稳定的“晴雨表”。从中央到地方一再要求坚持以人为本做好信访工作，如何真正做到这一点，其实没有那么多大道理，实例四中，“我们要经常设身处地想一想：假如我是一名上访者”、“要通过广大基层干部的努力，让身边老百姓发自内心说共产党好”、“各级领导干部要力争成为‘一号信访接待员’”等等，既实在，又新鲜。通过这些实例，我们可以发现：

观点决定了文稿的影响力。一篇讲话的影响力很大程度上取决于听众接收了多少你所提供的信息。显而易见，漫无目的的漫谈不仅无法提高听众的接受效率，相反可能引起听众对说话者的反感。只有观点鲜明的讲话才能引起人们的兴趣并让人记住，提升领导讲话的影响力。

观点就是旗帜，就是方向。观点不鲜明、要求不明确的领导讲话会让部属无所适从，不仅统一不了思想，形成不了共识，甚至可能搅乱干部群众的思想。只有观点鲜明的讲话才能凝聚各方力量，让劲往一处使，增强决策部署的执行力。

观点展现了领导“魅力”。我们通过看一个人的谈吐可以看穿一个人的品位，同理，干部群众往往通过一个领导的言论评价领导的能力，感受领导的“魅力”。如果该领导讲话观点鲜明、条理清晰，想必为人处世也是有条不紊；如果说起话来使人不知所云，其在干部群众中的地位和分量也必然大打折扣。

这就是观点的“魅力”所在！

第九篇
真话、实话最动听

——也许你可以从报刊上、网络上“拼”出一篇漂亮的文章，但真正讲真话、讲实话的漂亮文章是无论如何“拼”不出来的，因为那是从心里流出来的。

A. 要点提示

人们往往以为领导文稿都是充满空话、套话、俗话的“官样文章”，其实并不尽然。不过这也从反面警示我们：领导同志必须敢于讲真话、讲实话，否则就会失去“市场”。我自己观察过很多次、也亲身体验过很多次，凡是讲了实话真话，会场秩序一定很好，因为它能打动人心、引起共鸣；凡是讲假话套话，会场秩序一定不好，因为它只能使人厌烦、厌恶，尽管会议主持人照例还会加上几句“高屋建瓴，语重心长，具有很强的针对性、可行性和可操作性”之类的评价，但让人听来更觉得那是一种嘲讽。因此，讲真话实话是起草领导文稿的一条根本原则，也是领导同志行使职能、推动工作的必然要求，因而又是体现求真务实作风、维护领导应有形象的现实需要。

B. 基本训练

1. 一切从实处着眼，从领导的战略考虑中、从活生生的实践中、从存在的矛盾和问题中找到真话实话的来源。

2. 把自己摆进去，用事业心、责任心和真实的感情去写作。

3. 让你的思维避开空话、假话的诱惑，不管它们有多么漂亮、多么有气势。

4. 实际上，任何领导文稿都不可能做到一句“套话”都没有，但要尽可能简略，让真话实话唱“主角”。

C. 实例印证

[实例一] 当选市长，不忘平民意识

在抚州市第一届人民代表大会第五次会议闭幕时的讲话

（2003 年 9 月 29 日）

各位代表：

今天是一个不平常的日子，市一届人大五次会议选举我担任抚州市人民政府市长，我感到非常高兴、非常荣幸，我衷心感谢各位代表对我的信任与支持。我不仅感谢投我赞成票的同志，也感谢投我反对票的弃权票的同志，因为，投赞成票固然是支持，投反对票和弃权票实际上也是支持——这可以提醒我：当了市长，千万不要忘乎所以，千万要记着人民的关注和监督。

我深知，代表们的信任与支持，也意味着责任和压力。当市长，决不是享受，而是要吃苦，要受累，要奋斗，要奉献；当市长，决不能停留在发号施令，而是要身先士卒，模范带头，要求别人做到的自己首先要做到，要求别人不做的自己首先不做；当市长，决不是当官做老爷，而是要老老实实、勤勤恳恳地干事业，老老实实、勤勤恳恳地为人民谋利益；当市长，决不是一道荣耀的光环，而只是一个干事业的台阶。一句话，当市长责任很重，压力很大，但既然大家信任我，不管有多大的压力，我也要勇敢地面对和承担。我不敢说我一定能成为一个很出色、很优秀的市长，但至少要成为一名不偷懒、不腐败、不让人民失望的市长。在今后工作中，我将认真践行“三个代表”重要思想，立党为公，执政为民，忠实履行好自己的职责，不辜负全市人民的重托与厚望！

抚州，是一块历史悠久、人文荟萃的丰沃的土地，是一块有着光荣革命传统的红色的土地，是一块洒满历届领导班子和人民群众的心血与汗水、有着良好发展基础的希望的土地。抚州撤地建市后，尤其是去年以来，全市上下解放思想，更新观念，大力实施“一招三化”发展战略，经济建设和社会各项事业都取得了长足的进步。当前，我们正处在结构调整、体制创新、加快发展的关键时期，各方面的有利条件很多，困难和矛盾也不少，这就对政府工作提出了更高、更严的要求。市政府将在中共抚州市委的领导下，和全市干部群众一道，认真贯彻省委十一届四次全会和市委一届八次全会精神，牢牢把握发展这个第一要务和解放思想、实事求是、与时俱进这个精髓，在解放思想中把握新机遇，在扩大开放中谋求新突破，完善发展思路，创新发展举措，促进抚州经济的持续、快速、健康发展。为此：

我一定加强学习，为胜任本职提供坚实的理论和知识支撑。一个不重视和不善于学习的领导者，必定是一个不清醒、不成熟的领导者。我将继续努力学习邓小平理论和“三个代表”重要思想，增强理论素养，始终保持政治上的清醒和坚定；努力学习政治、经济、文化、科技和法律等各方面的知识，不断提高做好实际工作尤其是破解难题、化解矛盾的能力；同时我还要虚心向各套班子成员和老同志学习，向广大基层干部和人民群众学习，向实践学习，集思广益，博采众长，使自己在加强学习、加强实践中不断得到充实和提高。

我一定把握大局，勤奋工作，全身心致力于加快发展、富民强市的伟大事业。发展是硬道理，发展是永恒的主题，加快发展是时代的主旋律和最强音，是抚州人民的迫切愿望。为此，我们不仅要有急起直追的激情，还要有克难制胜的智慧；不仅要解放思想，敢闯敢干，还要坚持实事求是，一切从实际出发，按客观规律办事；不仅要把握好宏观决策，还要把握好经济工作的每一个细节和环节；不仅要做好眼前的事，还要多做打基础、管长远的事；不仅要充分发挥政府班子成员和组成人员的作用，还要凝聚和调动各方面的积极性，举全市之力，聚精会神搞建设，一心一意谋发展。

我一定依法履行职责，自觉接受人大的依法监督和政协的民主监督，认真做好本职工作。个人的力量和智慧永远是微不足道的，只有集中全市干部群众和社会各界的聪明才智，我们的事业才能无往而不胜。为此，我们将虚心听取和认真采纳人大代表、政协委员的意见和建议，全面推进依法治市进程，提高决策的民主化、科学化水平；进一步转变政府职能，提高工作效率，努力建设一个开明开放、勇于创新的政府，勤政务实、廉洁为民的政府，使政府工作更好地适应和推进社会主义市场经济的发展，使政府成为广大人民群众所信赖的政府。

我一定牢记根本宗旨，弘扬务实精神，以实干树形象，以实干求发展，以实干取信于民。我是农民的儿子，我的祖祖辈辈都是农民，我自己也是放牛、砍柴、种田出身，能够走上今天的岗位，是党和人民培养的结果，因此我不能忘本，不应该忘本，也没有理由忘本，忘本就是对人民的背叛。在今后工作中，我一定做到心为民所想，情为民所系，权为民所用，利为民所谋；政府定决策、办事情，一切要以群众拥护不拥护、高兴不高兴、满意不满意为出发点和落脚点；树立正确的政绩观，大力实施“民心工程”，努力解决与人民群众生产生活密切相关的各种实际问题；少说多做，埋头苦干，力戒坐而论道、飘浮不实、弄虚作假的不良作风；堂堂正正做人，清清白白为官，勤勤恳恳做事，实实在在为民，把自己的全部精力奉献给抚州的现代化建设事业，向抚州人民交上一份合格的答卷。

各位代表，我来抚州工作虽然只有短短的五个来月，但我深深地感受到，抚州的领导班子是有战斗力和凝聚力的，抚州的各级干部是有事业心和干事创业能力的，抚州人民是勤劳、善良和富有进取精神的。才子之乡，群贤毕集，文化之邦，充满希望。只要我们同心同德、和衷共济，就没有化解不了的恩怨；只要我们以抚州发展的大局为重，就以抚州人民的利益为重，就没有抛弃不了的私利；只要我们群策群力，善谋实干，就没有闯不过的难关！我虽然不是抚州人，但组织上安排我来抚州工作，就是与抚州人民有缘，抚州就是我的第二故乡。我对这块红土地充满热情，充满信心，一定竭尽全力，做好工作，和全市干部群众一道，迎难而上，排难而进，开创抚州更加美好的明天！

[实例二] **摈弃“官腔”，直抒胸臆**

一篇迟到的民情日记

——兼《民情日记》序

读完这本《民情日记》，真的有点激动，很想说点什么。其实，这种感觉早在开展“三同四民”活动期间相关媒体连续刊登干部《民情日记》的时候就有了，每看一篇都有点爱不释手，生怕遗漏了它们、亏待了它们。真的，看过很多同志写给我的工作和思想汇报，但很少像看《民情日记》这么认真过、感动过，其中虽然没有豪言壮语、华章丽句，但很朴实、很真纯、很有人情味，恰恰因为这一点，使我更加看清了简单的深刻其实比复杂的肤浅要可贵得多。

在此，我谨向这些日记的作者以及由于容量所限未能把全部《民情日记》纳入本集的全部作者表示深深的谢意和敬意。说来惭愧，有些时候我可能低估了我们的干部。曾经为少数单位的人浮于事、效率低下而严厉呵斥，曾经为少数干部的华而不实、脱离群众而痛心疾首，但是，当我细读《民情日记》的时候，却从字里行间看到了一层耀眼的亮色——不管名利的欲望多么深刻地影响着人们的言行，不管所谓的“潜规则”多么肆虐地冲击着我们的政治生态，不管社会各界对干部作风和党群干群关系有多少负面的评价，其实我们的绝大多数党员干部对党对人民是有感情的，对事业是负责任的，那种受共产党培养教育多年所沉积的觉悟和良知是不会被世俗的尘雾掩盖和泯灭的。请看：“老百姓的生活再难，也保有一颗善良的心，感恩的心，一点点的帮助就让他们感激万分。我们要多深入基层，为他们解决实际困难，让老百姓说共产党好”，朴实的语言，展示的是多么真诚的内心情感；请看：“孩子，阿姨能为你做些什么？”深情的问候，表达的是对留守儿童的关切之情；再请看：“我们要经常性地交‘穷朋友’、看‘远亲戚’，让横隔在我们与群众之间的距离，缩得越来越短，甚至是零距离为好”，深刻的感悟，印证的是干部下基层学做群众工作有多么的重要。总之，这些日记记录的是百姓事，体现的是公仆情，是做好新形势下群众工作的生动教材。

尤为可贵的是，我们可以从这些日记中看到一种伟大的“回归”——党群干群鱼水关系的回归。不是吗？我们曾经为一些地方党群干群关系的疏远乃至恶化而忧心忡忡，曾经为部分农民群众享受了农村改革成果却又对党员干部抱着“有吃有穿不求你，没病没灾不靠你，出了问题就找你，不解决问题就告你”的态度而寝食难安，但是在这次活动中，下乡干部通过住农家屋、吃农家饭、干农家活、解农家忧，这种隔阂一下子消除了，那种久违的“亲情”又回来了。当年迈体弱的夫妇因住房困难得到解决而高呼“共产党万岁”并向工作队员下跪致谢的时候，当孤苦无助的留守儿童眼泪汪汪地接受工作组救助的时候，当村民们竞相邀请工作队员到家里做客吃饭的时候，当工作组撤离时村民们自发馈送食物燃放鞭炮依依相送的时候，那是一种什么样的场景和感受？的确“久违”了啊！多么难得、多么珍贵啊！这不正是推动发展、维护稳定所需要的吗？不正是增强党的凝聚力和感召力、巩固党的执政地位所需要的吗？不正是值得任何一个对党忠诚的党员干部高兴、欣慰和珍惜的吗？我们所做的一切的一切，不就是为了让身边的老百姓说“共产党好”吗？由此我们也可以看出，平常老百姓虽然对干部有这样那样的意见，乃至上访、告状、辱骂、冲突等现象时有发生，但骨子里还是对共产党有感情的，对党的干部还是理解和支持的；只要你对老百姓好，他会对你更好，只要你帮助他解决哪怕一个小小的问题，他一辈子都记得。

这就是党心所向，民心所向。

这就是党的执政根基所在，事业兴旺的依靠所在，社会和谐的支撑所在。

但问题就在于：我们如何让这种觉得“久违”了的融洽的干群关系不再疏远而长久保持下去？如何让那些站在村口含泪相送的父老乡亲兄弟姐妹不是一时而是永远、不是表面而是发自内心说“共产党好”？如何让我们的各级干部永远保持着日记中所记载的那种深刻感悟和爱民情怀？

真的，工作组不能“撤”啊！你看，还有那么多年久失修的水利设施需要修复，还有那么多矛盾纠纷需要调处，还有那么多垃圾需要清扫、污染需要治理，还有那么多孤苦老人需要温暖、那么多留守儿童需要关爱，还有那么多农民兄弟需要文化和技能、渴望过上富裕的生活，我们怎么就撤了呢？怎么吃了几顿农家饭、做了一点小事就匆匆回来了呢？而且，为什么有些实际问题本来日常工作就应该解决也可以解决而非要等到干部集中下基层才得以解决呢？

也许可以这样安慰乡亲们：放心吧，市委制定了每年两次、每次十天的万名干部下基层制度，我们还会回来的！市委市政府组织开展了机关单位帮扶贫困村和“百企联百村”活动，我们还会回来的！但是，仅仅“回来”就够了吗？我们会成为群众门前的“过路客”吗？为群众办实事会成为“一阵风”吗？我们这些饱蘸深情的民情日记会随着时间的推移而褪色吗？

的确，干部下基层不过是一种形式，关键是我们心里是不是时刻装着群众，是不是把群众摆在心中最高位置，是不是真正掌握了做好新形势下群众工作的本领。不少同志曾经认为：农村分田分山到户了，群众日子好过了，可以不用管那么多了。实际看来并非如此，如果不及时解决群众生产生活中遇到的实际困难，如果忽视和放松农村思想政治工作和精神文明建设，如果不充分发挥基层党组织和广大基层党员干部团结群众、服务群众、带领群众共同致富的应有作用，一句话，如果群众有话无处说、有冤无处伸、有难无人帮，那么老百姓不仅不会说“共产党好”，而且迟早要出大问题。还有的同志认为，如今交通条件大大改善了，通讯工具也发达了，我们把主要心思和精力放在工业化、城镇化方面就行了，没必要经常到农村去瞎转悠。现在看来这种观点也是片面的。群众最重感情，干部住农家屋、吃农家饭、理农家事这种“传统”的办法永远不会“过时”也不应该“过时”，这就像走亲戚，再亲的亲戚也要常常走动才会有“亲”，否则就会疏远。

难就难在如何防止这种“疏远”，永远维系与群众的这份“亲情”。也许我们应该为这次活动的“成绩单”而骄傲：收集群众意见建议15346条，调处矛盾纠纷2757起，结对帮扶留守老人3709人、留守儿童2989人，为群众办好事实事8757件，落实帮扶资金3384万元，落实发展项目1084个，但这还远远不够；也许我们可以为推行干部下基层常态化、为群众排忧解难常态化而宽慰，但如果不从思想上、观念上、感情上解决问题，也还是远远不够。很多时候我们都感到新形势下群众工作难做，有时甚至抱怨群众不听话、不“感恩”，但反思起来，其实问题的根子还在我们自己身上。毕竟时代不同了，群众的民主意识、维权意识增强了，过上更美好生活的期待更强烈了，如果我们还是用老观念、老眼光来看待群众、看待新形势下的群众工作，那肯定行不通。必须实现从“官本位”向“民本位”的转变，从发号施令向沟通引导、优质服务转变，从习惯于被群众拥戴向习惯于接受群众监督转变，从满足于一时为群众办好事向长期为群众谋福祉转变，从拍脑袋决策向问政于民、问需于民、问计于民转变，这才是解决问题的根本所在。

在这本《民情日记》结集出版之际，市委组织部的同志要我为之作序。但读完这些日记之后，突然觉得有几分惭愧，因为在这次活动中，我虽然也到挂点村去了一回，但因忙于其他事务，竟忘了按规定要求写民情日记，这才匆匆“补课”，算是一篇迟到的民情日记吧。当然，权当是“序”也行。

［实例三］用“心”说话，以“情”言志

“让身边的老百姓说共产党好”

——追思贾克玖同志先进事迹手记

贾克玖同志逝世虽已半年，但回想起来，仍感深深的悲痛和惋惜。他是我的农民朋友，是一位不可多得的好党员、好干部、好支书。他去世前20天我去他家里看他，双方都有意回避他的病情，却都把沉痛和惜别的泪水硬往肚里吞。他去了，但他的精神不死。他以自己的模范行动，生动地诠释了他的一句格言：“我们基层党员干部的责任就在于让身边的老百姓说共产党好！”

“让身边的老百姓说共产党好”，这句话不是慷慨激昂的豪言壮语，却朴素而深刻地揭示了党员干部应负的责任，展示了共产党人应有的本色。是啊，在革命战争年代，苏区干部“日着草鞋干革命，夜走山路访贫农”，群众的柴米油盐、生老病死都管到，所以群众说“共产党真正好，什么事情都替我们想到了”，正是这种鱼水般的党群关系、军民关系，为我们党夺取政权赢得了坚实的群众基础。如今，我们党作为一个执政大党，要巩固执政地位，要把中国特色社会主义伟大事业胜利推向前进，同样必须保持同人民群众的血肉联系，必须获得广泛而坚实的群众基础，让人民群众发自内心说“共产党好”；而要让人民群众说共产党好，就要求每一个党员干部自觉维护党的形象，践行党的全心全意为人民服务的宗旨，像贾克玖同志那样，吃苦在前，享受在后，一心为民，廉洁奉公，为了经济发展、为了人民幸福鞠躬尽瘁、死而后已！这样，人民群众才会信任和拥戴共产党，我们党才会有凝聚力、向心力和亲和力，党的事业才能兴旺发达，党的执政地位才能坚如磐石！纵观中国的发展、江西的发展、我市的发展，不正是因为有一大批像贾克玖同志那样能够“让身边的老百姓说共产党好”的优秀党员干部，才有今天这样兴旺发达的大好局面吗？

“让身边的老百姓说共产党好”，不是抽象的，而是具体的；不是喊喊口号就行的，而是要身体力行去做的；不是一部分党员干部能做到就可以的，而是每一个党员干部都做到才能奏效的。我们必须明白，每一个党员都是党的一分子，都代表着党的形象，所以老百姓看共产党好不好，首先是从身边的党员干部身上看起的，看你是不是爱岗敬业奋发有为，看你是不是全心全意为群众谋利益，看你是不是大公无私公道正派，看你有没有背叛写入党申请和面对党旗宣誓时喊出的诤诤誓言，以此来决定对你的信任程度，进而决定对党的信任和拥戴程度。如果像有的党员干部那样，以权谋私，贪污受贿，吃喝玩乐，挥霍浪费，老百姓会说共产党好吗？如果像有的党员干部那样，信仰动摇，理想迷失，消极颓废，牢骚满腹，老百姓会说共产党好吗？如果像有的党员干部那样，华而不实，怕苦畏难，只想当官不想做事，工作长期打不开局面，经济长期落后，百姓生活水平长期得不到提高，老百姓会说共产党好吗？如果像有的党员干部那样，高高在上，官气十足，对百姓疾苦不闻不问，对百姓合理诉求不予解决，甚至侵犯群众利益、剥夺群众民主权利，老百姓会说共产党好吗？如果像有的党员干部那样，门难进，脸难看，话难听，事难办，不给好处不办事，给了好处乱办事，老百姓会说共产党好吗？……凡此种种，尽管是极少数，但足以警示我们：千里之堤，溃于蚁穴，莽莽秀林，毁于虫蛀！而事实也无可辩驳地证明：凡是党员先锋模范作用发挥好的地方，经济就发展，人民就受益，党群关系就融洽；凡是党员先锋模范作用发挥不好的地方，尤其是极少数基层组织软弱涣散、党员干部不公不廉、不为群众办实事的地方，不仅经济难以发展、群众得不到实惠，而且矛盾百出、怨声四起、问题成堆，党群干群关系就会日渐恶化，党的威信和形象就会受到极大的损害。这一切，难道不值得我们高度警醒吗？

“让身边的老百姓说共产党好”，要求每一个支部都是一座坚强的堡垒，每一个党员都是一面鲜艳的旗帜，每一个干部都是一名合格的“公仆”。贾克玖、李天平、汤怡姝、雷君锋，还有黄启才、王茂华、谭良才、曾凯等一批优秀共产党员和英模人物，都是我们学习的榜样。如果全市20万共产党员都能像他们那样做，一个村的党员能让全村人民说共产党好，一个县的党员能让全县人民说共产党好，一个机关单位的党员能让全体干部职工和服务对象说共产党好，一个企业的党员能让全体员工说共产党好，一句话，所有共产党员都能让身边的老百姓说共产党好，那么，何愁事业不兴、经济不旺、党群不和、局面不稳？关键是，各级党组织要加强对党员干部的教育引导，始终牢记群众观点，站稳群众立场，真正做到情为民所系，权为民所用，利为民所谋；广大党员干部要学习《党章》、贯彻《党章》，常怀忧党之心、恪尽兴党之责；要通过加强基层组织建设，通过深入持久地开展创先争优活动和“学英模、树正气、促和谐、谋发展”活动，让先进人物的精神在每一个支部和每一个党员干部心中生根、开花、结果。

“让身边的老百姓说共产党好”，一句响当当的诺言，一份沉甸甸的责任！愿这句话成为全市共产党员、各级干部的座右铭，成为550万父老乡亲的依靠和慰藉，成为推进科学发展、赶超进位、绿色崛起的强大动力，成为点亮美好明天的精神火炬！

D. 秘书心得

武侠小说中，武功练到了一定境界就可以返璞归真。真要到了那时候，便是能无招胜有招。文稿写作，其实也有相似之处，如果说文稿讲空话、套话、好听的话是门“技术”，那么讲真话、实话、心里的话则是一种思想境界。

当前，夸夸其谈、避重就轻、空话套话漫天飞的文稿并不少见：明明工作没什么进展，却说成是快速发展、形势大好；明明工作效率不高，却说成是雷厉风行、快速高效；明明可以实话实说，却偏要把自己“包装”起来，显出一副道貌岸然的模样。我们自己也炮制过很多类似的讲稿，都被领导“无情”地给“pass”掉了。领导喜欢讲真话、实话，无论是任职讲话、述职报告，还是《一篇迟到的民情日记》、《让老百姓说共产党好》，没有固定的格式、规则和结构，没有华丽的辞藻，没有工整的排比，没有冠冕堂皇的大道理，而是以平白的叙述娓娓道来，字里行间流露出的真情实感，轻易地击中了我们的心坎，震撼着读者的心灵，牵动着人们的思绪。文章发表后，“懂行”的读者都打电话来说：“这一定是领导亲自写的，秘书肯定写不出。”

当然，让真话、实话“动听”也要讲究一定技巧，并不是信手拈来、随意为之。其实，我们也想讲真话、实话、动听的话，但为什么总也讲不好？从领导诸多讲话中，我们还是能看出一些端倪的：一是扎实的实践经验。实践出真知，只有积累了丰富的实践经历，才能厚积薄发，写出有用的“干货”。一串串详实的数据，一个个具体的人物，一桩桩鲜活的事例，一幕幕恍若近在眼前的场景，这些极具说服力的东西，可不是闭门造车可以得来的。二是清晰的思维逻辑。讲真话、实话也需要技巧。什么该说，什么不该说，应该怎样说，都要有全局的思考。无的放矢、乱说一气，只会适得其反。如《让身边的老百姓说共产党好》一文，以一句格言入手，从对一位老共产党员的惜别之情，进而引出对当前党群干群关系的判断和思考，由浅入深、以点带面，确实有振聋发聩之效。三是强烈的事业心和责任感。起草领导文稿是为了解决实际问题，必须带着对事业的热爱和敬畏去写作，带着对党和人民的真挚感情去写作。反观像我们这些初学者，有时候纯粹是为了完成任务、交差了事，自然写不出真情实感的好文章。当空话套话成了“救命稻草”，就不可避免地陷入“凑字数、抠字眼”的泥潭中了，哪还管得了什么真假虚实呢。

第十篇
排比句的得与失

——人们往往为排比句而绞尽脑汁搜索枯肠，但千万不要忘记：只有那些“清水出芙蓉，天然去雕饰”式的排比句才能赢得掌声和喝彩。

A. 要点提示

排比句作为一种基本句式，在领导文稿中大量被用到，因其固有的整齐、易记、有一定文采、富有节奏感和鼓动性这样一些特点，而成为众多秘书孜孜以求的“盘中菜”，甚至不少领导同志在审稿时也煞费苦心去提炼和润色。然而排比句的运用也是有讲究的，一是要根据行文达意的需要，做到得体、顺当；二是要自然流畅，符合语法修辞规范；三是要准确、贴切，读来琅琅上口，易懂易记。排比的方式大致有两种，一种是类似于诗词中的“工对”，我把它叫做“工排”，即字数基本相同，词性基本对仗；另一种是类似于诗词中的“意对”，我把它叫做“意排”，即字数不同，词性不对仗。不过，领导文稿中用得较多的还是“意排”。

B. 基本训练

1. 视文章需要而定，需用排比句就用排比句，不需用就别勉强。其实，很多精彩的领导讲话和文章并不通篇都是排比句，准确表达主题、观点才是最重要的。

2. 用到排比句时，一定不能刻意雕饰，更不能勉强拼凑，而要追求自然流畅，水到渠成，富有“无可奈何花落去，似曾相识燕归来”那种优美的线条感。

3. 最好不用或少用“工排”，那样太累、太拘谨、太做作。

4. 默读你的“作品”，看是否达到了预想的效果，不行就改、就换，或干脆不用排比句。

C. 实例印证

[实例一] 标题中的“工排”

在班子换届部署会上的讲话（提纲）

一、换届之年不应是停滞倒退之年，而应是快马加鞭再争先之年；

二、换届之年不应是人心涣散之年，而应是凝心聚力干事业之年；

三、换届之年不应是歪风邪气盛行之年，而应是风清气正树形象之年；

四、换届之年不应是班子战斗力减退之年，而应是团结实干创佳绩之年。

[实例二] 标题中的“意排”

在全市产业升级年活动动员大会上的讲话（提纲）

（2011 年 2 月 9 日）

一、加快产业升级，必须首先做到思想认识升级，真正把建立现代产业体系作为事关前途和命运的头等大事来抓

二、加快产业升级，必须力促项目建设升级，进一步强化产业升级的项目支撑

三、加快产业升级，必须推动人才和科技工作升级，充分发挥人才科技对产业升级的引领作用

四、加快产业升级，必须注重环境建设升级，着力打造有利于产业升级的优良环境

五、加快产业升级，必须加快干部能力和作风升级，努力为产业升级提供强有力的组织保障

[实例三] 叙述中的“工排”

各级领导干部要树立进取、实干、团结、亲民、清廉的新形象，努力做到“十要十戒”：要好学上进，戒不思进取；要艰苦奋斗，戒贪图享乐；要真抓实干，戒华而不实；要攻坚克难，戒拈轻怕重；要快速高效，戒拖沓散漫；要团结共事，戒拉帮结伙；要公道正派，戒弄奸使猾；要敢抓敢管，戒好人主义；要亲民为民，戒脱离群众；要廉洁自律，戒以权谋私。（摘自《市第三次党代会报告》）

[实例四] 叙述中的“意排”

土地是当前制约项目落地的一个瓶颈，而依法用地、节约集约用地和耕地占补平衡，更是瓶颈的要害问题。在当前监管严格、用地紧张的情况下，各级各有关部门一定要用严格管理财政的理念管理土地，像编制财政预算一样，精细编制科学可行的土地利用计划；像促进财政增收一样，千方百计争取用地指标；像节约财政支出一样，推进节约集约用地；像注重提高财政资金利用效率一样，注重提升土地利用率和产出率；像严格财经纪律一样，严格依法用好管好土地，努力推进全市依法用地、集约用地、节约用地、高效

用地。(摘自2011年全市国土资源工作会上的讲话)

市委抓求真务实作风建设，实际就是通过抓作风、树形象、优环境、促发展，把求真务实作风当作推进赶超发展的基础工程来抓。所以请大家务必认真对待。当务之急要在五个字上下功夫，即敢、实、快、硬、诚。

敢，就是要解放思想，敢作敢为，敢冒风险。要把是否有利于赶超发展作为评判是非得失的根本标准，只要有利于赶超发展，就要大胆闯、大胆试，就要积极鼓励和支持。尤其是面对重大项目、重大机遇要敢于担当、敢于实践。

实，就是要讲实效，谋发展之实，图发展之效，不搞形式主义和表面文章。并不是开了会、发了文、讲了话就是发展，开会、发文、讲话也要“节能减排”，“节能”就是降低行政成本，“减排”就是减少空话、废话、套话。要坚持抓具体、抓细节，让一个项目落地就是发展，让一个产业壮大就是发展，让一处拆迁顺利完成就是发展，让一座桥梁、一条道路如期竣工就是发展。

快，就是要有危机感和紧迫感，立说立行，快捷高效，让“快”成为工作的一个基本要求，让“快”体现在各项工作、各个项目建设中。必须明确，我们的基础比别人差，基数比别人低，要想赶超别人，唯有靠“快”。无功就是过，慢也是过。慢慢来，不着急，按部就班是干不成大事的。

硬，就是要铁心硬手抓环境。对破坏发展环境的人和事，发现一起，查处一起，决不手软。要建立环境问责制，重点整治“小鬼难缠，阎王撒手”问题，“小鬼”出了问题，不仅要追究“小鬼”责任，也要追究“阎王”责任。

诚，就是要诚心诚意、设身处地为外商着想，全心全意为外商服务，尽心尽力对外商负责，把外商的成功当作自己的成功。洽谈项目，不轻易承诺，不轻易表态，一旦承诺，就要言必行，行必果，一诺千金，不能失信于人。(摘自2008年全市领导干部会议讲话)

从政为官责任重大，受人尊重，但一定要时刻保持清醒头脑。从一定意义上讲，为官与从事烟花爆竹和煤矿开采一样，也属于“高危行业”，稍有不慎就会出现“安全事故”。所以，必须要有忧患意识和危机意识，切实做到“四防”：一要防被少数别有用心的人算计利用。领导干部作为公众人物，难免受到人们的关注和琢磨，其中有些人是出于好意，出于工作需要，但有些人是冲着你手中的权力来的，会想尽一切办法和你拉近“距离”，培养“感情”，投你所好，送钱送物甚至送“色”，拉你“下水”。二要防“堡垒”从内部被攻破。有些人知道领导本人不好接近，就想方设法从你身边工作人员、家人、老领导、老同事、老同学身上“迂回进攻”，以他们为跳板接近你，以求达到个人目的。三要防小节不守、大节不保。有些同志认为接受他人送礼一次、两次不要紧，数额小一点不要紧，殊不知对方是搞“火力侦察”，待你思想上放松了警惕，次数就越来越多，数额也越来越大，以致最后出了大问题。四要防埋头拉车不看路。“埋头拉车”的一种意义是指踏实苦干，但从另一个意义上说，领导干部决不能埋头拉车不看路，而是要“埋头拉车看准路”，即明方向，懂规矩，认真学习贯彻《准则》，自觉遵守干部监督各项规定，防止懵懵懂懂犯错误。做到这“四防”，关键要防止在“四子”上出问题：一是“票子”，不贪不占不受贿，保持清正廉洁；二是“条子”，在经营性土地出让、工程招投标等问题上不乱打电话，乱批条子；三是“帽子”，严守党的干部工作纪律，不封官许愿，不优亲厚友，不搞无原则的推荐干部，不搞“带病提拔”，不违反干部监督制度；四是“圈子”，不搞裙带关系，不搞亲亲疏疏，不搞人身依附。总之，各级领导干部要深入学习、坚决执行《准则》52 条，严于律己，防微杜渐，时时做到慎用权、慎小节、慎交友，严防自己把自己打倒。（摘自 2010 年 10 月 21 日在市委常委会专题民主生活会上的讲话）

D. 秘书心得

据我们的了解，尽管领导是排比句的“高手”，这点从书中几个实例就可见一斑，意排气势磅礴，工排准确精当，但他对排比句一直是持审慎态度的，特别是对那些牺牲准确性的排比句还非常反感。然而，对其他有的领导和绝大多数文字工作者来说，还是有比较重的排比句情结，排比句似乎又是“兵家必争之地”，多少次的挑灯夜战，反复推敲，都是为了在排比句上“一较长短”。

尽管如此，我们在使用排比句的时候仍要谨慎小心，无论是“工排”还是“意排”，都是把“双刃剑”。排比句用得好，可使叙述更加清晰深刻，描写更加形象生动，抒情更加情深意浓，说理更加鞭辟入里，比如实例中关于严格管理土地的排比。句式工整，内涵丰富。语气连贯的排比句，可以更好地烘托主题，让文稿更有气势、更有层次，甚至成为通篇的“点睛之笔”，比如实例中在班子换届部署会上的“四个年”，简洁明快，铿锵有力，光是这个标题就可以让人精神为之一振。排比句用得不好，反而会词不达意，忸怩作态，使文章失色。但也正因为排比句有着公认的高难度和技术含量，才值得我们认真对待。

首先，排比不是单纯的语言形式问题，而与作者的思想密切相关。一位哲人说，“美妙的措词，就是思想特有的光辉”。就是说，如果一个人思想活跃、开阔，那么语言自然活泼、大气。其次，要有深厚的文字理论功底作基础。就排比句来说，一个词甚至是一个字的不同表达，都会赋予文稿完全不同的气势，可谓一字之差，天差地别。我们在写作的过程中，经常会遇到这样的问题，明明思路清晰，呼之欲出，但就是难以下笔，这就是文字底蕴缺乏的结果。比如信访工作会上关于善待群众的排比句，类似的讲话我们写了多少，但就是不能表达得这么淋漓尽致。第三，要有不厌其烦、反复修改的韧性和毅力。文章不厌千回改，排比句更是如此，只有经过不断的修改，排比句才能更加文采斐然。比如“十要十戒”的排比，领导是在会议上即兴讲的，但到正式见文的时候，对每一个词都进行了反复推敲，确保准确，这才有了现在的效果。第四，千万不要为了排比而排比。我自己也有这种体会，有时候为排比而排比容易出现以下问题：一是生编硬凑。挖空心思找排比句，拼凑的痕迹太重，更有甚者，因为追求排比而让人产生歧义，或者导致冗长晦涩，让人费神费解；二是粗制滥造。一篇文章到处都是粗劣的大排套小排、工排夹意排，令人生厌；三是词不达意。排比句本身不错，但离题太远了，听了以后不知所云。只有端正了态度，辩证地看待排比句，合理地使用排比句，才能自然流畅，水到渠成，妙笔生花。

第十一篇
对语言的“吝啬”其实是一种美德

——有人说：当我听冗长的领导讲话终于听到第二遍喊“同志们”的时候，那种如释重负的感觉就像吃漫长的筵席终于盼到最后一道程序“上水果”，此话仅仅是搞笑吗？

A. 要点提示

短些！再短些！多少年来，人们一直对领导讲话、机关文件发出如此强烈的呼声。的确，文风体现政风，也体现作风，一些地方和单位盛行开长会、讲长话、发长文，助长官僚主义和形式主义，拖累领导和基层干部集中时间精力抓大事干实事，降低行政效率，制约事业发展，真正是有百害而无一利。2008 年，我们市委制定“求真务实 18 条”，其中一条是“少开会、开短会、开解决问题的会，领导同志少讲话、讲短话、讲管用的话，少发文、发短文、发有干货的文”，收到很好的效果，许多基层干部都有一种“如释重负”之感。由此可见，尽可能把领导文稿写得精练些，尽可能对语言文字“吝啬”一些，实在是一种功德无量的好事。

B. 基本训练

1. 首先想一想懒婆娘的裹脚布和听众打瞌睡的场面，你还愿意把文章写长吗？

2. 输入一个意念：短，其实就是一种“偷懒”的办法。

3. 找到“短”的途径：或开门见山直奔主题，或一次讲话只讲一个问题，或突出重点照顾一般，如此等等，只要用心就能成功。

4. 写完后用心去“砍”，把多余的段落砍掉，把无关紧要的句子和词汇砍掉，把套话空话大话废话砍掉，直到你认为短得不能再短为止。

5. 记住一个辩证法：长与短只是相对的而不是绝对的，“长”而“实”，“长”也是“短”；“短”而“空”，“短”也是“长”。

C. 实例印证

[实例一] 单刀直入奔主题

在全市油茶、毛竹产业发展工作会议上的讲话

（2010年9月23日）

早在一个多月前，我就和几位分管领导商量全面调查油茶和毛竹两个产业的发展情况、存在的问题、下步的意见，林业局做了详细的调查并提出了很好的意见，在这基础上，搞一次现场观摩、开一个会进行再动员、再鼓劲。市委、市政府把油茶、毛竹产业发展看得非常重要，各县（市、区）做了很多工作，近年以来，这两大产业的发展势头是最迅猛的两年，但从两大产业大发展的要求来看，还存在很多差距。下一步怎么办，我提三个问题：

第一，我市作为自古以来“农业上郡”称号的农业大市，在全国全省有影响、有地位、有特色，今天用现代农业观点来看，我们还有多少优势？比如我们每年出栏600万头生猪，但没有一家像样的生猪加工企业，养牛也是我们一大产业，但也没有一个像样的牛肉加工企业。如果我们再不努力，引以为荣的农业也就没有优势

可言。

第二，我市号称全国的油茶重点生产区，当年的Y区还以全国油茶第一局而闻名全国，全市有200万亩油茶林，但茶油产量每年只有8000吨，亩产约4公斤，高产面积不到10%。这是什么原因？说明我们有规模没质量，我们的良种培育、低产林改造跟不上，产业链没形成。

第三，我市同样号称全国毛竹大市，333.75万亩毛竹林，活立竹蓄积3.39亿株，生产出了中国第一块竹地板，为什么发展到今天，我们毛竹产业化水平远远不及其他发达地区？就比浙江安吉，资源没我们丰富，人家产业化水平为什么这么高？

提四点要求：

一、扩规模。要把油茶、毛竹产业做大，必须首先把规模做大，形成大气候，关键是优质高产油茶林比例要上去，低产油茶林改造要上去，育苗是关键，没有好的苗子，栽下去才看不出效果，真的是劳民伤财。油茶、毛竹规模要扩大，油茶的规模要扩大是因为现在我们的产量远远不能让加工企业吃饱，加工企业像青龙高科、御润坊每年都吃不饱。毛竹也是这样，尽管我们将近有4亿株的毛竹蓄积，每年消耗2600万株，如果从大产业发展，仍然不够。这从生态来讲，毛竹可以大力发展，放手发展，它的生长极快，而且富民。一方面利用林改以后，千家万户多种毛竹，生态、经济效益都来了，同时，搞好毛竹低产林改造，大力推广毛竹阔叶林混交，要把油茶、毛竹规模扩大，包括现有的加工企业，也要进一步把规模做大做强。

二、兴产业。不能单纯地抓项目，要按产业化的理念，产业链的设计，整体推进产业的发展，除了种植、初加工以外，要不断延伸产业链，油茶除了茶油，还有非常广阔的用途，如美容品、润滑剂、护肤品要加紧研发，形成系列产品研发，形成产业集聚的优势。毛竹同样如此，过去说，毛竹一双筷子夹三板，现在有了很大的突破，还要不断加大科技投入，竹产品的技术研发，提高附加值。奉新、宜丰的毛竹产业要赶超安吉，袁州、万载、丰城、樟树的油茶产业要赶超全国一流水平，成为全国的重点生产县。

三、搞服务。要形成气候规模，需要各个方面搞服务、多支持、开绿灯，包括科技含量比较高的竹加工企业降低准入门槛，降低收费标准，全力提供服务。还有资金方面，油茶、毛竹产业都需要扶持，建议各县（市、区）把它作为重要产业来打造，金融机构提供信贷支持，科技部门对研发方面要提供优质服务，引导加工企业不断加强技术研发。

四、求突破。我最关注这两大产业，下次到重点县看看，要高度重视，再认识、再动员、再求突破，最终使油茶、毛竹产业“全省居第一、中部站前列、全国有位置”。

[实例二] 一次讲话只讲一个问题，不面面俱到

在全市政法工作会议上的讲话（摘要）

（2012年1月13日）

今年我市政法工作有四个明确要求：即，“一项硬任务”——为十八大召开保稳定；“一项硬要求”——为建设和谐社会保秩序；“一个硬目标”——为人民群众保平安；“一项硬约束”——为政法队伍形象保纯洁。具体工作我不展开讲，这里我着重强调一下各级党政如何重视和加强政法工作的问题。一个地方能否保持长治久安，能否保持社会和谐稳定，政法机关政法队伍的努力是重要的而且是不可替代的，但是各级党政的责任更为重大。尤其在社会转型时期，各类矛盾冲突较多的情况下，各级党政在认真贯彻落实市第三次党代会和全市经济工作会议精神，千方百计加压加速推进赶超发展的同时，必须坚定不移地把维护和谐稳定摆在更加突出的位置，千万不能有丝毫松懈。不发展，对上对下不好交账；不稳定，

对上对下也不好交账，从某种角度来说，稳定甚至比发展更重要。因为稳定压倒一切，没有一个稳定的环境那就什么事情也干不成，发展慢一点通过努力可以改变甚至赶超进位，而稳定一旦出问题，我们将承受巨大的工作压力，不仅一个地方声誉受影响，班子形象受影响，而且抓经济社会发展的精力也肯定会受到影响。所以，各级党政以及在座各单位“一把手”，一定要把稳定摆在特殊重要的位置，以发展和稳定的“双丰收”来检验我们是否真正落实了科学发展观，是否真正落实了抓综治保平安的责任，是否真正增强了既能抓发展又能保稳定的执行力和操作力。

第一，加强对政法工作的领导，首先要求党政“一把手”熟悉政法、了解政法、支持政法，切实为政法工作解决实际问题。各级党政“一把手”要抓的工作和处理的问题很多，但政法工作不光是政法委书记和政法部门的事情，对一些重大问题作为主要领导必须关注，必须及时研究解决，否则就说不上真正加强了领导。对一些涉及全局性的问题，党政主要领导要及时研究拍板，不能等，不能拖，特别对新形势下维稳工作出现的新规律，新特点，新课题，要认真研究，必须在成为经济工作“明白人”的同时，努力成为政法工作的“明白人”。

第二，加强对政法工作的领导，必须为政法部门开展工作创造良好条件。尽管现在社会上对政法队伍还有一些看法和议论，但总体看，全市政法干部队伍的形象在逐步好转，人民群众对政法队伍的认可度越来越高。各级党政一方面要对政法队伍从严要求、从严管理、从严教育，让身边老百姓说“人民警察好”；另一方面也要对政法队伍给予爱护，该解决的问题必须切实给予解决。基层干警非常辛苦，有时候还要冒着生命危险，有的为了我们的事业英勇牺牲，各级党政对一线的干警必须给予更多的保护和爱护，体现人文关怀，重视政法干部的培养、选拔。这次换届，一大批政法口的同志得到调整，这与市委和各级党委对政法干部的重视是分不开的，而且将来还要这样，只要是真正爱岗敬业、贡献突出、德才兼备的，我们都将及时发现、培养和使用。有时候由于职数有限，不可能一下子全部解决到位，但只要有职数，只要符合干部选拔任用条件，各级党委都要及时培养选用，充分调动政法队伍的积极性。近年来，各级党政在政法投入上做到了尽力而为，但我们的硬件设施还存在一定差距。有的装不起，有的坏了修不起，但这些设备都是提高治安防控能力的关键性装备，要及时维护，及时修理，确保正常运转。对这些硬件设施的投入，必须有专项经费，这方面的投入是必须要的，再困难该花的钱也必须花，不能小家子气。

第三，加强对政法工作的领导，要坚持综合施策，标本兼治，全面推进创建和谐社会各项措施的落实。确保社会和谐平安，决不仅仅是公检法的事，决不仅仅是打击犯罪，除了惩治犯罪，还必须更加重视预防犯罪，更加重视及时排查化解矛盾纠纷、解决信访问题和群众的实际困难。这方面要做的工作很多，市委市政府也想了很多办法，比如开展“万名干部下基层、和谐稳定进乡村”、“为市民解忧，促城区和谐”集中行动月以及“三同四民”等活动，都是为密切党群干群关系、促进社会长治久安采取的措施。但是，一次干部下基层集中活动和政法机关的一次专项行动不可能解决所有问题，更不可能一劳永逸，必须综合施策，标本兼治，长效治理。我们的干部不能成为群众门前的“过路客”，干部下基层必须常态化；为群众办好事不能“一阵风”，为群众排忧解难也必须常态化，包括着力解决民生问题，妥善处理信访问题，健全社会稳定风险评估机制等等，各级党政领导对这些问题必须认真考虑，切实予以解决。

第四，加强对政法工作的领导，必须十分重视固本强基。基础不牢，地动山摇。从某种意义来说，政法综治工作的基础不牢，结果还更可怕，还更严重。所以，我们一定要坚持工作重心下移，强化基层基础，通过基层强有力的工作，及时发现问题，化解矛盾，防患于未然。据我所知，有些地方没有按省里要求落实基层政法人员配备的规定，包括乡镇（街道）综治办副科级专职副主任和村（社区）综治室主任的配备，还有乡镇（街道）和谐平安联创中心统一由乡镇长、街道办主任兼任中心主任的要求，请各地政法委书记回去后及时向县市区党委政府汇报，只要省里有明确要求的，就一定要落实。

第五，加强对政法工作的领导，要全面落实社会治安综合治理的各项责任，形成抓好综治工作的强大合力。综治工作决不仅仅是公检法的事，也不仅仅是综治成员单位的事，而是社会各界共同的事。如果哪个单位哪个系统老是出现问题或是发生案件，主要领导就得负责任。不仅单位是这样，各个地方也是这样，这是一条硬性要求。比如刚才讲到加强和创新社会管理的责任分工，“两办”下了文件要求各个单位制定详细的实施方案，方案不符合要求的，必须重新制定。所有综治责任单位必须带头落实综治工作各项要求，认真履行职责，没有落实责任或者工作抓得不实的，市委政法委要及时提醒，仍不改正的，要对其批评教育，诫勉谈话，直至启动行政问责。当然，有些部门系统经常出问题，不能一概而论责怪主管部门，有些也与该系统的特殊性存在直接关系。比如，教育学生是全社会共同的责任，但有些学校治安不好，经常发生盗窃案件，而且作案人员多为校内人员，这就不仅仅是当地公安派出所的责任，学校也要负责任。还有青少年教育问题，不仅学校、政法机关，各个部门都要认真反思如何加强对青少年的教育，加强对他们的法律约束。今年要把预防和制止青少年犯罪作为一个重点，坚决把青少年犯罪的势头遏制住。总之，我希望不仅各综治成员单位，包括市直其他单位部门，都要把保稳定、保安全、保和谐作为义不容辞的职责，“看好自己的门，管好自己的人”，一旦出了问题，将严肃追究责任。

[实例三] 讲关键性的、能让人记住的话

在全市安全稳定工作会上的讲话

(2009 年 7 月 30 日)

安全稳定，年年讲月月讲，但又不得不讲。就下一步安全稳定工作，我再强调几点意见。

第一，当前发展的任务很重，稳定的任务也很重，抓不好发展是失职，保不了稳定是无能。在建国 60 周年庆典来临之际，我市决不能出现重大安全稳定事故，决不能给省委、省政府添乱。这是死命令、硬要求，必须坚决做到。

第二，当前安全稳定工作必须做到“三个确保”，即确保不出现群众赴省进京集聚上访，确保不出现重、特大安全生产事故，确保不出现重大恶性刑事案件。我们既要聚精会神抓发展，又要如履薄冰保稳定。宁可其他一般性工作一时受点影响，也要保住安全稳定；宁可多花点人力、物力、财力，也要保住安全稳定；宁可花的时间、精力再多一点，监管部门的同志再辛苦一点、麻烦一点，也要保住安全稳定。

第三，安全工作也好，稳定工作也好，本质上都是做群众工作。做好群众工作，是推动事业顺利发展的重要保证。群众提出的要求有些是合理的，有些是不合理的，有些甚至是蛮不讲理的，但我们没有任何理由抱怨，更不能束手无策、置之不管，因为这就是群众工作。做好群众工作，是我们的职责，是一切事业顺利发展的保证，所以无论有多大的难度，都必须沉着应对、妥善处理。合理的诉求要及时解决，不合理的要做好说服解释工作，违法闹事的要坚决依法打击，一定要确保不出事。

第四，成功在于细节，细节在于操作，安全稳定工作尤其如此。一着不慎，满盘皆输；一事不精，功亏一篑。在保安全、保稳定的问题上，任何时候都不得抱有麻痹侥幸心理，任何时候都说不得大话、空话、过头话，任何时候都搞不得坐而论道、“宏观”管理。抓安全稳定工作，没有任何捷径，惟有认真认真再认真、严格严格再严格、细致细致再细致、落实落实再落实。

第五，做好安全稳定工作的最高境界，其实不在于对某个事件的成功处理，而在于平时及时有效的预防。见事早是眼光，行动快是作风，不出事是本事。必须坚持把工作做在前头，把力量放在平时，时刻保持高度敏感性，对苗头性、倾向性问题，及时发现、快速反应、主动出击，把隐患消除在萌芽状态，把事故控制在初始阶段。值得重视的是：最有效的预防，不仅仅限于平时对不安全、不稳定因素的排查整改，更深层次的还在于营造政通人和的环境、融洽的党群干群关系和警民关系，以及发达的经济和良好的生活质量。而这些方面，正是我们目前和今后一段时期要为之殚精竭虑、为之艰苦奋斗、为之无私奉献的光荣使命。

第六，实践雄辩地告诉我们：实现安全稳定目标，离不开扎实过硬的基层基础工作。基础不牢，地动山摇。必须调动全社会的力量，努力构建大信访、大安全、大稳定的工作格局。每一个部门、每一个岗位、每一个环节，都要负起安全稳定责任。要让安全稳定工作深入到每一个村庄、学校、厂矿、街道、社区和机关单位。要进一步落实安全稳定工作责任制，对责任不落实的，要督促落实、限期整改。要按照市委关于推进农村基层组织建设“三落地”的要求，切实加强村级组织特别是党组织的建设，扩大党组织对农村社会的控制力、影响力和引导力，把安全稳定的各项措施落到实处，防止“空转”。

第七，维护安全稳定，离不开正确的舆论导向。进入现代社会，媒体虽然被称为“带刺的玫瑰”，但无论发展也好，稳定也好，人们感到越来越离不开媒体的参与。因此，我们每一位领导干部都必须学会与媒体打交道。首先，自身要过得硬。始终做到公正处事、依法行政，不越位、不错位、不缺位。其次，要善于接近或接纳媒体。通过与媒体交心、做朋友，增进与媒体之间的理解和信任，取得媒体朋友的支持。最后，要保持敏锐性，善于运用媒体。大量事实证明，突发性事件发生后，我们在第一时间、及时主动地发布权威信息，能够很好地引导主流民意，避免被动。在这方面，我们要加强学习、掌握方法，积极地引导媒体为保安全、保稳定发挥作用。

第八，维护安全稳定，责任重于泰山。“乌纱帽”的内涵，其实远远不止权位与荣耀，更多的是责任、压力和风险。中央和省对处理安全稳定的事件都提出了严格要求。若干年以来，因安全稳定方面出问题而丢“乌纱帽”的干部也不少。在安全稳定的问题上，我们既要注重关心爱护干部、调动积极性，但一旦出了事故，“挥泪斩马谡”也将不得已而为之。为此，我们必须做到“三铁”：一是以铁的纪律严明职责。坚持“属地管理、分级负责”和“谁主管、谁负责”的原则，做到责任到人、责任到岗，坚定不移地执行安全稳定工作责任制和“一票否决”制。二是以铁的措施督促落实。强化责任追究，坚持一线督查、实地督查，一级督一级，层层促落实。市委、市政府将视工作需要，延续以往“一竿子插到底”的督查方式，派出暗访小组，实行突击督查，确保各项措施落到实处。三是以铁的心肠兑现奖惩。对发生重、特大安全稳定事故的地方和单位要严肃查处，对矛盾多发、整改不力的地方和单位要严肃查处，决不允许轻视、怠慢、放松安全稳定工作，决不允许对影响安全稳定的问题拖而不办、拖而不决。

[实例四] 少讲套话空话，讲实在、管用、可操作的话

在全市灾后重建工作电视电话会议上的讲话

（2008 年 2 月 13 日）

经历了前段时间特大的冰冻灾害，我们倍感平安的可贵；遭受了灾害给生产生活带来的重大损失，我们倍感时间的宝贵。所以，

市委、市政府决定新年上班第一天的第一件事，就是由市领导带队分头走访2007年纳税1000万元以上的企业，然后召开灾后重建工作会，目的就在于：动员全市上下尽快走出过年的气氛，迅速投入到灾后重建工作当中。

下面，我再简单强调几点意见，概括起来，就是“一个主题，三个不变，八个不误，三个保障”：

“一个主题”，即：降灾不由人，抗灾不由天，迎着困难上，灾年夺丰收。这是我们灾后重建工作的主题和指导思想，这也首先要求各级领导干部，要像前一段抗冻救灾工作一样，始终保持灾害面前不气馁、困难面前不退缩的拼搏精神，始终成为人民群众的“主心骨”，坚定信心，鼓足干劲，组织带领群众打好灾后重建这一仗。

“三个不变”：第一，发展战略不变。要始终不渝地坚持兴工强市主战略，坚韧不拔地把项目建设进行到底。第二，今年经济工作的奋斗目标不变。要确保完成政府工作报告中提出的各项经济社会发展目标，有的指标还要争取超额完成，绝不能因为今年有灾情，就降格要求，降低工作标准。第三，主要工作措施不变。这些主要工作措施，包括深化改革、扩大开放、主攻项目、全民创业、优化环境、转变作风等等，都是经过去年一年工作实践证明了的、行之有效的工作措施，要坚持不变，抓好落实。

“八个不误”：第一，抓紧电力抢修，确保不误生产生活正常供电。这场冰雪灾害给萍乡电网带来了毁灭性的破坏，经过前一段的抢修，我们已经从“命悬一线”之危，转到了现在的平安运行。但同时我们仍然面临着抢修大面积受损电网的紧迫任务，除了陕西、湖北省的电力队伍和解放军帮助我们抢修电网主干线之外，还有大面积的受损农网急需抢修，这同样也涉及到千家万户，涉及到民生问题，任务也十分的繁重。省里要求我们在2月底，最迟不超过3月6日，完成电网抢修任务。现在这些工作我们都在有条不紊地进行，各级领导干部、各有关单位要继续加强配合协调，确保电网抢修工作高效运行，力争在全省率先完成任务。第二，抓紧农业救灾和春耕备耕，确保不误农时和农民增收。这场冰雪灾害给我们的农业生产、农民增收带来了沉重的打击，蔬菜和花卉苗木大面积遭灾，牲畜大量冻死。所以农业方面要抓紧生产自救，能够补救的尽快补救，同时要抓紧春耕备耕，不能耽误农时，该调的农业生产资料，包括种子、化肥等等，有关部门要尽快调集储备，确保春播春种的需要。第三，抓好灾后林政管理和植树造林，确保不误绿色生态建设。这次冰雪灾害中，我市林业也同样遭到了毁灭性的打击，各县区和林业主管部门要切实加强灾后的林政管理工作，加强巡查，加强教育，一定要防止乱砍滥伐和大面积毁林现象的发生。与此同时，植树造林工作特别是春季造林工作要尽快跟进，组织机关干部和群众植树造林，使林业尽快恢复“元气”。第四，抓紧厂房、矿井、设备的维修，确保不误企业恢复正常生产。各主管部门要马上派人下去，组织受损企业进行生产自救，各金融机构要积极支持受到重创的企业尽快恢复生产。在企业恢复生产过程中，要特别注意安全监管，防止事故发生。第五，抓紧重大基础设施的查险加固，确保不误安全稳定。重大基础设施，比如水库、堤坝、公路等等，在这次灾害中有些受到不同程度的损伤，可能会出现一些险情，有关部门要及时排查，一旦发现重大险情，必须及时进行除险加固，绝不能出安全事故。第六，抓紧财税征管，确保不误一季度财政收入“开门红”。越是在有灾情的时候，越是要注意加强征管，防止税收“跑、冒、滴、漏”。在工业受创严重的情况下，要特别注意加强对三产税收的征管。第七，抓紧主攻工业和招商引资，确保不误重大项目建设。加快发展，做大总量，项目建设是重中之重；做好灾后重建工作，把灾害造成的损失夺回来，项目建设也是重中之重，没有项目，一切无从谈起。对重大工业项目，要抓紧跟踪，全力推进，绝不能让项目建设“冷”下去。与此同时，要争分夺秒继续推进“三个平台、一个后花园”建设、文化和社会事业项目建设、创园林城市和320国道改造、山口岩水库等重大基础设施项目建设。第八，抓紧报灾救灾工作，确保不误灾民基本生活。民政部门要抓紧核灾报灾，同时其它各有关部门，凡是上面有资金、有项目的，都要加强与上级部门乃至国家部委的联络，要把灾情汇报好，把工作做主动，尽可能争取更多的资金和项目支持。

“三个保障”：第一，组织指挥保障。前一段的抗冻救灾工作，全市上下指挥调度有力，应对处理及时，取得了阶段性的胜利。接下来的灾后重建工作，更是一场持久战、攻坚战，更需要加强组织领导。鉴于灾后重建任务非常繁重、非常紧迫，近段时间市委常委仍然要按照抗冻救灾的分工，下到挂点的县区指导督促灾后重建工作，市委还将抽调千名市、县、乡机关干部组成灾后重建督导工作组，下到全市各个乡镇进行督促指导。市经贸委、中小企业局、煤管办要督促抓好工业企业的灾后重建，尽快恢复生产；市安监局要切实抓好灾后重建中的安全生产监管工作。各县区也要加强组织领导，科学调度指挥，要避免打乱仗、打无准备之仗。第二，纪律和作风保障。要继续发扬抗冻救灾时的那种同舟共济、奋勇拼搏的精神，以良好的作风、严明的纪律，确保灾后重建工作顺利进行。各级干部一定要做到坚守岗位、服从指挥，不畏艰难、扎实苦干，心系群众、排忧解难，要到灾情最重的地方去，到群众最需要的地方去。对不听指挥、不坚守岗位、不认真履行职责的，要严厉批评教育，严重的要给予组织处理。第三，舆论引导保障。打好灾后重建这一仗，要求我们的宣传部门、新闻单位继续加强宣传鼓劲和舆论引导，及时宣传市委、市政府灾后重建的各项部署和具体措施，及时发现并宣传灾后重建中涌现的先进典型。要多搞深度报道，不仅要报道我们灾后重建取得的成效，更要报道陕西、湖北电力抢修队伍和入萍救灾部队、民兵应急分队的动人事迹，特别是让干部群众昂扬不屈、奋勇抗灾的良好精神风貌。

[实例五] 言简意赅，点到即可

在市政府全体会议上的讲话

（2012年7月23日）

换届以来，全市各级政府在党委的领导下，顺利完成班子交接，迅速进入工作状态，保持各项工作的稳定性和连续性，奋力开创政府工作新局面，经济社会事业继续保持科学发展、赶超进位的强劲势头，主要经济指标一路飘红，多项工作获中央和省委省政府表彰。成绩来之不易，进步源于奋斗。我们高兴地看到，从主要领导到分管领导，从政府组成部门的班子成员到县市区政府班子成员，大家围绕一个共同的目标，心齐劲足干事业，群策群力促赶超，抓项目，干实事，破难题，惠民生，夜以继日，任劳任怨，身先士卒，埋头苦干，很多同志还带病坚持工作，体现了领导干部崇高的思想境界和强烈的事业追求。借此机会，我谨代表市委，向同志们表示亲切的慰问和衷心的感谢！

前不久召开的市委常委扩大会议，听取了市政府关于上半年经济工作运行情况和下半年工作初步安排的汇报，明确了下半年工作的总体部署，即：瞄准一个目标——坚持稳中快进、难中取胜的总基调，保增长、防下滑，确保全面完成今年经济社会发展目标，力争进入全省“第一方阵”；打好五场硬仗——项目建设的硬仗、民生工程的硬仗、维护安全稳定的硬仗、“创卫”护牌的硬仗、六大环保专项整治的硬仗；办好四个盛会——全省“两化”现场会、花博会、第六届月亮文化节、全省锂电产业高峰论坛暨项目推介会；破解三大难题——项目用地的难题、融资的难题、部分中小企业生产经营困难的难题。希望市政府按照这一总体部署，周密安排，精细操作，把下半年的工作做得更好，确保预期目标圆满实现。

近年来我市赶超发展的实践使我们体会到：信心和志气比黄金更重要，求真务实比慷慨激昂的口号更重要，善于操作比“宏观领导”更重要，良好的政治生态比一时的成就和荣誉更重要。市委希望并相信大家，能够始终秉持“一切为了宜春发展，一切为了人民幸福”的理念，在建设幸福宜春的伟大征程中施展自己的才华、创造骄人的业绩、体现人生的价值；始终坚持抓大事、干实事，重操作、破难题，把每一项工作抓紧、抓细、抓实，确保市委市政府的每一项决策部署落到实处；始终注重提升工作质量，提高工作效率，提倡快事快办、急事急办、马上就办，确保政府工作优质高效运行；始终保持同人民群众的血肉联系，带着责任、带着感情、带着良心为群众办好事、干实事、解难事，把每一项民生工程办成民心工程、德政工程；始终保持班子团结，坦诚相处，大度宽容，充分调动每一个班子成员的工作积极性、主动性和创造性，让大家都能心情舒畅、没有后顾之忧、没有戒备之心地干事创业；始终恪守廉政准则，严以律己，防微杜渐，同时认真落实“一岗双责”，抓好分管范围和整个政府系统的党风廉政建设，让所有的干部既能干成事，又不出事，坚决维护人民政府的良好形象。

同志们：如果说换届以来的工作对新一届政府是一场考试的话，那么，虽然我们交出了第一张合格的答卷，但没有任何理由“自我感觉良好”，因为更严峻的大考还在后面。面对组织的重托，面对人民的期盼，面对改革发展稳定的重重困难和巨大压力，面对建设幸福宜春的历史重任，或许我们并不是位高权重的官员，而只是一名诚惶诚恐的“考生”。让我们坚定信心，抖擞精神，破解每一道制约发展的“多元多次方程”，征服每一个影响稳定的“哥德巴赫猜想”，以思想大考、作风大考、能力大考、业绩大考的优异成绩，向党的十八大献礼！

D. 秘书心得

尽管大家都说要“讲短话，发短文”，但为什么在各类会议和文件中还有那么多的“长话”、“长文”，甚至动辄洋洋万言？究其原因，有的是因为追求信息量，为增加现场效果，喜欢旁征博引，通篇充斥着名言警句和海量信息；有的长在面面俱到，生怕挂万漏一，总想什么都说到；有的长在空话套话，每篇文章总要经历九曲十八弯以后才进入主题；有的长在秘书的错误认识，好像没有凑够近万字，自己工作就不尽力。领导常用文稿，关键在实在管用，大量长话长文使领导费心费神，秘书费时费力，听众如坐针毡、有苦难言，对工作也无益处。

长文章写成了习惯，短文章就不会写了。从我们自己的体会来说，总容易陷入求大、求全的误区，把文稿写得又长又散。记得曾给一位领导起草过一篇政法工作会议上的讲话稿，先总结上一年工作，然后分析国际、国内、省内市外及本地安全稳定形势，讲完这些再进入正文，第一部分谈意义；第二部分布置具体工作；第三部分抓队伍建设，里面又各分若干小点，面面俱到，8000余字的文稿新鲜出炉，没有很多特色，但也找不出多少毛病，自己还感觉良好。看到实例二，才知道政法工作这种常规领导讲话文稿也能写得如此出彩，抓住一个重点以点带面，全面具体又不显得啰嗦。如此一比，原有的良好感觉荡然无存。

长稿子貌似工作量大，其实更好写，比如信息量的问题，在互联网这么发达的今天，要东拼西凑一篇洋洋万言的讲话并不难；再比如面面俱到的问题，如果按部就班、四平八稳地写，基本上就八九不离十了。而短文看起来短，其实更难把握。所以，跟着领导写材料，文章越写越短，但却感觉越写越难。领导作风务实，喜欢简洁明快的文风，喜欢讲短话，因为篇幅有限，字字珠玑，要写好，就要抓住重点，如果面面俱到就会突破字数；要言简意赅，不可能浪费大量文字在那些空话套话上，而管用的话又不是那么容易说的；要一针见血，见解独到，否则“短文”很容易被掩盖在其他领导讲话的海量信息中；要更加严谨周密，由于长文章体量大，出现一两处不精当的地方不容易被发现，而短文章则更容易突显；要艰难取舍，有时候自己好不容易写出的“宝贝”都要狠心“砍掉”，确实体会到了写长容易写短难。

但我们也知道，到底写长文还是行短文，不能简单以难易来衡量，长文易写也不宜多写，短文难写也得写。领导的讲话朴实干练，简短精悍，我们再这样“婆婆妈妈”，肯定没有“市场”。所以，还需下功夫掌握“短”这个“偷懒”的方法：突出重点，精选角度；讲实在话，多写“干货”；删繁就简，尽可能使文章清新自然、干净利落。

第十二篇

加点儿“味精”：激情、文学与音乐

——“鸣琴而治”的说法虽然有点夸张，但执政者的政治自觉与文化自信却往往是联系在一起的。装上激情的翅翼，理性才能飞翔。

A. 要点提示

如果认为领导文稿只能是冷冰冰的面孔、干巴巴的说教、硬邦邦的语言，那就大错特错了。领导文稿固然不能有小说的生动、诗歌的华丽、音乐的飘逸，但并不排斥这些美丽精灵的渗透和影响，为什么？其一，领导文稿并不是“冷血动物”而是带有感情色彩的，只不过有的表现得外露一些，有些则隐藏在字里行间，细细品味才能感受得到；其二，恰到好处地运用一些文学语言或引用一些古典诗词、格言佳句，能使文稿增强可读性和可听性，能使听众和读者受到情绪感染和精神鼓舞；其三，说到音乐，看似与领导文稿风马牛不相及，其实，文稿中经常出现的语言节奏感、气势感实际上就是音乐的间接表现了，更何况，毛主席他老人家早就教导我们“要学会弹钢琴”，意思是既要突出主旋律还要弹好和弦，表现在领导工作中就是既要突出重点又要统筹兼顾，这就更是音乐知识的直接运用了。

B. 基本训练

1. 适当地掌握一些文学、音乐知识，熟记某些对现实生活有象征、比喻、鼓动意义的诗词和名人名言。

2. 不要被华章丽句所迷惑。并不是每一篇文稿都需要这种“味精”，得看场合、对象、会议的内容而定。一般情况下，对宣传、文艺、新闻、教育系统讲话，某些应景式、总结表彰式、号召激励式讲话，语言可以多一些激情与华彩，而在党政工作会议、综合性大型会议等比较严肃的场合讲话，则要慎用，用得恰到好处。

3. 时刻提醒自己：文章不是无情物，激情的涌动有时并不需要华丽的语言来体现，而是通过鲜明的观点、分明的爱憎、语言的节奏与气势来体现。

C. 实例印证

[实例一] 用音乐的火把照亮沉闷的篇章

在全市宣传思想工作会议上的讲话（摘要）

（2008 年 10 月 17 日）

就做好今年的宣传思想工作，我再简单强调几点意见，概括起来就是要唱响“五首歌”。

第一，宣传思想工作要唱响《红旗颂》，就是要充分认识宣传思想工作的特殊重要性，进一步增强紧迫感和政治责任感，继续坚持正确的舆论导向，始终不渝地发挥宣传思想工作的政治优势

《红旗颂》是我国著名作曲家吕其明创作的一首交响乐曲。这首曲子是我们中国共产党人的正气歌，也是宣传思想工作者必须听、必须懂的一首曲子。作为宣传思想工作者，要始终把握《红旗颂》这种大气蓬勃、慷慨豪迈的格调，唱响主旋律，打好主动仗。宣传思想工作是我们党的政治优势，也是我们党和国家工作的重要组成部分。正如胡锦涛总书记说的："在中国特色社会主义事业全局当中，宣传思想工作具有重要的地位，发挥着不可替代的作用。""经济工作搞不好要出大问题，意识形态工作搞不好也要出大问题。"我们要深刻理解总书记的讲话精神。怎么抓好新形势下的宣传思想工作？胡锦涛总书记在全国宣传思想工作会议上提出了"高举旗帜、围绕大局、服务人民、改革创新"4句话16个字的总要求。其中"高举旗帜"体现了宣传思想工作的灵魂和方向，"围绕大局"突出了宣传思想工作的首要任务，"服务人民"强调了宣传思想工作的根本宗旨，"改革创新"明确了宣传思想工作的动力源泉。大家一定要认真学习好，贯彻落实好。

一要更加自觉更加主动地重视宣传思想工作。各级党委要把宣传思想工作作为重大议题经常研究，不仅要在方向上牢牢把握、工作上及时指导，而且要在政策上大力支持、投入上切实保障。主要负责同志要负起政治责任，亲自过问亲自抓，并且要创造条件、形成机制和制度，让宣传思想战线的同志参与党委政府的中心工作和重大决策部署，帮助他们了解工作大局，引导宣传思想工作更好地围绕大局来推进。

二要着力增强领导宣传思想工作的本领。各级党委的领导同志，包括市直单位的领导同志都要勤学、深研、善思，加强对意识形态领域全局性、前瞻性、战略性问题的研究，敏锐地把握时代脉搏，不断提高引领社会思潮的能力，提高引导社会舆论的能力，提高发展文化事业文化产业的能力，提高扩大文化开放的能力，提高推动文化事业改革创新的能力。尤其要指出的是，宣传思想工作不能"贵族化"，一定要贴近百姓、贴近基层。在新形势下，不少群众确实有一些理论上的困惑、思想上的疑虑、心理上的不平衡，这就需要各级党委的负责同志和宣传文化系统的同志善于做宣传思想工作，密切关注群众的思想动态，把握群众的心理需求，发挥宣传思想工作的优势，做好释疑解惑、化解矛盾、理顺情绪的工作，促进社会和谐。

三要大力加强宣传思想工作队伍建设。按照“让党和人民放心满意”的要求，把那些政治清醒坚定、熟悉意识形态工作、富有改革创新精神的优秀干部选拔到各级宣传思想文化部门领导岗位上来，特别要选好配强“一把手”。要坚持政治家办报办台，确保宣传思想文化战线的领导权牢牢掌握在忠于党和人民的人手里。宣传部门要认真履行党委赋予的宣传口干部和人才队伍建设、管理的职责，进一步加强宣传口各单位的领导班子思想作风和组织建设，加强党风廉政建设，努力把各级宣传文化单位的领导班子建设成为“高举旗帜、围绕大局、服务人民、改革创新”的高素质领导集体，把宣传文化口的干部队伍建设成为“政治强、业务精、作风正、纪律严”的高素质队伍。

第二，宣传思想工作要唱响《走进新时代》，就是要把握时代的脉搏，紧贴新的形势和任务，围绕推动全市经济社会赶超式发展，进一步发挥积极的作用

宣传思想工作如同其他工作一样，有为才会有位。特别是在当前加快发展和激烈竞争的形势下，宣传思想工作要体现它不可替代的重要作用，就更应该贴近时代、贴近改革开放、贴近人民群众的需求，不仅要唱响《走进新时代》，还要让我们整个宣传思想工作都走进新时代。这就要求宣传思想文化战线的同志必须了解党和国家的大政方针，了解全市的经济社会发展走向，了解市委、市政府的重大决策部署，以此为依据，找准宣传思想工作的定位。市委、市政府提出了赶超式发展的总目标，我把它概括成四句话：第一句话是加速“两化”进程，即工业化和城镇化进程。我们一方面要稳定农业基础，彰显特色，扬优成势；另一方面要坚持把加快工业化、城镇化进程继续作为加快发展的重头戏。只有推进工业化、城镇化，才能尽快地做大经济总量，加快发展，改变落后的现状。第二句话是打好“三大战役”，这是我们做大做强市本级的总抓手。

第三句话是做强“六大基地”，这是我们工业发展的基础和主要增长极。第四句话是实现“两个翻番”，也就是市第二次党代会提出来的到“十一五”末实现GDP和财政收入翻番。这四句话应该成为我们经济发展的总体战略要求。宣传思想文化战线就应该围绕赶超式发展、围绕这个总的要求来做好各项工作。

一要抓好中国特色社会主义理论的宣传，统一各级干部群众的思想，特别是要在全社会形成赶超式发展的共识共为。要运用各种形式，广泛开展中国特色社会主义理论体系的宣传普及活动，以马克思主义中国化的最新理论成果武装头脑、指导实践、推动工作。

二要抓好改革开放成就的宣传，激发各级干部群众投身改革发展的热情。今年是改革开放30周年，宣传文化口要宣传好改革开放30年来我市经济社会发展取得的巨大成就，宣传好人民群众生活发生的巨大变化，不断激发全社会积极支持、参与改革发展的热情，坚定赶超式发展的信心和决心。

三要抓好科学发展观的宣传，走出一条符合我市实际的赶超式发展之路。科学发展观的内涵非常深刻，涉及面非常广，要落实好科学发展观，首先我们要掌握科学发展观。宣传思想文化部门的同志应该是学习和实践科学发展观的“明白人”，思想上明确，认识上到位。科学发展观既要GDP、财政收入增长，还要社会进步、以人为本、提高群众的幸福感、全面协调可持续发展。科学发展不等于低速度，科学发展观的第一要义就是发展，不发展就是最大的不科学。

四要精心组织好解放思想主题教育实践活动，营造赶超式发展的干事创业氛围。解放思想最根本的就是要解决好“想干、敢干、会干、同心干”的问题。我们要做大市本级，首先就要把财政收入搞上去，财政收入主要来源在哪里？就要靠开发区、靠工业，而工业就要靠招商引资、靠大项目。我相信只要大家同心、同步、同调，共同努力、共同拼搏，就一定能够把市本级做大做强。在做大市本级的同时，我们也要支持县市区的发展，帮助解决县市区在推进工业化、城镇化中遇到的问题。总之，宣传思想战线的同志在解放思想主题教育实践活动中要当好“排头兵”、“先行官”，要精心组织好重大新闻宣传战役，把解放思想的氛围搞浓。要通过强大的宣传攻势，使“赶超式发展”成为全社会的最强音。

第三，宣传思想工作要唱响《爱的奉献》，就是要大力推进社会主义精神文明建设，推进社会主义核心价值体系建设，努力在全社会形成共同的理想信念、强大的精神动力和良好的道德规范

对《爱的奉献》，大家都耳熟能详。为什么说我们宣传思想战线要唱响《爱的奉献》？因为我们人与人之间需要有爱的奉献，建设和谐社会需要爱心，需要善良，需要人与人之间的关心、理解和支持。正如歌词所写的：“只要人人都献出一点爱，世界将变成美好的人间。”这种“爱的奉献”，是一种大爱，这就要求我们宣传思想工作必须更加努力地抓好社会主义核心价值体系建设，全面提高人的素质。

首先，要继续推进精神文明创建活动。前几年，在市委、市政府的正确领导下，经过大家共同努力，我们拿到了5张国家级的“城市名片”，还是江西省第二届文明城市，相当不容易。城市创建硬件设施非常重要，但最根本的还是人的素质的提高。人的素质不提高，城市搞得再漂亮也是脆弱的，也是难以持久的。目前有关部门正在研究要不要申报创建全国文明城市工作先进城市，无论申报与否，我们过去取得的成效要进一步巩固，不能倒退，要推进长效管理。我们不仅要打扫街面上的垃圾，更要注意打扫一些人思想行为习惯上的不讲文明、不讲卫生的“垃圾”；我们不仅要洗刷街面上的污垢，更要注意洗刷一些人思想观念上不顾大局、见利忘义的“污垢”；我们不仅要铲平大街小巷路面上的障碍，更要注意铲平一些人思想意识里面因循守旧、不思进取的“障碍”，这也是我们创建文明城市的应有之义。

其次，要继续深化公民思想道德建设。要把加强公民道德建设，作为构建和谐社会的基础工作与建设和谐文化的中心环节，按照重在实际行动、重在持之以恒、重在形成机制的要求，大力倡导和践行以“八荣八耻”为核心的社会主义荣辱观，大力加强社会公德、职业道德、家庭美德、个人品德建设，用道德的力量感召人、用榜样的言行鼓舞人、用时代的精神激励人，着力在全社会形成“爱国守法、明礼诚信、团结友善、勤俭自强、敬业奉献”的道德风尚。要切实加强和改进未成年人思想道德建设和大学生思想政治教育，紧紧围绕引导广大青少年树立正确的世界观、人生观、价值观这个重点，动员社会各方面共同做好青少年思想道德教育工作，为青少年健康成长创造良好社会环境。加强社会思想道德建设，各级领导和国家公务员必须带头。比如职业道德方面，有的单位搞乱检查、乱收费、乱摊派，办事拖拉、不热情为客商为企业服务等等，都是缺乏基本职业道德的表现。最近市纪委监察局下发了六条禁令，既涉及到投资环境，又涉及到机关形象，这是我们各级领导干部和公职人员必须遵守的，另外，家庭美德也体现出一个领导者基本的道德品质。古话说：“觅良臣于孝悌之门”。领导干部也要有孝心，一个连父母都不孝敬的人，我们怎么能相信他会成为一个好的领导干部？

再次，要把广大人民群众支援抗震救灾的热情转化为加快发展、共建美好家园的强大合力。汶川地震牵动着全国人民的心，一方有难八方支援，包括我市各级干部和广大人民群众支援抗震救灾的这种热心和善良令人感动。我们的消防、特警、医护人员、志愿者共有几百人到了灾区，他们冒着生命危险支援灾区抢险救灾，涌现出很多动人的事迹。等他们回来以后，有关部门要选出代表组织开展一次支援抗震救灾先进事迹报告会，让大家都来学习他们的先进事迹，让大家都来弘扬抗震救灾精神。为了支援抗震救灾，各地群众都踊跃地捐钱捐物，他们有的是农民，有的是下岗工人，有的还是七八十岁的老人，有的甚至是残疾人，钱不在多少，关键是他们表现出来的这份情谊、这种精神，是无法用数字来估量的。我们一定要因势利导，把这股爱国、爱家热情转化为加快发展的实际行动，转化为共建美好家园的强大动力。

第四，宣传思想工作要唱响《爱拼才会赢》，就是要发扬敢于拼搏的精神，更加突出文化软实力建设，促进文化事业大发展大繁荣，更好地满足人民群众日益增长的精神文化需求

《爱拼才会赢》是首闽南歌曲，这首歌体现出来的不屈不挠的抗争精神，非常可敬。党的十七大明确提出要打造文化软实力，掀起社会主义文化建设新高潮。随着经济社会的发展，全国各地都把文化建设摆上了重要的位置，文化事业、文化产业的竞争力已经成为一个地方发达与否的重要衡量指标。现在各地都在打文化牌，很多省市都制定了文化发展纲要。但同样是打文化牌，各个地方有不同的打法，我市的文化牌应该怎么打？这就需要全市宣传思想文化系统的同志共同来思考，在突出地方特色、打造个性、形成文化竞争力等方面要多想办法，拿出实际行动，在激烈竞争中抢占“一席之地”。

一是要抓规划。规划决定方向，规划决定发展，规划引领未来，规划不好就会造成很大浪费。我们要在过去形成的一些思路的基础之上，通过调查研究，尽快制定文化兴市纲要，包括指导思想、文化设施建设、文化软件建设、服务体系建设、人才队伍建设、群众文化活动、文艺精品创作、文化产业发展以及相应的体制机制和政策举措等等，用切实可行的规划引导文化事业和文化产业发展。

二是要抓项目。要抓紧建设市级图书馆、博物馆、科技馆、艺术馆、档案馆等公共文化标志性建筑，乡镇文化站、村文化活动室也要逐步建起来，这些都是保障人民群众基本文化权益的必要设施。同时，要抓好文化事业、文化产业项目建设。这里关键要解决好“资金从哪里来”、“项目从哪里来”、“市场从哪里找”的问题。要精心策划、包装、推出和建设一批文化事业项目和文化产业项目。要选准突破口，找准切入点，善于把深厚的文化资源做成具体的产业项目，实施重大产业项目带动战略。

三是要抓特色。没有个性的文化就是没有特色的文化，没有特色的文化就是没有生命力的文化。所以说我们的文化建设要注重弘扬我们的特色，要变产品意识为品牌意识，要深入挖掘我市丰厚的文化积淀，打响我们的文化品牌。比如禅宗文化，这是我们的一大特色，一定要挖掘利用好。要认真贯彻党的宗教政策，利用得天独厚的资源，打好禅宗文化这张牌。

四是要抓精品。我市文化发展有过辉煌历史，有一些家喻户晓的经典作品，比如采茶戏《小保管上任》、《孙成打酒》、《木乡长》等，在省内外影响很大，今后要争取再出一些新的精品力作，力争“十一五”期间再拿“五个一工程”奖。

五是要抓人才。加快宣传思想文化事业发展必须要有一批高素质的人才，要有一批在全省全国叫得响的作家、画家、诗人、音乐家、书法家等等。目前，文化战线人才青黄不接、高素质人才短缺的现象比较严重，要采取有效措施实施人才兴文战略，多发现培养一些具有开阔视野、富有创新能力的人才，建设一支讲政治、有文化、懂经营、会管理的文化产业人才队伍。

六是要抓机制。要深化文化体制改革，增强文化事业和文化产业的发展活力。特别要强调的是，发展文化事业，各级财政要尽力给予支持，因为这也是十分重要的民生工程。但文化建设不能仅仅依靠财政，尤其是文化产业发展，必须走市场化道路。要善于用改革的方法来推进，用市场的办法来运作，要学会像管理经济工作那样，运用多种手段促进文化产业的发展。

第五，宣传思想工作要唱响《敢问路在何方》，就是要适应新的形势，继续解放思想，锐意改革创新，进一步提高质量和水平，努力开创我市宣传思想工作的新局面

胡锦涛总书记在全国宣传思想工作会议上强调，文化是最需要创新的领域。宣传思想工作要适应新的形势和任务，要提高质量和水平，就要有“敢问路在何方？路在脚下”那种气概，大胆解放思想，推进改革创新，寻求新的突破和新的跨越。宣传思想工作作为一门意识形态领域的科学，从内容上来说，无疑是严肃、严谨的，但作为一项面对面的群众性工作，从方式方法和手段上来说，又应该是丰富多彩、生动活泼的。

一要注重创新宣传方式。要高度重视加强网络文化建设管理，学会运用信息网络等现代技术来开展宣传思想工作，积极占领互联网、移动通讯、视频等新兴宣传文化阵地。网络是新兴的宣传文化阵地，我们要利用好这块阵地，发扬网络民主，多和群众沟通，听取各方意见。要高度重视先进典型的宣传培育，尤其要围绕赶超发展，宣传一批在“三大战役”、产业基地建设和工业化、城镇化、农业产业化等重点工作中涌现出来的典型，宣传一批抓项目、促发展的典型。不仅要推出改革发展、经济建设、党的建设等方面的先进典型，也要推出宣传思想文化工作的先进典型，使整个宣传思想文化工作呈现出群星灿烂、群英荟萃的生动局面。要善于总结群众在实践中创造的新鲜经验，运用各种群众文化活动，寓教于文、寓教于乐，让广大群众在积极健康的文化活动中陶冶情操、提高素质，进一步增强宣传思想工作的感染力、影响力。

二要注重提高宣传质量。宣传文化工作必须注重质量，有质量才会有影响力和竞争力。在新闻宣传、理论研究、文化艺术、教育等等方面，如何提高质量，提高水平，有大量的工作要做。比如新闻宣传如何贴近赶超式发展，贴近群众的物质文化需求，加大舆论引导力度和思想开启的深度？如何加大对外宣传的力度，多上大报大台，提高我市的知名度？理论研究如何贴近实际，在重大问题上释疑解惑？学校的德育教育和素质教育如何进一步加强？这些都需要我们不断探索，求得突破。

三要注重人性化、个性化宣传。要紧贴生活，反映生活，从群众生活的点滴变化中，从形象感人的细微情节中，诠释哲理，启迪思维。要按照中央精神，切实改革会议和领导活动的新闻报道，把镜头对准群众，把版面留给群众，把话筒让给群众，用群众的语言，反映群众身边的人和事。还有领导干部作报告、讲话也是很重要的宣传，也要讲求实际效果，要少讲空话、套话，多讲实话、真话、管用的话、群众愿意听的话，这样才能达到入耳入脑的效果。

我希望、也完全相信，通过唱好这“五首歌”，宣传思想战线的同志一定能进一步解放思想，以昂扬向上的精神状态、开拓创新的实际行动、求真务实的工作作风，努力开创宣传思想工作新局面，为推动我市赶超式发展作出新的更大贡献！

［实例二］庄重与华丽的结合

一切为了宜春发展　一切为了人民幸福

——在公务员宣誓仪式上的讲话

（2009 年 10 月 1 日）

今天是一个庄严、吉祥而美丽的日子。在举国欢庆共和国 60 华诞的美好时刻，我们相约在市政大楼前，集合在五星红旗下，举行隆重的公务员宣誓仪式。借此机会，我代表市委、市人大、市政府、市政协向全体公务员，向全市人民表示节日的问候！向长期以来为建设国家、建设宜春而辛勤劳动并作出积极贡献的全体公务员、全市广大干部群众和社会各界人士，表示衷心的感谢和崇高的敬意！

公务员，一个多么光荣的名字，一个多么崇高的职业；公务员誓词，一份多么执着的信念，一份多么厚重的承诺。这是我们对党和祖国的承诺，是对 540 万父老乡亲的承诺，也是对我们自己生命价值的承诺。言出必行，诺出必践，同志们，大家能做到吗？（众答：能！）

既然我们宣誓过“坚决拥护中国共产党的领导，忠于宪法，忠于政府，忠于人民”，就要在思想上、政治上、行动上与党中央保持高度一致，坚决贯彻执行党和国家的大政方针、政策法律，始终做到对党忠诚，对政府忠实，对人民忠心。

既然我们宣誓过“依法行政，严守纪律，保守秘密”，就要不断强化依法治国、依法治市、依法行政的观念，自觉做到有法必依，执法必严，违法必究，坚决维护法律的尊严；就要严格遵守党和国家的政治纪律、组织纪律、保密纪律，成为遵章守法的模范。

既然我们宣誓过“爱岗敬业，清正廉洁，诚实守信”，就要提高素质，恪尽职守，出色地完成各项工作任务；就要严于律己，防微杜渐，永葆清正廉洁的本色；就要求真务实，说到做到，以实际行动取信于民。

既然我们宣誓过“全心全意为人民服务，为祖国的繁荣富强而努力奋斗”，就要始终做到权为民所用，情为民所系，利为民所谋，真心实意、诚心诚意地为老百姓做好事、办实事、解难事，为人民的幸福安康，为中华民族的伟大复兴拼搏进取，建功立业。

誓言沉甸甸，责任沉甸甸。誓言与使命同行，光荣与考验同在。同志们，这份神圣而庄严的誓词，这份慷慨激昂的承诺，大家都记住了吗？(众答：记住了！)

是的，我们一定要记住，我们一定不能忘记。忘记，就意味着背叛；忘记，就不配当人民的公务员。尤其要看到，伴随着伟大祖国前进的脚步，我市也已经站在一条新的起跑线上。科学发展，赶超发展，任重道远，时不我待；建设宜居城市，推进六大产业，做强十大基地，加快项目建设，形势逼人，重担压人；实施民生工程，发展社会事业，促进农村繁荣，维护安全稳定，责任重大，不容懈怠。因此，是公务员，就必须顾全大局，改进作风，成为全心全意为人民服务、为企业服务、为基层服务的勤务员；是公务员，就必须解放思想，善谋实干，成为破解难题、胜任本职的操作员；是公务员，就必须吃苦在前，享受在后，成为团结带领人民群众克难制胜、共图大业的宣传员。一句话，是公务员，就必须始终牢记并且忠实践行“立党为公，执政为民”的宗旨，任何时候、任何情况下都坚持做到“一切为了宜春发展，一切为了人民幸福”，成为推动科学发展、赶超发展的战斗员。大家有信心吗？(众答：有！)

同志们，祖国在召唤，人民在期待。公务员的誓言，要用行动来兑现；公务员的价值，要用业绩来证明；公务员的光荣称号，要用奉献来支撑。我相信，只要我们牢记职责，不辱使命，言行一致，埋头苦干，就一定能成为永远值得人民群众信任的合格的公务员，就一定能为伟大祖国更加美好的明天增辉添彩，就一定能在这块“四时咸宜、其气如春”的美丽土地上谱写出更加精彩、更加壮丽的新篇章！

[实例三] 善于煽动也是一种艺术

在春节团拜会暨抗冻救灾情况通报会上的讲话

（2008年2月5日）

今天我们开了一个特殊的、不同寻常的、有重大意义的春节团拜会。把团拜会和抗冻救灾情况通报会摆在一起开，看起来互不关联，实际上贯穿着一个庄严的主题，这就是：在春节的喜庆到来的时候，我们没有忘记、也不会忘记“一切为了萍乡发展，一切为了人民幸福”的神圣使命。

刚才，公安、供电、水务、建设、城管、公路、春蕾公司等几个单位的负责同志作了很好的发言，他们在抗冻救灾工作中为保障供电、供水、供气和农副产品供应、道路畅通、社会治安等方面做了大量艰苦细致的工作，作出了不可磨灭的贡献。实际上，今天应该站在这里亮相发言的，还有很多单位，比如：为了保证道路畅通而日夜奋战的交通、运管、公交、交警和武警等单位；为了解决居民用水困难而开着消防车沿街送水的消防官兵；为了保证大米、农副产品供应而日夜奔忙的农业局、粮食局、商管办的干部职工；为了保证通信畅通而紧张忙碌的电信、移动、联通、铁通等单位的同志；为了保证油料供应而紧张调运物资的石油部门等等，还有其他相关单位和部门，都为抗冻救灾出了力、尽了心，因为时间关系，这里不能一一列举。

动人的故事总是由动人的细节所组成。在灾害来临的时候，全市上下听从指挥、沉着应战，广大干部职工坚守岗位、任劳任怨，体现了一种极大的凝聚力和向心力，体现了一种同舟共济、患难与共的精神，体现了一种迎难而进、奋勇拼搏的精神，体现了一种对事业负责、对人民负责的精神，归根到底，体现了“一切为了萍乡发展，一切为了人民幸福”的精神。

这是我们最宝贵的精神财富，这是超越一切 GDP 和财政收入的财富，这是能够战胜一切灾害的财富，是任何冰封雪阻都压不垮、冻不僵的财富！

由此我想到，在没有灾害的时候，我们是否能够保持这种精神呢？应当肯定，在多数时候、多数情况下，在多数同志身上，答案是肯定的。回顾过去一年的工作，我们有理由充分地肯定这一点。比如创建文明城市，我们用短短八个月的时间，使城市面貌、人居环境得到了很大的改观，跻身于全省文明城市的行列，靠的就是这种精神；我们实施兴工强市主战略，大力推进项目建设，一年内拿下 50 多个投资 5000 万元以上的项目，招商引资取得突破性进展，靠的是这种精神；我们大力实施民生工程，全面完成省政府下达的各项指标，并且位居全省前列，靠的是这种精神；还有 320 国道在短短四个月的时间内实现了垫层通车，全市人民期盼多年的山口岩水库终于胜利动工，安全生产取得优异成绩，优化环境得到广大企业和人民群众的欢迎，以及社会事业建设、党的建设、人大政协工作、国防和民兵预备役等各个方面的工作，过去一年都取得明显的成效，靠的都是“两个一切”的强大精神动力。

当然，我们不能否认，在某些情况下、在极少数同志身上，“两个一切”的精神体现得不够充分、不够到位。我们的干部队伍作风建设取得了明显的成效，但是有时候仍然存在不思进取、因循守旧、华而不实、回避困难等不良作风；我们的发展环境和行政效率有了很大的改观，但是有时候仍然存在办事效率不高、服务不到位等情况。因此，在总结这场抗冻救灾工作的时候，我们有必要提出一个严肃而尖锐的课题，这就是：在没有灾害的日子里，在任何时候、任何情况下，我们每一个领导干部、每一个共产党员、每一个公务员，都要时刻保持这种精神，都要自觉地做到“两个一切”。

我们要用这种精神，继续抓好抗冻救灾工作，让人民群众过一个平安祥和的春节；我们要用这种精神，抓好灾后重建，尽可能地把灾害造成的损失夺回来；

我们要用这种精神，深入贯彻党的十七大精神，全面落实科学发展观，推进萍乡产业结构战略性转型，推进兴工强市主战略的实施，推进城市建设、文化建设、新农村建设；我们要用这种精神，继续加强社会建设、政治建设、党的建设和反腐倡廉建设，推动各项工作在新的起点上取得新的发展、新的起色、新的突破。

的确，提出这个课题，让每一个党员干部都能自觉地、经常地做到“两个一切”，不是一件容易的事情。这需要每一位党员干部都能够树立正确的世界观、人生观、价值观，尤其需要主要领导同志以身作则、率先垂范。我真诚地希望并相信，我们每一位同志都能够通过这场灾害的洗礼和磨炼，有所感悟，有所进步，都能够把灾害中闪现的这种“精神的辉煌”永远留住。

有了这种精神，我们就能够战胜一切灾害，就能够跨过一切艰难险阻，取得一个又一个新的胜利；

有了这种精神，萍乡的明天一定会更加美好，萍乡人民的明天一定会更加美好。

同志们，在新年的钟声即将敲响的时候，在迎春的礼花即将绽放的时候，我们不能忘记，现在还有一部分乡村没有通路、没有通电，一些边远山区至今还黑灯瞎火，老百姓还看不上电视；我们不能忘记，相当一部分企业厂房倒塌，遭受严重损失，企业家们正心急如焚；我们不能忘记，为了让人民群众过好春节，供水、供电、供气、交通战线的同志至今仍然在一线拼搏奋战，尤其不能忘记不远千里、无私援助我们的陕西电力公司500余名干部职工，仍然在冒着严寒、冒着生命危险为我们抢修电路。因此，我们代表市委、市人大、市政府、市政协，不仅向在座的同志拜年，向全市人民拜年，更要向那些奋战在抗灾一线的、可敬可爱的干部职工拜年，更重要的是，我们要以"一切为了萍乡发展，一切为了人民幸福"的实际行动和良好业绩，为萍乡人民创造一个又一个平安年、幸福年！

[实例四] 用精彩的开场白把听众调动起来

在全市兴工强市和发展开放型经济动员大会上的讲话（摘要）

（2012年1月29日）

在龙年的第一个工作日，虽然喜庆鞭炮的硝烟已经散去，虽然万家团圆的欢乐即将结束，但我还是要代表市委市政府向全市人民送上一份美好的祝愿：新的一年，祝每一个家庭都和和美美，祝每一个企业都红红火火，祝每一项事业都顺顺利利！

在龙年的第一个工作日，我们用创业的语言代替拜年祝福，用奋进的步伐代替握手言欢，用崇尚简单、崇尚务实的姿态取代一切不必要的繁文缛节，目的就是希望大家尽快结束过年状态，尽快进入工作状态，急起来，动起来，干起来，让龙年的每一个日子都充满龙马精神、生龙活虎、龙腾虎跃、龙凤呈祥！

在龙年的第一个工作日，我们紧急集合召开的第一个会议是兴工强市和发展开放型经济动员大会，叫响的第一个口号是"主攻工业，扩大开放"，表彰的第一批先进是县域经济三年大竞赛和发展工业经济、民营经济、开放型经济的先进县市区和先进企业，这一切都标志着：我们正在走出"农业上郡"的传统光环，向着工业主导、产业富民的方向阔步前进。我们有理由相信，有省委、省政府的正确领导，有全市人民的群策群力，兴工强市的目标一定能够达到！

D. 秘书心得

公文写作居然能和激情、文学、音乐联系在一起？它们不是水火不能相容的东西吗？如果是在4年前看到这样的观点的话，我一定会有这样的疑问。但在领导身上，它们是完美的结合。在我的印象里，领导没有什么其他的业余爱好，工作之余就喜欢看书、写文学作品、搞音乐创作。他是中国二胡协会常务理事，还是作协和音协会员。

我记得曾经有一个刊物以“一位市委书记的音乐情缘”为题介绍过领导，称他是踩着“乐感”干事业。的确，这在他的讲话中也经常会有体现。如本篇的实例一，我们准备的稿子四平八稳，拘谨干涩，领导看了以后说，“宣传工作本来就是鼓动人的工作，初稿过于拘谨，缺乏激情”，然后以五首歌为标题列了个提纲，一下就使整个稿子脱胎换骨，热情洋溢。实例二，在公务员宣誓仪式上的讲话，这是一篇充满正气、激情与乐感的演讲稿。当时为写这篇讲稿，我们几乎发动了全办的文字工作者参与，同时也作为练笔，大家各写了一篇，但最终领导一篇也没有采纳，甚至一句话也没有引用。到仪式正式举行那天，行政大楼前的广场上密密麻麻站着几千人，领导的激情演讲就像一首交响乐，引起了全场轰动，至今记忆犹新。原来领导文稿不仅可以恢宏高亢，也可以低吟浅唱；不仅可以严肃庄重，也可以抒展情怀。公文写作并不是一味拘泥于条条框框、依样画瓢，有时也需要灵感，需要“浪漫”。

到后来，我们这些文秘人员都开始慢慢回避那些所谓的规矩、格式、套路，业余时间也多看看文学作品，听听音乐，试着从一些优秀的文学、音乐作品里找到写作的灵感，试着用一些激情的文字点缀领导文稿。虽然还是经常被“枪毙”，但慢慢地感觉自己的文字开始有了一丝“灵气”，越来越体会到：一味追求对仗的诗歌绝对不会是上乘佳作，刻意追求“规范”的音乐也不会成为“神曲”，而只讲究“本分”的稿子至多只是一件漂亮的复制品，真正优秀的文稿就像是戴着“镣铐”跳舞，但又看不出他被束缚。

第十三篇
找准角度：让领导讲话具有“可听性”

——当台上讲话的领导为台下的听众认真做笔记而暗自得意的时候，千万当心：有些人可能是在笔记本上练字、画画、编段子。

A. 要点提示

起草领导讲话是需要找角度的。所谓“角度”，如同新闻记者找不同的“视觉”以表达对事物的不同看法一样，领导讲话也是通过找到不同的“切入点”来表达自己的思想和见解。同一篇讲话，同样的内容，按惯常的写法，平铺直叙，中规中矩，当然也未尝不可，但其“可听性”必定要大打折扣，尤其是那些经常要布置、强调的工作，如果总是停留在老调重弹，不仅秘书写得苦，听众也会听得烦。那么，如何找准“角度”？这就需要认真思考、细心体察，它可能是一个巧妙的比喻，可能是一个独到的提法，也可能是一种切身的体验、一种新奇的联想、一种深刻的启示，你尽可说它是文字游戏，也可说它是标新立异，但结果往往是这样：只要这个“角度”找得准确、精妙，即使文章的内容说过千遍万遍，听众也会精神为之一振、眼睛为之一亮，从而认认真真地听下去。

B. 基本训练

1. 动笔前先想一想：这篇文章我只能按惯常的写法写下去吗？

能不能找到新的角度?

2. 下定决心：我一定能找到！我不甘平庸!

3. 把你收集到的素材过滤一遍，把领导同志就该项工作发表过的观点和看法也过滤一遍，把你起草过这方面的讲话稿也过滤一遍，然后思考：这次讲话从哪个角度切入为好?

4. 可能有一个角度，也可能有两个、三个角度，把它们列出来对比一下，看取哪个角度更合适。

5. 定下一个角度，就不要偏离，按此角度一直写下去。

C. 实例印证

[实例一] 巧用比喻吸引听众

让人才登上主席台

——在全市人才工作暨科技奖励大会上的讲话

(2010 年 8 月 16 日)

会议安排了突出贡献人才和科学技术奖部分获奖代表在主席台就座，这不仅仅是为了体现市委、市政府对人才和科技工作者的尊重，更体现了市委、市政府抓人才科技工作的一种新理念，那就是：人才至上，科技至上，要让人才和科技工作者登上经济社会发展的“主席台”。下面，我围绕这个主题谈几点感想：

第一，让人才登上主席台，意味着全社会必须尊重人才、善待人才，让人才有位，让人才吃香，让人才“跑火走红”。一个尊重人才、善待人才的社会，才是文明的、进步的、有希望的。特别是随着科学发展观的深入实践、加快转变经济发展方式提上议事日程，人才和科技显得越来越重要，人才和科技工作者更应受到社会各界的尊崇和拥戴。像今天坐在主席台上的这些代表，多年来他们挥洒智慧，辛勤劳动，无私奉献，为我市经济社会发展作出了巨大贡献。比如，福特斯新能源有限公司董事长蔡道国，自投资落户以来带领全体员工争分夺秒、加紧建设，首批手机锂电池已于今年5月26日顺利出厂，为我们发展锂电新能源产业、建设全国第一个锂电新能源产业基地、打造“亚洲锂都”作出了重要贡献。华伍制动器股份有限公司董事长聂春华，一直十分重视技术创新，公司有多项科研成果达到国际先进水平，他本人参与起草制订了5项制动器国家行业标准，为华伍的成功上市打下了坚实基础。江桥竹木业有限公司总经理冯绪泉，历经四年多时间，成功摸索出计算机竹键盘生产工艺，打破了传统键盘外壳都用塑料加工的历史，引发了一场用竹子取代塑料的环保型新材料革命。四特酒有限责任公司董事长、总经理廖昶，带领公司员工创造了公司发展的新辉煌，去年纳税近4亿元，现在又斥资15亿建设“四特两城”，项目建成后，企业产销量和上交税收将大幅度提高。江特电机股份有限公司董事长、总经理朱军，是一位优秀的年轻企业家，不仅企业经营管理抓得好，而且眼光非常长远，现在正带领公司进军锂电新能源产业。花卉专家余昌达，作为一个普通农民，艰苦创业，通过几十年如一日的不断摸索，现已成为全国研植紫薇的领军人物，紫薇节和紫薇广场办得有声有色，影响很大。天沐集团总裁黄志敏，精心开发富硒温泉，对明月山温泉风景名胜区旅游业的发展发挥了巨大作用。此外，还有一些其他行业的突出人才，他们也都为地方经济社会发展作出了积极贡献，他们登上主席台都是当之无愧的。重视人才就必须培育有利于人才辈出的社会土壤，包括建立健全与科学发展、赶超发展相适应的人才科技发展体制机制，逐步解决制约人才进步和科技创新的深层次问题，从根本上提高市民的文明程度和文化素质等等，更要在全社会形成尊重人才、善待人才的浓厚氛围，让更多的人才从幕后走到前台，从观众席登上主席台，让人才像英雄一样受到社会各界的关注和尊重。

第二，让人才登上主席台，意味着要让更多的人才在经济社会发展的“主席台”上大显身手，建功立业。今天我们会场的主席台是狭小的，而经济社会发展的舞台和“主席台”是广阔的。事业呼唤人才，事业成就人才。当前全球正进入一个空前的创新密集和产业振兴时期，人才科技与地方经济社会发展的前途命运会更加紧密地联系在一起。应该说，这些年来各级党政在人才科技方面做了大量的工作，但仍然存在不少问题，人才短缺、创新不足仍然是我市发展的一道“硬伤”，加强人才和科技工作时不我待，迫在眉睫。为此我们必须根据重大产业、重点项目发展的需要，瞄准科技前沿，明确创新重点，根据发展的需要培养和引进急需人才。当务之急需要一些什么样的人才呢？我们急需一批锂电新能源等高新技术产业发展的领军人才。尽管目前我市锂电新能源产业起步较好，但在当前全国乃至全球都在致力发展锂电新能源产业的时候，我们光有资源优势还不够，还要有先进技术。如果技术不突破，有再好的资源优势也无法转化、无从发挥。我们急需一批思想解放、善于经营、业绩突出的现代化企业经营管理人才，带领我们更多的企业由过去传统的家族式管理转变为现代化企业经营管理。我们急需一批优秀的城市规划建设人才。建筑是凝固的艺术，规划建设工作是一项综合性、科学性很强的工作。从事这项工作，除了要有很强的责任心、事业心，还必须有丰富的学识、宽阔的眼界、创新的思维，乃至一定的文化艺术涵养。我们急需一批善于资本运作的人才。赶超发展不应只是做加法，而应做乘法，资本运作从一定角度上说就是做乘法，包括资源和资本怎么嫁接、传统企业如何通过重组使资产发挥更大效益，包括企业上市等，我们迫切需要这方面的“操盘手”。我们急需一批农业产业化方面的人才。我市是一个传统农业大市，是全国重要的商品粮、毛竹、油茶、生猪生产基地，我们无论怎么强调工业化、城镇化，农业产业化和农民奔小康始终是绕不过去的话题。加快转变农业发展方式，推进农业现代化是全市“三农”工作的当务之急，而加快转变农业发展方式，就必须有一批懂科技、善操作、会经营的专业技术人才。此外，我们还急需一批优秀的党政人才。党政领导要有良好的决策能力、协调能力、驾驭局面的能力、破解难题的能力和抓落实的能力。只会打官腔的不是人才，只会做官不会做事的不是人才，只有那些真正坚持一切为了发展，一切为了人民幸福，能够胜任本职工作并作出突出贡献的人才是人才。所以，各级干部尤其是领导干部一定要加强学习，奋发成才，千万不能漂浮不实、只想做官不想做事，包括讲话，都要讲有水平的话、管用的话、懂行的话，千万不能会上说空话，对上说假话，工作上讲外行话。

第三，让人才登上主席台，意味着各级党政和各级干部要淡化“官本位”，强化“才本位”，大力做好育才、引才、用才的各项工作。一个官本位思想盛行的地方，肯定是一个人才得不到尊重、创新得不到推崇，没有发展、没有希望的地方。尽管时代发展到了今天，但仍有部分领导同志在工作理念和工作方式上，还或多或少存有“官本位”的残余。我们要“让人才登上主席台”，就必须杜绝“官本位”思想，扫除“官本位”，牢固树立以人为本，以才为本的理念，从思想观念、体制机制、政策措施等方面真正落实“人才是第一资源”。实事求是地说，过去由于长期受小农经济意识的束缚，不少同志“官本位”思想严重，往往容易忽视人才、冷落人才甚至是埋没人才。比如，有的同志对全球性的产业之争、人才之争无动于衷，麻木不仁，殊不知错过一个人才，就可能影响一个产业、贻误一方发展。有的虽然意识到了人才科技的重要性，但在具体操作中鼠目寸光，重视了“乡土人才”的培养，而忽视了高端人才的引进，缺乏抢占产业发展制高点的远见卓识和雄心壮志。有的对高端人才采取敬而远之的态度，认为他们是高不可攀的，完全没有意识到我市的新兴产业发展已经开始破题，急需引进而且也具备了引进高端人才的基本条件。所以，我们在抓人才科技工作上，既要“就地取材”，重视本土人才的培育使用，又要“无中生有”，把急需的人才引进来。既要一大批的“能人巧匠”，提高劳动者的整体技能，又要“贪大求洋”，大力引进高端技术人才。要特别强调的是在引进人才上，除了各级党政之外，企业的作用非常重要。一个有远见的企业家，肯定对引进人才、用好人才是非常重视的；一个鼠目寸光的企业家，才会忽视人才、埋没人才。在引进人才上，政府主要起引导作用，创造环境，包括给予一些优惠政策等等，真正用好人才还要落实到企业上来。所以，在引进人才上，光靠政府给多少优惠政策、给多高的待遇那是不现实的，关键要在政府的引导和扶持下，我们各类企业要成为引进人才和用好人才的主体。在引进人才的问题上，我要专门强调一下柔性引才的问题。因为我们毕竟是内陆城市，目前的财力及配套条件还不允许大规模地引进大批高端人才，所以我们一方面要不惜重金，有计划地引进一些急需人才；另一方面要解放思想，因时就势，实行“柔性引才”机制。要打破地域、户籍、身份、人事关系等限制，采取兼职、挂职，人才租赁、技术合作、项目开发等办法灵活引进，畅通聚才引智的“绿色通道”。包括与民间团体、著名大专院校进行人才交流合作，与专家教授建立起长期的协作关系，使高校的专家教授成为企事业单位技术开发和经营管理的“智囊团”。要鼓励区域内的高新技术企业、高等院校和科研院所采取项目和课题招标承包、短期或弹性聘用等方式引进国内外智力，推行研发项目招标制和首席专家负责制，以项目建设为平台，加快高新技术人才聚集。

第四，让人才登上主席台，意味着全社会都要当好“听众”，当好勤务员，当好人才强市、科技兴市的参与者和践行者。各级党政要站在讲大局、讲政治的高度，坚决落实好党管人才原则，真正把引进和培育人才、推动科技创新作为事关经济前途命运的大事，摆上议事、谋事、干事日程。对人才和科技工作中的一些重大问题、难点问题，主要领导要亲自挂帅，一抓到底。要高度重视科技部门的班子建设和科研机构队伍建设，从经费、编制、办公条件等方面大力支持科技部门和科研机构的工作，为他们干事创业提供必要条件。各级科技、人才部门的同志，要有强烈的使命意识，以科技兴市、人才强市为己任，充分发挥职能作用，当好人才的发现者、保护者，当好科技创新的宣传者、践行者。对市委、市政府关于人才科技工作的各项决策部署，要按照“项目化、时间表、责任人”的要求细化工作方案，逐项抓好落实。各级领导要有科技意识、人才意识，不懂科学、不重视科学、不善于利用科学是危险的，也是无知的，就不可能形成科学的决策，更抓不好人才科技工作。要特别强调的是，作为领导同志一定要有爱才之心、用才之道，要弘扬创新精神，营造尊重个性、宽容失败的社会环境。很多时候，个性与人才总是相伴共生的，一个容不下个性的地方肯定是留不住人才的地方。要打破那些扼杀个性、埋没人才的“潜规则”，打破按部就班、论资排辈、重学历轻能力等陈规陋习，对那些有“棱”有“角”、甚至有点争议的人才，只要本质没有问题，只要他们想干事、能干事、干得成事，就不能冷落排挤，不能求全责备，更不能因“小过”而斩大将。要宽容失败，科学研究和技术创新都是开创性的工作，既然是开创性，就肯定会有风险，每一个成果的取得，往往都要经历无数次失败和挫折，如果一出现失败，就泼冷水，一棍子打死，那永远出不了成果。

同志们，人才注定成为时代的宠儿，人才注定成为事业的中坚，未来登上经济社会发展“主席台”的，必将是、也必须是更多才华出众、贡献突出的优秀人才！让我们携手努力，共同推动人才科技发展的“春天”早日来临。

[实例二] 巧用哲理吸引听众

打破思想观念上的几个“不等式”

——在全市一季度经济形势分析会议上的讲话

（2007 年 4 月 10 日）

今年一季度的工作，应当说有了好的起步、好的变化，当然也存在一些问题，可以概括为“两个良好开端”、“两个初见成效”和“一个严重危机”。

“两个良好开端”：一是发展环境有了明显改善。按照市委、市政府的统一部署，各县区、市直各单位认真开展了优化发展环境整治工作，查处了一批典型案件，建立健全了有关制度，一段时期干部群众和企业反映强烈的发展环境不优的问题，包括“三乱”的问题，得到了初步遏制。二是通过整顿干部作风，各级干部思想观念有了新的变化。一段时期内少数干部中存在的不守纪律、不讲效率，包括社会上反映比较强烈的有些同志玩心比较重的现象，也得到了初步遏制，机关形象也有了明显的改善，出现了人心思变、人心思上的可喜局面。

“两个初见成效”：一是城市建设和管理初见成效。在较短的时间内，通过大家的共同努力，特别是政府分管领导和城建、城管、环卫部门以及安源区、开发区干部职工的艰苦劳动，中心城区“脏、乱、差”的现象有了初步改变。尽管这些事情看起来很小，但恰恰是这些发生在老百姓身边的小事，你给他解决了，老百姓就很高兴。当然我讲初见成效，是指我们现在只做了一些“小打小闹”的工作，下一步创建文明城市、卫生城市、园林城市还有很多工作要做。二是主攻工业和招商引资初见成效。市委、市政府把“兴工强市”作为主战略，今年以来加大了主攻工业和招商引资的力度，包括领导高位推进、亲自外出招商，积极筛选项目、与客商洽谈等等。应当说，现在主攻工业的气氛逐渐浓厚起来了，来萍考察和洽谈项目的客商也明显增多了，而且有些项目已经有了眉目，前景看好。

“一个严重危机”，就是落后掉队的危险。前不久全市经济工作会议上，我专门讲了这个问题，今天我仍然要讲这个问题。对于一季度的工作，我们应当充分肯定，实现了平稳发展。但是打开门来和人家一比，我们真是坐不住。这个指标、那个指标，最重要的、最关键的还是财政收入指标，一季度我们的财政收入增幅远远低于全省平均增幅。尽管我们人均占有量相对较高，但是把速度、总量和兄弟市一比较，我们明显落后了。对下一步的工作，刚才有几位领导都讲到了。我要说的是今年的工作特别重要，为什么？因为今年是换届后的第一年，我们的工作能否有新的起色，决定着能否为今后的发展打下良好的基础。而且今年已经是“十一五”的第二年，不抓紧的话“十一五”很快就过去了。而且大家也知道，现在即使有成批的大项目落地开建，也要到明年、甚至到后年才能见效。如果我们的工作老落在后面，自己脸上不好看，还给省委、省政府抹黑，拖全省的后腿。所以说，今年太重要了，太关键了。这就注定了我们必须坚持打基础、增后劲，必须咬紧牙关、负重拼搏，抓紧每一天，走好每一步，干好每件事。下面我着重讲讲工作理念上应该确立的几个“不等式”：

一、实事求是≠低速度、慢慢来

我们的各项工作都必须求真务实，必须说实话、办实事、求实效。但是，我们一定要防止片面理解实事求是，而自陷于无所谓、慢慢来、平平过的碌碌无为状态。比如经济主要指标的问题，并不是说数字高了就不是实事求是，数字低了就是实事求是。主要经济指标如果老是往后掉，人家老是超越我们，我们还有脸面说我们是在实事求是吗？我们要正视落后，但绝不能甘于落后。面对省内兄弟市加快发展的逼人态势，唯有“跳起来摘桃子”，千方百计加快发展速度，提高经济运行质量，才是当前最大的实事求是。满足于平平过、慢慢来，就不是实事求是，而是懦夫懒汉思想。

干工作，付出多少，就会收获多少，一个市是这样，一个县区是这样，一个单位也是这样。过去努力了，今天就会见效，就会有财源，就会有增长点，就会加快发展；过去没有努力、放松了，现在也会见“效”，这个“效”就是没有效果、没有增长点，就会压力加大、排位倒退。这种客观规律和因果关系是无情的。所以，我们各级领导干部一定要高度重视、切实处理好实事求是和加快发展速度的问题。接下来的二季度，一定要开足马力、加快步伐，改变这种落后被动局面，尤其是财政收入的问题，要确保全年增长20%，确保绝对数超过32.5亿元，确保年终交账在全省的排位不掉入后三名，这三个都是硬指标、硬要求、硬任务，必须完成。换届后看你这个班子是不是有战斗力、有操作力，其中一个重要的方面是看财政增长情况。会后各个县区和开发区，要认真分析一下，你们的财税增长点在哪里、潜力在哪里，特别是增长太慢甚至负增长的，一定要采取措施迎头赶上。一是要加强税收征管，堵塞跑、冒、滴、漏。二是要加强非税收入征管，包括土地收入。市本级抓土地清理整顿以来，取得了良好成效。各县区要乘这股东风，对闲置土地一定要全面清理，凡闲置两年以上的要坚决依法收回。要精心经营土地，提高土地收益。三是要加强对企业的服务和指导。有人说现在搞市场经济了，政府不直接管企业了，这种说法不完全正确。一方面，我们要经常关心企业，帮助解决好企业发展中遇到的困难和问题。另一方面，要向企业交任务，明确奋斗目标。我们有的企业，包括开发区的一些入园企业，长期不能达产达标、长期没有税收。对此我们不能坐视不管，既然企业用了土地，就必须开足马力、达产达标，经过努力仍不能达产达标的，或占用土地搞非生产性建设的，就要收回土地，腾出土地重新招商。

二、统筹发展≠面面俱到、眉毛胡子一把抓

落实科学发展观，统筹发展、兼顾各方，毫无疑问是正确的，必须长期坚持。我们实施主攻工业、兴工强市的战略，以及第三产业、城市建设、农村建设、社会事业、民生工程、建设和谐社会等各个方面的工作，都要一件一件落实到位。但我们有的同志在工作中分不清主次，忙来忙去就是忙不到点子上，什么都重要变成什么都不重要，这就值得改进了。在全面落实科学发展观的同时，我们要针对萍乡实际，突出主旋律、主攻点，这就是：多上项目，培植财源。

过去我说过，没有项目就没有发展，没有项目就没有财源，没有项目就没有后劲。现在我还要加上一句话：没有项目就没有“脸面”。当前各项工作千头万绪，什么都重要，这的确没有错，但项目是当前的急中之急，重中之重。加快经济发展是解决萍乡一切问题的根本，多上项目又是解决当前经济工作一切问题的根本。希望同志们一定突出项目建设这个重点：第一，各级领导必须高位推进、亲自抓项目。悠悠万事，项目为大。从现在开始，市县（区）各套班子的领导尤其是党政领导，都要出去亲自招商，要有一个齐心协力抓项目的大气候。凡是有大项目、好项目，主要领导也得出面。要做到少开会、少应酬、少搞不必要的汇报、少缠身于鸡毛蒜皮的小事，集中精力抓大事、抓大项目。最近几个月开了不少会，开完今天的会后原则上不再召开大规模的会议，让大家都有时间出去，全力以赴抓项目。要善于删繁就简，节约时间，比如吃饭应酬的问题，我向来认为，简单就是奢华，繁琐就是受累。当然上面来了客人、外面来了客商，要做好接待工作，该陪的还得陪。除此之外，我们自己人之间没有必要讲客套，包括我们下县区，你们书记、县区长没有必要到路上迎接，也没有必要七大盆八大碗地一顿饭耗费一两个小时，那真是受罪。还有汇报工作的问题，你们做了事我们知道，没有必要事不分大小都向领导汇报，有些事也没有必要非当面汇报不可，可以通过发短信、打电话的方式来报告，既节约时间，又提高效率。第二，各个部门联动，举全市之力招商引资、主攻工业。今年已经过去一个季度了，现在各个县区抓项目都抓得很紧，开发区也抓得很紧、很有劲头。但是市直单位这一块，有的动了，有的还没动。市里已经要求，各个单位招了项目要往开发区和工业园放，现在基本上还没有，多数情况下是开发区在孤军作战，我们的部门还没有完全动起来，会后要动起来。第三，要注意改进方法、提高质量。特别要注意以商招商，力争引进更多的项目。以商招商是最好的办法，也是最容易成功的办法。第四，要搞好产业规划，建好项目库。上次经济工作会上已作了布置，发改委、外经贸局、经贸委已经做了很多工作。一定要把做好产业规划和项目库的建设，作为招商引资、主攻工业的一项重要基础工作来抓。市里已初步考虑，要实施兴工强市“3331 百亿”工程，实施方案不久即将下达，各地各单位要认真落实，坚决完成。

三、困难和矛盾≠落后的理由、完不成任务的借口

这里主要说的是精神状态的问题。要加快发展肯定会有很多困难、矛盾和问题，没有困难、矛盾和问题，还要我们这些领导干部干什么？任何一个地方的发展都会遇到困难、矛盾和问题，那么为什么有的地方发展快，为什么有的地方发展慢？就是面对困难、矛盾和问题，有没有好的精神状态，有没有拿出攻坚克难的办法。怕只怕有的同志总是回避困难、矛盾和问题，在完不成任务的时候、面对落后的时候，还千方百计为自己寻找各种借口，为自己开脱。

在这里，我要说几句话：第一句话，要找借口总会有借口。什么借口？比如项目上不去，可以找财政没给钱作借口；财政收入完不成，可以找没有项目作借口。第二句话，不找借口就不会有借口。那就是义无反顾，逼着自己上，不怕苦畏难，不怨天尤人，不达目标决不罢休，这才是我们所需要的态度。第三句话，加快发展不能找借口。尤其是当前，我们面临着落后掉队的危险，如果大家都找借口，那还怎么发展？第四句话，衡量领导干部是否称职，就看你是不是老在为自己找借口。老找借口，完不成任务，就不是称职的领导干部。不找借口，迎着困难上，出色完成任务，就是好领导、好干部。

在正确对待矛盾和困难的问题上，当前尤其是要妥善处理三个问题，也就是加快发展必须注意的问题：第一个是土地问题。一方面，要严格按照中央和省有关政策要求，加强土地管理，节约用地，集约用地，保护耕地。同时，要适应加快发展的需要，力争多报批一些急需的项目建设用地。各个县区、开发区，有关部门报的项目都需要用地。没有土地，我们还搞什么项目？土地批不下来，一切无从谈起。但是我们有的部门，在用地上叫得很凶，但材料报得太慢。当然国土部门要继续加强指导，抓紧报批，努力争取。此外要继续抓好闲置土地清理整顿工作，现在市本级、开发区和安源区闲置土地的情况基本清楚，而且有一批案件已经立案了，要一件一件进行调查处理。对闲置土地，对违反了土地管理法的用地，要

排除一切阻力、一切杂音，坚决依法查处。土地问题一定要算好账，再不能像有的同志那样，不算账、乱优惠。第二个是投入的问题。前不久市委、市政府专门开了一次银行行长会，各家银行的行长都表示，要主动策应市委、市政府主攻工业、兴工强市的战略，对一些重点项目的建设都表示支持。最近，有不少行长和我们分管领导、部门领导进行了联系，这个势头非常好。我们要进一步加强与银行的沟通和联系，充分利用好金融对经济发展的拉动作用。特别是当前一批重点项目的建设，各有关单位要经常向银行通报项目信息，争取银行支持。第三是经济发展环境的问题。经过几个月的努力，优化经济发展环境已取得了初步成效，但是对这个成绩不能估计过高，稍有放松，就会故态复萌、死灰复燃。所以，必须上下齐心、常抓不懈，特别要在建立长效机制上下功夫。优化发展环境，作为事关萍乡经济社会发展的一项重要工程，将永远伴随着经济的发展，永远不会结束。尤其是对破坏经济发展环境的人和事，无论什么时候发现，都要毫不留情地进行处理。

四、干了事≠干成了、干好了事

我们各级干部都在干事，无论哪一套班子，无论哪一级，大家都在做事，都在致力于加快萍乡发展。但是，干事的质量有好有坏、干事的效率有高有低，所以我说干了事不等于干成了、干好了事。我们每一个同志，在每一个岗位上，都必须把自己这份事干到位、干出色、干成功，才算真正干好了事。第一，干事一定要精细。不能马马虎虎、粗枝大叶，不能满足于当“宏观领导”，不能半途而废，不能做“翻烧饼”的事。干事要精细，也就是我过去说的，成功在于细节、细节在于操作，请同志们一定牢记这句话。现在，加快萍乡发展的思路和战略已经明确，关键看能否落到实处。落到实处，就要靠大家做事精细，要讲究细节，要注重操作。第二，干事要有档次。同样的干事，有的有档次，有的没有档次。我们有的同志做事想当然、凭老经验，想怎么做就怎么做，这是不行的。现在我们要做的工作与过去相比有很大的不同。为什么讲新型工业化、农业现代化？那都是一种工作档次的提升。我们讲县域经济三大板块，也就是上栗的烟花鞭炮、湘东的化工填料、芦溪的电瓷，同样也面临着提升档次的问题，包括注重产品研发、提高产品的市场竞争力和形成产业链、提高附加值等等方面。这一点大家都已经注意到了，思路也有了，关键是付诸实施的问题。第三，干事要讲效率，要有雷厉风行、说干就干、马上就办的精神，不能拖、不能等、不能推。比如讲招商引资的问题，招商引资有个规律，一般来讲上半年谈成了，下半年就能动工建设，所以上半年往往是招商引资的黄金时期。上半年没抓到项目，下半年就落空了，今年做得不好，明年就落空了，一天都等不得。一定要有只争朝夕的精神，一定要有“一日无为、三日不安”的精神。事情布置下去了，就要雷厉风行、马上去办，有时间要求的，哪怕加班加点也必须保质保量按时完成，不能优哉优哉。耽误一天就是一天，耽误一天可能影响一年，耽误一年可能影响几年，所以我们必须有往前赶、抓紧干的紧迫感。

[实例三] 用生活体会吸引听众

在全市旅游发展大会上的讲话（摘要）

（2009 年 6 月 22 日）

前不久，我和明月山的同志一起开展了一次明月山浪漫之旅。在天气炎热的情况下，步行 6381 个台阶直到明月山顶，目的有两个：一是爬山锻炼身体，二是考察山顶的项目开发。一路下来，很有感受：

第一个感受：征服高峰，首先不是凭体力，而是凭决心和意志，建设旅游强市同样需要坚定的信念和坚忍不拔的登攀。这次爬山的同志，大多长期坐办公室，年纪也比较大，爬山比较困难，但既然决定要到山顶，大家就表示一定要做到。我们建设旅游强市，同样需要坚定的信念和决心，信念和决心不能放松。我市这两年旅游业取得了很大的发展，来之不易，但是我们如同爬山一样，还要坚定信念、下定决心，继续登攀。在当前特殊的国际金融形势下，加快旅游产业发展，是落实国家扩大内需、刺激消费政策，落实我省建设旅游大省重要部署的具体措施；是按照国家“加快发展旅游休闲消费，实现经济较快平稳发展”作出的重大决策；是充分发挥我市旅游资源优势，实现科学发展、赶超发展的长远战略；是建设宜居城市、提高城市吸引力、打造中心城核心竞争力的具体措施。在省委、省政府决定建设旅游产业大省的情况下，我们有很多好的资源，出台了加快旅游业发展的若干意见，如何更好更快地发展旅游，在现有基础上继续登攀高峰，提高旅游产业占国民经济的比重，是我们面对的很大的机遇和挑战。要实现这一目标，无论是定位也好，思路也好，目标也好，都要实现从升温到升级的转变，真正打出“月亮之都、禅宗圣地、生态王国”的品牌。一个地方的旅游业要加快发展，就要有竞争优势，要有自己的特色。比如打出“月亮之都”品牌，这是我们的优势所在，但与江西几大名景区相比较，他们都在前列，我们靠什么取胜？井冈山是一个熊腰虎背的大汉，庐山是一个神出鬼没的怪兽，龙虎山是一个仙风道骨的道士，而明月山是情山，是含情脉脉的美丽姑娘，关键就在于把月亮文化做足，把情做足。

第二个感受：风景这边独好，归根到底要靠项目的支撑，建设旅游大市、旅游强市，必须开足马力建设一批优势、骨干旅游项目。目前山顶的梦月山庄、青云栈道几个项目建设进度都比较快，明月山管理局抓项目的力度也比较大。还有铜鼓温泉、樟树筑卫城和吴城遗址、靖安东周古墓群，都做得非常好，当然也有的地方进度慢一点，有的正在开发，有的还停留在图纸上。我们有这么多好的资源，不能再让它们沉睡下去，必须通过规划并且加快开发和建设力度，让这些景区景点发挥作用。县市区要根据加快旅游业发展的若干意见，明确责任人，抓好落实，全力以赴加快项目建设，加快旅游事业发展。

第三个感受：美不仅在于发现，还在于创造，建设旅游强市，不仅需要有激情，还需要有创新的思维和科学的理念。旅游产业是一项创意产业，没有创意就没有旅游；旅游还是一项知识产业，没有文化的旅游是没有灵魂的旅游。对于现有的资源，要靠想象力、创造力去创意和提升，赋予其文化内涵，如果不这样做，整个旅游品味就不能得到提升。比如明月山的名字由来，是因为出过一个皇后，小名叫“明月”，这比单纯看景点就更有品味。还有一种说法是山顶上有一块石头，当地人称之为嫦娥奔月之处，所以叫明月山。去年中国探月工程首席科学家、被誉为“嫦娥之父”的中科院院士欧阳自远来参加月亮文化节，听说之后专门写了篇文章。他说，凭着明月山这么美，我宁愿相信嫦娥是在这里奔月的，这对于明月山的品牌有多大的提升呀！这届月亮文化节把中央电视台的中秋晚会放到我市举办，也是一种创意，给明月山增加了文化内涵。还有我们的富硒温泉，可饮可浴，能预防治疗心血管、皮肤病等多种疾病，长期以来温泉覆盖地区的人们都没有癌症、没有近视，平均寿命比城区高两岁。但是富硒矿泉水的价格只比普通矿泉水稍高一点，所以我们要找权威机构来鉴定成分、评估价值。类似这些问题，需要我们开动脑筋、激活思维，依托现有资源提炼升华，提高旅游品味。

第四个感受：站在新的高度才会发现原有的渺小和缺陷，建设旅游强市，需要尽快实现全市旅游从升温到升级的转变。

1. 发展理念要实现升温向升级转变。全市上下是要进一步转变思维方式，以“大旅游、大产业”的思路去思考、去谋划。要跳出旅游发展旅游，提升城市的旅游内涵，以城市建设带动旅游发展，以旅游发展提升城市品位，把城市旅游作为旅游经济新的增长点，尤其对重点城建项目要精心设计、认真施工，力求每建成一个项目，就增加一处景观。要跳出资源限制发展旅游，着力打造整体优势。我市旅游资源丰富，但缺少单体优势，只有捆绑优势，必须加大资源整合力度。去年我们成立了市旅游集团，要以此为平台，整合全市旅游资源，进行项目整体策划包装，加大市场融资开发力度，打造一批拳头产品、主打产品。要以更加开阔的眼界发展旅游，在开发好自身现有资源的同时，考虑与吉安、萍乡、南昌甚至湖南、湖北等景区协商联动，策划打造精品旅游路线，让各自独立的旅游资源融合互动。

2. 产业规划要实现从升温向升级转化。根据我市旅游产业发展的现状，有必要对全市旅游发展总体规划进行修编完善。要舍得投入，聘请专家指导参与修编，切实研究解决好全市旅游产业定位与资源捆绑、要素整合的问题，重点对“两区一线”和中心城区的旅游业布局、旅游产业集聚、新型业态融合发展、旅游产品开发、目的地体系建设等进行补充规划。各县市区也要做好旅游业发展规划的修编工作。要坚决维护规划的权威性，坚持“先规划，后建设”的原则，加强规划管理，防止盲目开发、短期行为和恶性竞争。

3. 服务质量要实现从升温向升级转化。一方面，要加强人才培养。旅游从业人员与其他产业相比，需要文化底蕴，需要敏捷的思维和渊博的知识，还需要良好的仪表。旅游产业要升级，就要进一步加强人才的培养。要通过加强岗前培训，在岗培训，创先评优，技能竞赛等手段，促进广大旅游从业人员，队伍素质的全面提升。当前重点要加强对旅游资本运作人才、旅游市场营销人才、旅游产品开发人才、导游服务人才等专业人才的培养。另一方面，要大力净化市场优化环境。要坚持发展与规范并举，完善市场管理，加强行业自律，不断优化旅游发展环境，推进诚信旅游建设。要加强旅游企业的监督管理，做好从业人员资格认证，实现旅游业规范管理。要严格市场监管，依法坚决打击破坏旅游秩序和发展环境的不法行为，及时受理游客举报，切实维护游客合法权益。要认真查找涉旅单位存在的不足，及时完善服务设施，提升服务水平，尽最大努力让每一个游客高兴而来、满意而归，决不让一个游客在我们这里受委屈。

4. 宣传营销要实现从升温到升级的转变。旅游经济是典型的“宣传经济”、“眼球经济”、“注意力经济”，做好宣传促销尤为重要，没有营销就没有旅游。一方面，要壮大营销主体。由市旅游发展领导小组统一策划组织，实行整体营销和个体营销相结合，合理统筹全市旅游对外宣传，做到品牌整合、景区整合、资金整合、人员整合、载体整合。另一方面，要创新营销方式。强化旅游整体品牌形象的包装、宣传，坚持“全面吸引、重点招徕”原则，加强旅游创意，积极通过多种渠道、多种载体、多种方式进行宣传推介，吸引市场眼光、游客眼球。市内各大报纸、电台、电视台、政府网站等媒体要广辟专栏，优先安排旅游公益广告。政府各驻外机构要采取多种形式，积极配合加大我市旅游宣传力度。大力发展旅游电子商务，加快建设各级政府旅游网站、旅游景区网站和旅游企业网站，发挥网络媒体宣传促销、咨询服务的快捷便利优势。

5. 组织领导要实现升温到升级转变。发展旅游业是一个庞大的系统工程，涉及方方面面和许多环节，需要全市上下的共同努力。各级党委、政府要健全领导机构，加强对旅游工作的领导，认真细化分解旅游工作责任目标，及时研究、协调、解决旅游业发展中存在的突出问题。各级各部门要牢固树立旅游“全市一盘棋”的思想，协调行动，通力合作，形成各负其责、各尽其职的良好局面。旅游部门要履行好组织者和协调者的责任，做好政策研究、产业规划、业务指导和市场监管等工作。这里我要特别强调的是，各个部门单位之间，一定要进一步解放思想，顾大局、舍小利，打破部门利益、条块分割，绝不允许为部门利益损害旅游产业发展，绝不允许人为设置发展障碍，绝不允许以研究请示为借口推诿拖延有关工作。

这次的明月山浪漫之旅，让我再次有了亲身感受。登山的过程非常艰苦，但当我们登上山顶，亲眼领略美不胜收的美景，才真正感受到：无限风光在险峰！希望我们在座的同志、全市工作的各个方面，都能像登山一样，不断向新的高度登攀。

D. 秘书心得

即使现在再看这三篇稿子，都仍觉得新颖别致，心思巧妙。实例一《在全市人才工作暨科技奖励大会上的讲话》借助会议安排的不同，抓住“让人才登上主席台”这个细节，以此作比喻串起全篇，生动形象地表达了人才至上、科技至上的理念；实例二《在全市一季度经济形势分析会议上的讲话》，打破“四个不等式”，一针见血、充满辩证、引人深思；实例三《在全市旅游发展大会上的讲话》，结合一次登山感受谈建设旅游强市、推动旅游产业发展升温升级，听讲话的过程犹如经历了一次美妙的明月山之旅。事还是那些事，理都是那些理，角度一变天地宽。

同一个事物在不同的角度看会有不同的结果，同一篇讲话从不同的角度讲也会有不同的效果。在按照传统角度写讲话稿写得步履艰难的时候，我们却常常忘记“换一个角度”。第一，把领导讲话当成例行公事。例行公事就肯定会囿于常规，只求说到，不求说好，人云亦云，讲完了事。第二，容易陷入“八股”埋伏。一接到写稿任务，那些八股文章的结构、腔调就条件反射式地蹦出来，而一旦钻进八股文的陷阱，文章就必然被“格式化”，从观点到语言都是中规中矩、毫无生机的。第三，缺乏工作思考和生活感悟。不能否认，领导讲话角度有时是即兴思维，临场发挥的，但更多的还是源自平时对工作和生活的思考、感悟，没有积淀哪来这么多的“创意”。第四，不懂“换个角度”的写作技巧。一是找角度打不开思路，常见的就是从工作推进、从“一把手”的领导职能、从组织保障，或从思想精神状态需要防范的几种现象等角度写，角度选取单一、机械、呆板。其实，找角度不在乎语言多么工整、词藻多么华丽，完全可以随意一些，甚至生活化一些，通过巧妙的比喻、切身的体会、新奇的联想，找到能够吸引听众的角度。二是换了角度又“落”不下去。“换角度”是牵一发而动全文的，角度变了，整个文章结构、叙述方式都要相应调整，要不就成换汤不换药了。而且，站在新的角度写讲话稿往往没有现成的文稿可借鉴，相比于写常规讲话稿的轻车熟路，肯定要难得多。

注意找准角度，让领导讲话具有“可听性”，并不是要我们追求哗众取宠的效果，而是要在确保“准确性”的基础上，提高“可听性”。那么，怎样的角度才算准确？这又回到了本书第一篇：一切立足于解决实际问题，否则，构思再巧妙，角度再新颖，说得再动听都无济于事。

第十四篇
让“一把手”的讲话“适销对路”

——如同产品销售一样，起草领导文稿也要作“市场分析”，根据“目标人群”、“市场规模”、“顾客心理”来确定讲话定位，以求“适销对路”。这一点，对于“一把手”讲话尤为重要。

A. 要点提示

在一个地方的党政班子成员中，“一把手”发表讲话无疑是次数最多、频率最高的，尤其班子集中换届、岁末年初、人大政协年度例会的时候，会议多，领导讲话多，“一把手”讲话尤其多。这种情况下，就特别需要注意“看客下菜”、“以销定产”，领导到每个会议上讲什么、怎么讲，都要明晰区分，科学把握。有些时候，接连召开几个会议，与会者基本相同，仅仅因为主题和会标一换，领导讲话的主题和内容都要跟着换，甚至连讲话的口吻也要跟着换，不换就要乱套。这样一来，秘书们辛苦倒还在其次，更重要的是如何做到忙而不乱，让每一篇领导讲话都能“适销对路”。

B. 基本训练

1. 首先搞清楚不同会议确立什么主题，主要讲什么观点、什么内容，没搞清楚不要忙于动笔。

2. 牢记“有的放矢”的原则，设想听众希望听什么，领导需要听众做什么。

3. 如果会议很集中，最好把几个讲话的提纲先列出来进行对比，看是否存在相互冲突、相互交叉、相互重复的现象，如果有，先梳理好、调整好，然后各行其道，分头起草。

4. 不同会议、不同对象，语气、口吻也应有所区别，不可混淆。

C. 实例印证

[实例一] 新一届市委宣言：一切为了人民幸福

在市委三届一次全会上的讲话

(2011 年 9 月 9 日)

刚刚闭幕的市第三次党代会，圆满完成了各项预定任务，选举产生了新一届市委和市纪委。这次市委全会，又选举产生了新一届市委常委会和书记、副书记，通过了市纪委三届一次全会的选举结果。我代表新一届市委常委会，向大家表示衷心的感谢！

由于年龄原因和工作需要，上届市委中的一些同志不再进入三届市委班子。这些同志在任职期间，为全市的发展倾注了大量心血，做出了重要贡献。在此，我代表市委向他们表示衷心的感谢，并致以崇高的敬意！

市第三次党代会提出了建设幸福宜春的宏伟目标，这是党的宗旨所决定的，是落实科学发展观所必需的，也是现实情况所决定的。近年来，我市经济快速发展，但群众生活水平还不是很高；城乡居民收入逐年增加，但现金收入、财产性收入并不高；改善民生的力度不断加大，但百姓上学难、就医难、住房难等问题还未得到根本解决；多项惠民政策得以落实，但部分群众仍不满意，社会矛盾多发，维护稳定压力巨大。基于此，市委提出建设幸福宜春的战略目标，同时还提出：建设幸福宜春，人民幸福是根本，目的是要把民生幸福摆上更加突出的位置，让人民群众共享改革发展成果。各级领导干部尤其是市委一班人，必须围绕建设幸福宜春的目标，迅速转变思想理念、决策方式、工作方法和工作作风，真正以“一切为了人民幸福”统领经济社会发展各项工作。

（一）一切为了人民幸福，要求我们在领导工作的价值取向上，要更加注重并真正做到执政为民。建设幸福宜春，顺应了人民群众追求幸福生活的期待，也标志着我们施政理念、价值取向的重大转变。作为换届后的新班子，想快出政绩、多出政绩，这是有事业心、责任感的表现，但我们所追求的政绩，必须是符合科学发展观要求的政绩，必须是为人民群众谋利益的政绩，必须是经得起群众、实践和历史检验的政绩。为此各级领导干部必须坚持立党为公、执政为民，牢固树立科学发展观和正确的政绩观，必须把群众高兴不高兴、答应不答应、拥护不拥护、满意不满意真正作为一切工作的出发点和落脚点，坚持为人民创造政绩，创造人民满意的政绩，坚决不搞脱离实际的“泡沫政绩”，坚决不搞损害长远利益的“短期政绩”，坚决不搞劳民伤财的“虚假政绩”，真正做到情为民所系、权为民所用、利为民所谋。

（二）一切为了人民幸福，要求我们在工作决策上，要更加注重问计于民、问需于民、决策为民。决策是各级党委政府的重要职能，科学决策、民主决策是体现人民当家作主、确保“一切为了人民幸福”落到实处的重要环节。决策决定人心向背，决定百姓祸福，决定社会安危。为此，新一届市委要更新决策观念，建立健全民主决策、科学决策机制，做到“五个凡是”：凡是人民群众迫切要求要办的惠民之事，要主动、快速决策；凡是重大工程立项、重大政策制定、重要举措出台，事先要进行社会风险评估，做到稳妥、慎重决策；凡是人民群众广泛关注的热点、难点问题和可能引起争议的问题，要采取公示、听证等方式听取各方意见，基本达成共识后再作决策；凡是多数群众不同意、不赞成的事，暂缓决策；

凡是决策实施过程中出现损害民利、诱发风险的事，要及时调整决策。总之，在决策的问题上，不仅市委班子，全市各级领导干部都要保持清醒头脑，坚持集思广益、问计于民，防止“拍脑袋决策”；坚持以人为本、民利为先，防止把“民心工程”办成“伤心工程”；坚持科学论证、“瞻前顾后”、风险可控，防止决策权变成“风险源”。

（三）一切为了人民幸福，要求我们在发展的方式上，要更加注重科学发展、全面发展，让发展的成果惠及广大群众。建设幸福宜春，加快发展是基础，是“第一要务”。不发展，建设幸福宜春就没有说服力；不发展，民生投入就会捉襟见肘，保障和改善民生的各项任务就要落空；不发展，经济问题就有可能转化为社会问题，激化社会矛盾，危及社会安全。为此，要认真落实党代会部署，继续实施赶超发展战略，千方百计加快发展，做大总量，争先进位。同时要看到，建设幸福宜春决不是一道简单的“一元一次方程”，而是一道复杂的“多元多次方程”。对照人民幸福的标准，我们既存在经济发展的差距，更存在社会事业的“欠帐”，包括与群众生产生活密切相关的就业、住房、教育文化、医疗卫生、社会保障、精神文明和生态文明建设等各项工作都必须统筹安排，协调推进。作为新一届的市委班子，必须正确处理好加快发展与改善民生的关系，正确处理好经济建设与社会建设的关系，始终坚持发展为了人民，发展依靠人民，发展成果让人民群众共享。决不能因为重视经济建设而放松了社会事业发展，决不能因为强调“发展是硬道理”而掩盖了“群众利益无小事”，决不能因为重视经济指标而忽视老百姓收入水平和生活质量的提高，更不能因为片面追求 GDP 和财政收入增长而损害老百姓的切身利益。就推动以民生为重点的社会建设，市第三次党代会已作全面安排，各分管领导和有关部门要认真梳理，对“号”入“座”，按照“项目化、时间表、责任人”的工作机制，逐项抓好落实，确保落到实处，以实际成效取信于民。

（四）一切为了人民幸福，要求我们更加注重密切联系群众，尊重群众、善待群众，热心为群众排忧解难。一切为了人民幸福，不是一句空洞的口号，而要通过实际行动来体现。作为市委班子成员，必须带头执行党的群众路线，牢固树立群众观点，把群众的事当成自己的事情办，千方百计为群众解决生活中遇到的实际困难。信访工作、社会管理、干部下基层等都是联系群众、服务群众、为群众排忧解难的重要载体和形式，要把这些方面部署要求认真落实好，我这里要特别强调的是，一定要从感情上、态度上解决问题，真正把群众当亲人、当主人，把自己当“公仆”，千万不能摆架子、耍威风，瞧不起群众、不接近群众；真正把为群众做好事、办实事作为自己应尽的职责，千万不能把惠民利民当作对群众的“恩赐”和“施舍”；真正掌握做群众工作的本领，善于与群众打交道、交朋友，千万不能讲空话、打官腔，听不懂群众的话，理不顺群众的事，入不了群众的心。只有不忘记自己也来自普通群众、不忘记手中的权力是人民给的，只有时时处处设身处地为群众着想，才能真正做到“一切为了人民幸福”。不仅市委班子成员和各级干部要这样，全市所有共产党员和公职人员都要这样做。尤其是与群众利益密切相关的行政管理部门、执法部门、司法机关和各公共服务机构，一定要加强对干部职工的群众观点教育和职业道德教育，公正公平对待群众，全心全意服务群众，文明礼貌尊重群众，坚决纠正和防止“门难进、脸难看、话难听、事难办”的衙门作风和“不给好处不办事，给了好处乱办事”的市侩作风。

（五）一切为了人民幸福，要求我们更加注重求真务实，攻坚克难，吃苦在前，享受在后，带领群众扎实苦干。要实现既定发展目标，是一场持久战、攻坚战，不可能轻轻松松，一蹴而就。这就决定了本届班子必须善谋实干，吃苦受累，披荆斩棘，奋发有为。要坚决克服和防止贪图安逸的思想，当官就要做事，就要主动承担责任、承受压力，带头求真务实，带头干事创业，带头攻坚克难。要坚决克服和防止浮躁心理，扎根基层，安心干事，力争在任期内多办几件群众普遍受益的好事实事。要坚决克服和防止飘浮作风，说了算，定了干，雷厉风行，务求实效，决不能议而不决，决而不行，拖而不办。要坚决克服和防止当“宏观领导”、“甩手掌柜”的现象，作为领导干部，既要谋全局、出思路，又要抓操作、搞运作，特别是对用地难、招工难、融资难、征地补偿难、项目落地难等制约经济社会发展的瓶颈问题，必须亲力亲为，带头攻坚，务求突破。市级新班子调整到位后，要继续实行市级领导挂钩推进重大项目制度，协调解决项目建设中遇到的实际问题；继续实行挂点县市区发展制度，帮助指导县域经济发展；继续实行领导干部带队招商引资制度，直接参与产业招商、推动产业升级，把各套班子的力量凝聚到谋发展、抓落实上来。同时，要规范领导活动，精简文山会海，减少迎来送往，把领导干部从繁文缛节中解脱出来，集中精力抓大事、干实事。

（六）一切为了人民幸福，要求我们更加注重班子建设干部队伍建设，在群众中树立良好形象。事业成败，关键在人。新一届市委班子必须注重加强党性修养和道德修养，牢固树立正确的人生观世界观价值观，服从组织，顾全大局，淡泊名利，讲党性、重品行、作表率；必须以强烈的危机意识和本领恐慌抓学习，既要认真学习马列主义、毛泽东思想和中国特色社会主义理论体系，始终保持思想上的成熟和政治上的坚定，又要切实加强现代科学技术、法律和管理知识以及相关业务知识的学习，不断提高适应新形势、研究新情况、解决新问题的能力；必须始终做到严以律己，防微杜渐，带头执行廉洁自律的各项规定，自觉接受监督，不仅要能干事、会干事、干成事，还要确保不出事；必须以“和而不同”的理念凝聚班子合力，严格执行民主集中制，坚决维护班子团结，充分调动各班子成员干事创业的积极性。作为新一届市委书记，作为“班长”，我十分感谢大家对我的信任和支持，同时也深感责任重大。我将继续认真履行职责，为加快经济社会发展竭尽绵薄之力。希望并欢迎大家对我的工作多多监督、帮助和支持。

各位委员、同志们，新一届市委领导班子，受命于“十二五”规划开局、经济转型发展的重要时期，受命于建设幸福宜春扬帆启航、全面小康进入决战阶段的关键时刻。我们工作的状态和成效，不仅关系到个人的进退荣辱，更关系到550万父老乡亲的幸福安康。建设幸福宜春，是一句响当当的承诺，更是一份沉甸甸的责任。我坚信，有省委的正确领导，有历届班子打下的坚实基础，只要我们坚持以“一切为了人民幸福”统领经济社会发展，就一定能够带领全市干部群众开创更加灿烂美好的未来！

[实例二] 与本级班子成员谈心：互勉共进

在市四套班子联席会上的讲话

（2011年9月30日）

在省委的正确领导和关心支持下，在全市各级党委共同努力下，以今天上午市第三次人代会胜利闭幕为标志，我市市县乡三级班子换届已全面完成。特别是奉新县作为全国乡镇换届试点、我市作为全国唯一县乡换届人事统筹安排试点，均取得圆满成功，基本做到了和谐换届、风清气正换届，基本做到了上级满意、群众满意、干部满意，得到中组部和省委领导的充分肯定，这是相当不容易的，这是中组部和省委精心指导的结果，是全市各级干部和人民群众积极支持的结果。在市县乡三级换届过程中，所有领导干部都是高票乃至全票当选，一大批优秀干部脱颖而出，值得祝贺，令人欣慰。事实再一次证明：团结出干部，搞“内耗”的班子影响发展，也影响干部成长；实干出干部，踏踏实实谋发展、出政绩，才会得到群众公认；公道出干部，用人导向正确是地方之福，用人导向不正是地方之祸。

班子换届结束，意味着新班子履职尽责的开始。新班子受命于“十二五”开局之年，使命光荣，责任重大，省委殷切期望，群众拭目以待。在此情况下，我们应以什么样的形象出现？就应该有什么样的作为？应以什么样的绩效来报答上级组织和全市人民？值得我们每一位班子成员深深地思考。下面，我着重就班子自身建设问题谈点看法和想法，既跟大家谈心，也与大家共勉。

市第三次党代会提出了建设幸福宜春的宏伟目标。实现这一目标，关键在人、在各级领导班子和各级干部，关键的关键又在于市级四套班子和领导干部。“火车跑得快，全靠车头带”。搞好领导班子和干部队伍建设，首先市四套班子要带好头、作表率。市四套班子以什么形象出现，是否有强大的战斗力、凝聚力，决定着全市领导班子和干部队伍建设的成效，也决定着建设幸福宜春的成败。我希望所有市四套班子成员都意识到自己的责任，认真贯彻落实市委刚出台的《关于加强换届后领导班子和干部队伍建设的决定》，做到“六个带头”：带头加强学习，增强素质，争当学习型领导干部；带头干事创业，迎难而进，建功立业；带头求真务实，埋头苦干，以实干出政绩、树形象；带头亲民为民，造福人民，做人民群众的贴心人；带头维护团结，和谐共事，始终保持心齐劲足干事业的氛围；带头严于律己，廉洁奉公，始终保持党员领导干部应有的本色。具体来说，就要保持“三心”，增强“三感”，强化“三保”。

（一）保持“三心”：

一要保持感恩心。我们每一位领导干部能够到今天的位置都不容易，个人的成长固然跟个人的奋斗有关，但是没有党的培养、没有人民的培养就不可能有今天，这种感恩心我们必须永远保持。有感恩心，才会有事业心、责任心、进取心；才会时时刻刻以党员干部的标准严格要求自己；才会尽职尽责，踏实工作，以优异的成绩报效党、报效人民；才会抛弃私念，淡泊名利，知足常乐，正确对待个人进退留转，任何时候任何情况下都以党的事业为重，以人民利益为重，贡献自己的全部力量。

二要保持平常心。领导干部受人尊敬、令人羡慕，但我认为走上领导岗位更要保持平常心。要始终牢记我们来自于人民，我们手中的权力是人民给的，决不能骄傲自满，更不能一得到提拔重用就得意忘形、忘乎所以，甚至讲待遇、讲排场、摆架子，这是要不得的。以平常心为官，才会天高海阔、如鱼得水、宠辱不惊，才能听得懂群众的话、入得了群众的心、理得顺群众的事，也才会得到人民群众的尊重和爱戴。

三要保持公仆心。所谓“公仆”，不是喊喊口号、做做样子就行的，而是要以实际行动来体现的。既然是“公仆”，就要服务，就要吃苦受累，就要无私奉献，要不然不叫“公仆”。特别是现在我们提出“建设幸福宜春”，用“一切为了人民幸福”的理念统领各项工作，是否能真正做到，关键就看我们领导干部是否忠实履职尽责，在任期内奋发有为、不辱使命；是否真正在思想观念上、在一言一行中，始终摆正“公仆”位置，恪尽“公仆”职责，保持“公仆”形象；是否真正把人民放在心中最高的位置，把人民群众当主人，全心全意为人民服务，诚心诚意为群众排忧解难。

（二）增强“三感”：

一要增强建设幸福宜春的使命感。提出“建设幸福宜春”，是对上一届市委重大决策部署的完善和提升。实际上，过去我们也是这样做的，并且有些方面做得还不错，但必须进一步努力，把它做得更好、更完善。为此，我们用“十大幸福工程”把所有工作统起来，以此激励全市广大干部群众，为之思虑、为之奋斗、为之奉献。这既是一句响当当的诺言，更是一份沉甸甸的责任。说了就要算，定了就要干，作为领导干部更要讲诚信，通过实施“十大幸福工程”，达到建设幸福宜春的目标。希望包括市四套班子成员在内的各级干部都意识到这份责任，共同为建设幸福宜春竭尽全力，建功立业。

二要增强对知识和能力的恐慌感。作为领导干部来说，学习是永恒的主题，是终身的使命，是胜任本职的内在需求。党和人民只能任命我们的职务，而不能任命我们的能力和水平，真正的能力和水平要靠知识去支撑；职务只是我们脚下的台阶，而不是我们真正的“高度”，真正的“高度”同样要靠知识作基础。所以，始终保持对知识和能力的“恐慌感”，实际上是有忧患意识和责任意识的表现，是一种高尚的精神追求和思想境界。即使我们过去有很丰富的经验，也要不断地更新和充实。由于情况在不断变化，如果不加强学习、更新知识，过去的知识、经验甚至会成为前进的障碍。为此，各级干部必须始终保持强烈的知识恐慌感、能力恐慌感，始终保持好学上进的精神，适应新形势、新变化、新挑战、新任务，加强对胜任本职所需知识的学习和掌握，提倡每天学习一小时、每周学习半天、每月读一本好书，长期坚持，必有好处，不断增强操作能力、破解难题的能力。

三要增强“一日无为三日不安”的紧迫感。建设幸福宜春是一项繁重而紧迫的任务，必须以只争朝夕的紧迫感向前推进。各级干部特别是市四套班子成员，要始终保持干事创业的旺盛激情，保持百折不挠、不达目的决不罢休的韧劲，保持攻坚克难的锐气，保持雷厉风行、说干就干、快速高效的作风，不管承担任何任务，都要做到不讲条件，不畏艰难，善谋实干，奋勇向前，只为成功想办法，不为落后找理由。应该肯定的是，我们市四套班子的多数同志，工作有激情、有干劲、有办法，做事很敬业、很实在、很到位、很让人放心，要继续保持和发扬。不仅做好分管范围内的工作，还要出色高效地完成市委市政府交给的其他各项任务。今天会议明确了市四套班子挂钩重大产业项目的分工，希望大家迅速了解掌握项目进展情况，及时协调解决项目推进中遇到的困难和问题，带头参与跑项争资和招商引资，使各项目尽快竣工见效。

（三）强化“三保”：

一要保持求真务实的作风。必须始终不渝地落实好市委“求真务实18条”，坚持说实话、办实事、求实效。这就要求我们：不能满足于当“宏观领导”，要重细节，重操作，重执行，重落实；不能坐而论道，泛泛而谈，要始终坚持“项目化、时间表、责任人”的工作机制，把各项工作做实做到位；不能浮在面上，要深入基层，深入群众，现场调研、现场解决实际问题；不能拖沓散漫，要快速高效、雷厉风行，定了的事一抓到底，不达目的决不罢休；不能陶醉于听好话、听表扬的话、听奉承的话，要听真话、讲真话，一个地方和单位听不到真话是很可怕的，一个领导不讲真话同样是很危险的。

二要保持廉洁自律的品格。身为领导干部，必须带头执行《廉政准则》，带头落实党风廉政建设责任制，带头管好自己、管好家属和身边工作人员，做到拒腐蚀，永不沾。各级干部务必牢记：一个人最大的敌人是自己，一个人最大的悲剧是自己打倒自己。都说腐败可怕，比腐败更可怕的是什么？明明是腐败行为还不认为是腐败，而认为是“潜规则”所致，用不着大惊小怪；都说触犯党纪国法可悲，比触犯党纪国法更可悲的是什么？明明是经不住诱惑戒不住贪欲自己把自己打倒，还认为是别人把自己打倒。我希望并且相信，未来五年中我们各级干部都能保持清醒，不会做自己打倒自己的傻事，既干好事、干成事，又不出事。平安就是福，遵纪就是福，守法就是福。

三要保持班子团结干事的合力。我市近年平稳快速发展，一个重要方面就是得益于全市上下心齐气顺、政通人和。这首先是市四套班子风雨同舟、患难与共、互相支持的结果。我们要倍加珍惜并且继续巩固发展这种局面，视班子团结为生命，视维护班子团结为己任，不仅班子内部要团结，而且各套班子要继续团结。回顾我到任后三年多的工作历程，我非常感谢市委班子成员对我的帮助支持，也非常感谢人大、政府、政协各班子成员和法检“两长”对我的帮助支持。大家工作上是同事，是同志，平时是朋友，是兄弟，坦诚相待，配合默契，这种感情和氛围的确弥足珍贵。我个人并没有多大本事，而且有很多缺点，工作是大家做的，功劳是大家共有的，合力干事的局面是大家共同创造的。在今后工作中，我将继续努力当好“班长”，支持人大依法履职，支持政府依法行政，支持政协民主监督，支持“两院”独立行使检察权和审判权，支持所有班子成员放手放胆开展工作，着力营造一种既有集中又有民主、既有统筹安排又有个人施展空间、既相互监督又不需要互相“提防”、既严肃紧张又生动活泼、既有统一意志又有个人心情舒畅的工作局面。同时希望大家对我的工作继续给予批评、帮助和监督。

总之，我相信，在完成换届以后，我们市四套班子成员有信心、有决心，以高昂的姿态、满腔的热情、务实的作风投入各项工作，带领全市广大干部群众迎难而进、奋发有为，夺取科学发展、赶超进位的新胜利！

［实例三］向各级干部“挥鞭”：方向引领

在市委全委（扩大）会议上的讲话

（2011 年 7 月 12 日）

在党的九十华诞刚过、县乡党委班子换届全部到位的关键时刻，市委召开这次全委（扩大）会议，主要任务是认真学习贯彻胡总书记“七一”重要讲话精神，动员全市各级领导班子和广大党员干部进一步加快推进经济社会发展、进一步提高党的建设科学化水平，确保换届后领导班子有新面貌、新作为，各项工作有新发展、新突破。

这次换届工作中，奉新县被列为全国乡镇党委换届工作试点县，我市被列为全国唯一的统筹县乡换届人事安排试点市，这充分体现了中组部和省委对我市的高度信任。我们按照中央和省委的部署要求，在中组部试点工作组和省委组织部的精心指导下，积极探索“县乡联动、竞争选配、先挂后任、分步到位”的统筹人事安排工作机制，采取统筹换届时间顺序、统筹干部考核考察、统筹拟提拔副县级干部先挂后任、统筹党政正职选配、统筹优化班子结构、统筹人大代表选举等“六个统筹”的办法，基本实现了“一次换届、一次调整、一次到位和选优配强县乡领导班子”的目标，基本做到了和谐换届、风清气正换届，基本做到了让上级满意、让群众满意、让干部满意，试点工作得到中组部和省委领导的充分肯定。与此同时，各级党委和广大干部科学处理换届与发展的关系，班子调整前，绝大多数同志能正确对待个人进退留转，在岗一天就尽责一天；班子调整后，新班子成员能够快速到岗到位，熟悉情况，展开工作，促进了全市经济社会持续健康发展。今年上半年，全市GDP、财政收入、固定资产投资、工业增加值等主要经济指标保持了良好的增长势头，各项社会事业进展顺利，人民安居乐业，社会稳定祥和，基本做到了换届与发展“两不误、两促进”。

现在，党代会已全部开完，下一步新班子做什么、怎么做，全市人民正拭目以待。市委要求，新班子要有新面貌、新形象、新作为，换届后的县乡领导班子必须做到“三个迅速”、树立“五种形象”。“三个迅速”，即：迅速熟悉情况，进入角色；迅速展开工作，打开局面；迅速展示形象，取信于民；树立“五种形象”，即：树立进取的形象、树立实干的形象、树立团结的形象、树立清廉的形象、树立亲民的形象。为此，我强调以下几点意见：

一、坚持干中学、学中干，熟悉新情况，掌握新知识，当好本职工作的“明白人”

这次换届，一大批干部走上了新的工作岗位，有新进领导班子的、有从副职提拔为正职的、有从机关交流到基层的、也有异地交流和分工调整的。不管哪种情况，都有一个熟悉新情况、掌握新知识、适应新任务的过程。所以，必须把加强学习、熟悉情况作为履职尽责的“第一道工序”，尽快熟悉县情，了解历史沿革、人文地理、风土人情等方面的知识；尽快熟悉民情，了解群众的所盼所需；尽快熟悉当地经济社会发展情况，了解发展现状、存在问题及下一步的发展思路和目标；尽快熟悉所分管的工作，了解岗位要求、业务要领、办事程序及上级对该项工作的决策部署和有关政策法规，特别是专业性较强的工作，更要注意学习和积累。总之，对于一个干部来说，组织上只能任命他的职务，不可能任命他的知识和才能，只有自我加压，加强学习、不断学习，才能胜任本职，不辜负组织和人民的重望。新班子到位后，不能忙于迎来送往，要尽量减少应酬，静下心来学政治理论、学业务知识和领导方法；不能整天窝在办公室，要主动走出去、走下去，调查研究，进入角色，尽量缩短"适应期"，不能满足于过去的老经验、老办法，要适应新情况，思考新问题。不仅要向书本学，还要向班子成员学、向老同志学、向基层干部和群众学，特别是年轻的同志和没有基层工作经历的同志，更要虚怀若谷，谦逊好学，在学习中充实和提高。同时，市委市政府分管领导对换届后的班子成员也要加强业务指导，采取开会、培训或个别交谈等方式，压担子、交任务、授方法，帮助他们尽快进入角色。这次换届中没有调整的老班子成员，不仅要搞好传、帮、带，自身还要继续加强学习，不断提高胜任本职工作的能力和水平。

二、坚持开拓进取，扎实苦干，当好加快发展、科学发展的"排头兵"

此次换届班子是否调得好，干部是否配得强，最终要以发展来检验。从刚才建华同志通报的情况看，1—5月份，虽然财政总收入、规模以上工业增加值等几个关键指标增幅实现了全省排位前移，但增幅在逐月下降，有的下降幅度比较大，有的指标还出现了退位，有的没有达到进度要求，欠账较多。这些情况表明，如果我们再不发力加速，不仅难以巩固现有排位，而且与兄弟市的差距还可能越拉越大；如果说上半年存在这些差距是因为班子换届、干部调整，一定程度上还有情可原的话，那么下半年如果再出现这些差距甚至更大差距，就没有了任何理由和借口，只能说明换届搞得不成功，干部没有配好配强，那就对上对下都不好交待。所以，新班子到位后的第一件大事，就是抓发展、促发展，全面落实市委市政府决策部署，尤其要坚定不移、大张旗鼓推进工业三年强攻战、城镇建设三年大会战、县域经济发展三年大竞赛和产业升级年活动等几项主体战役，圆满完成或超额完成今年经济社会发展目标，用优异成绩来证明换届工作的成功，证明群众选对了人、市委用准了人。

要特别强调的是，大批干部的调整、新老班子的交替，尤其要注意搞好各项工作的衔接，保持工作的连续性和稳定性。具体要搞好“五个衔接”：一是思路措施的衔接。领导干部的交替只是“接力棒”的交接而不是跑道的改变。新班子要有“新官上任三把火”的干事热情，同时一定要正确处理好继承和创新的关系，不要轻易否认前任的工作，对上届班子的发展规划和思路决策，只要是符合实际、行之有效的，都要一以贯之抓下去，并结合实际，不断完善发展。二是重大项目的衔接。新班子要迅速把精力转移到抓项目上来，除了要大力实施一批大项目、好项目、新项目以外，对上届班子留下的“老项目”、好项目，包括在建、待建、在谈的都要及时跟进，抓好跟踪推进，避免“领导走项目走，班子变项目变”。三是上下关系的衔接。县市区班子中有很多同志分管某项工作多年，与国家有关部委和省直有关厅局建立了深厚的感情，在跑项目、争资金等方面发挥了重要作用。现在班子调整了，分管领导变了，但对上关系不能断，一定要保持联系，加深感情以利跑项争资。四是干事环境的衔接。要继续保持解放思想、争创一流的浓厚氛围，激励各级干部大胆干事，建功立业；要继续扩大对外开放，优化发展环境，尊重企业家，厚待纳税人，扶持重点骨干企业做大做强；要进一步落实各项优惠政策，掀起全民创业新热潮。五是具体工作的衔接。对前任班子遗留的一些具体工作，继任者也要作出合理安排，妥善解决，不能新官不理旧事，特别是对一些影响发展和稳定的棘手问题，更不能回避、不能推诿，必须把它当作自己份内的事，认真负责地解决好。

三、坚持以人为本，力促社会和谐，当好群众利益和社会安定的“守护神”

为官一任，不仅要兴一方经济，富一方百姓，还要促一方和谐，保一方平安。发展和稳定，是对新班子的两大考验。今年以来，在各级党政和有关部门的共同努力下，全市保持了总体平稳，为县乡换届和经济发展创造了一个稳定祥和的社会环境。新班子到位后，要坚决按照市委的部署要求，迅速把稳定工作抓上手、抓到位，确保社会持续稳定。现在从中央到省里都高度重视加强和创新社会管理，对维护安全稳定工作提出了更高要求。前不久，省委还就化解重复访工作进行了专题研究部署。在这种情况下，各级领导班子更要做到守土有责，守土尽责，确保不出任何大的问题。特别是党政"一把手"和分管领导对辖区内的社会安全稳定形势要有清醒判断，对影响社会稳定的突出问题、危害社会安全的重点对象要做到心中有数。要按照市委的统一部署，精心组织开展"化积案、解民忧、促和谐"集中行动月活动，班子成员除了对所分管范围内的积案化解和安全稳定负总责以外，还要按照"五一四包五到位"的要求，认真负责地抓好所包案件的化解工作，决不能出现包而不实、包而不力、包而无果的情况。活动结束后，市委将召开"化解信访积案交帐总结会"，通报情况，表扬先进，批评后进。要贯彻落实好市委市政府《关于建立完善长效管理机制创建城乡和谐平安新秩序的决定》等"1＋4"文件精神，适时启动干部下基层活动，并使这项工作常态化。加强和创新社会管理，促进社会和谐稳定，最关键、最核心的问题是要始终坚持党的群众路线，牢记群众观点，全心全意为人民服务，及时解决群众合理诉求，热心为群众排忧解难。新班子要特别注重树立起"亲民为民"的良好形象，只有这样才能赢得民心，才能实现社会长治久安，才能获得人民群众对事业发展的拥护和支持。

四、坚持党要管党，从严治党，当好推进党的先进性建设的忠实"践行者"

贯彻落实胡锦涛总书记"七一"重要讲话，是各级党组织当前和今后一个时期的重大政治任务。其中一个重要方面，就是要强化忧党、管党、兴党意识，坚持党要管党，从严治党，扎实推进党的先进性建设，不断提高党的建设科学化水平。

第一，党要管党，从严治党，首先要求书记要切实负起党建工作第一责任人的责任。作为党的书记，就必须时刻常怀忧党之心，恪尽兴党之责，不仅要熟悉经济工作，抓好经济工作，还要学党务、懂党务、抓好党的建设，抓好党委各部门的工作，全面履行好书记的责任。必须坚决克服和防止重经济建设轻党的建设的偏向，坚决克服和防止对党的建设口头上重视行动上不重视的偏向。党的书记不抓党建，那就是政治上糊涂，工作上失职，方法上偏颇，就不是一个称职的党委书记。对这一点，请各位书记务必保持清醒，时刻身体力行。

第二，党要管党，从严治党，关键是要管好干部，切实加强干部思想作风建设。一个地方的工作，成在干部作风，败也在干部作风，干部的形象，好在作风，坏也在作风；人民群众对干部的评价，满意在作风，不满也在作风。因此，新班子到位后，必须高度重视并切实抓好思想作风建设这个长远起作用的根本性建设。面对新形势新任务，结合我们的工作实际，要大力提倡“十要十戒”：一要服从组织，戒消极懈怠；二要艰苦奋斗，戒玩物丧志；三要求真务实，戒华而不实；四要谦虚低调，戒狂妄自大；五要和谐共事，戒拉帮结伙；六要公道正派，戒弄奸使猾；七要攻坚克难，戒拈轻怕重；八要敢抓敢管，戒好人主义；九要快速高效，戒拖沓散漫；十要敢于担当，戒揽功诿过。

第三，党要管党，从严治党，重点是要夯实基础，切实加强基层党组织建设。基层党组织是党全部工作和战斗力的基础。县乡换届后，要继续把加强基层党组织建设作为一项重要工作来抓，按照中央和省委的统一部署，深入持久地开展创先争优活动，扎实推进基层党组织建设“三落地”活动。要切实加强乡镇班子建设，充分调动乡镇干部的工作积极性，进一步增强乡镇干部做好群众工作，推动农村发展、维护农村稳定的能力。要切实加强村级班子建设，选优配强村（社区）班子特别是党支部书记，把那些听党的话、在群众中有威望、能够带领群众致富的能人选进村级班子，同时对那些软弱涣散的村级班子要坚决依法调整，真正把各级基层党组织建成发展经济、服务群众、维护稳定的坚强堡垒，让广大党员都成为能够让身边老百姓说“共产党好”的先锋模范。

第四，党要管党，从严治党，就必须坚定不移地推进党风廉政建设和反腐败工作。廉洁从政是对党员干部最起码的要求，必须做到警钟长鸣、防微杜渐，不要做自己打倒自己的蠢事。一方面对干部要严格要求，严格教育，治理“亚健康”，防止小病成大疾；另一方面要加大反腐败力度，对一些已经“不健康”，甚至得了“重症”的，必须“下猛药”、“动手术”，坚决依纪依法查处。在反腐败这个重大原则问题上，我们决不能含糊，决不能手软。特别是党委书记要切实履行好“第一责任人”的职责，全面落实党风廉政建设责任制，加强对权力运行的监督，从源头上预防和减少腐败问题的发生。分管领导要切实履行“一岗双责”，抓好分管范围内的党风廉政建设。

第五，党要管党，从严治党，还必须切实加强思想政治工作和精神文明建设。县市区委要把干部的教育引导工作贯穿于日常工作之中，掌握班子成员的思想动态，经常开展谈心交心活动，及时消除干部心中的“疙瘩”，努力营造团结干事、心齐气顺的浓厚氛围。市直单位的“一把手”也要切实负起责任，抓好本单位、本部门的思想政治工作，防止干部思想作风方面出问题。要切实加强精神文明建设，继续在全市范围开展“学英模、树正气、促和谐、谋发展”主题教育活动，以英模人物的先进事迹教育激励干部，驱除部分干部陈旧落后、消极颓废的思想情绪，抵御各种腐朽思想的侵蚀，真正让各级干部成为社会正气的标杆、文明新风的表率。

五、坚持团结合作，调动一切积极因素干事业，当好班子团结、合力干事的坚定“维护者”

团结是领导班子的生命，是发展的保证、百姓的福音，也是干部干事创业和成长进步的依靠。近年来我市发展较快，各方评价较高，其中一个重要原因就是党政团结，四套班子团结，大家心齐气顺，能够没有后顾之忧、不需要相互提防、专心致志地干工作。要十分珍惜和巩固班子团结、合力干事的良好局面，进一步调动一切积极因素干事业。

第一，维护班子团结，首先党政一把手要团结。书记要把县市区长作为团结的第一对象，全力支持政府和县市区长的工作；县市区长要把书记作为尊重的第一对象，带头维护党委和书记的权威。乡镇党委书记和乡镇长也要这样做。党政一把手都要有强烈的合作意识，相互理解、相互支持、相互配合，凡事出以公心，不揽功、不争功、不诿过。工作上有分歧，要多沟通多协商，统一思想，达成一致；性格上有矛盾，要讲境界、讲风格、讲包容，个性服从党性，小我服从大我。只要党政一把手精诚团结，和衷共济，班子团结方面就出不了大问题。同时，所有班子成员都要自觉维护班子团结，不利于团结的话不说，不利于团结的事不做，始终保持团结干事的强大合力。

第二，维护班子团结，就必须坚持民主集中制。“一把手”要带头讲民主，凡是重大决策、重大项目、重要人事任免和大额度资金使用，都要充分发扬民主，集体讨论决定，绝不能一个人说了算，重大事项还要广泛听取人大、政协班子成员的意见，注意发挥人大代表、政协委员的作用，调动他们参政议政、建言献策的积极性。同时，作为“班长”，要善于统一班人的思想，既要敢于民主和善于民主，又要敢于集中和善于集中。各班子成员要理直气壮地行使自己的民主权利，敢讲话、讲真话，共同推进决策民主化、科学化。近年来，市县两级人大政协班子成员顾全大局，共谋发展，全力支持配合党委政府的工作，不仅在招商引资、项目建设等方面作出了重大贡献，而且在推进科学决策、维护班子整体团结方面也发挥了重要作用，希望继续发扬。

第三，维护班子团结，就必须建立健全议事规则，使各套班子工作良性有序运行。县乡党政班子都要建立健全议事规则，确定重大事项的议事范围和程序，使各项工作有章可循、有序开展。党委要坚持管全局、把方向、抓大事，不要陷入到具体的行政事务当中去；政府要重操作、重落实，重大问题要及时向党委汇报。各级领导干部都要自觉做到依法用权、依职用权，行使权力不越权、不跨界、不出格。

第四，维护班子团结，“一把手”就要开明、宽容，放手、放胆让副职开展工作。对“一把手”来说，最大的领导艺术是“分身术”。要充分调动班子成员的积极性，包括调动人大、政协班子成员以及调研员、副调研员的积极性，让副职有职有权、能够独当一面，而不能大权独揽，眉毛胡子一把抓，对副职不放心、不放手，甚至疑神疑鬼，对谁都不相信。无论县市区还是市直单位，“一把手”都要敢于负责，勇于担当，面对荣誉先人后已，面对责任不推不诿，让副职心无旁骛、毫无顾虑地抓好分管工作，形成“千斤重担万人挑、万众一心促赶超”的良好局面。

同志们，五年的任期，不单是一个时间的概念，它为我们提供的实际上是一个施展聪明才智的空间，是一个成就事业、造福人民的平台，也是个人锻炼成长、实现人生价值的一次大好机会。要提醒大家的是，当官是不好“玩”的，事业是耽误不起的，人民是怠慢不得的，“红灯”是万万不能闯的。做好人、当好官、干好事，决不是简单的“一元一次方程”，而是一个复杂的、深奥的“多元多次方程”。希望并且相信今天到会的每一位同志，都能拿出你的智慧、你的能力、你的境界、你的激情，在建设“幸福宜春”的进程中，解好这道“多元多次方程”，向党和人民交出一份合格的答卷！

［实例四］ 向政府班子成员嘱托：注重“操作”

关键的问题在于“操作”

——在市政府全体（扩大）会议上的讲话

（2011年10月8日）

市、县、乡三级班子换届已全面完成。换届期间，各级党政坚持换届与发展两不误，凝心聚力，真抓实干，各项工作快速平稳推进。从市政府来说，新任班子成员状态很好，都能快速熟悉情况、迅速进入角色，都想大干一番事业；留任的同志也都能够继续兢兢业业、尽职尽责地把各项工作抓好。应该说，新一届市政府工作势头很好、氛围很好、起步很好。这次会议是市政府换届后的第一次全体扩大会议，目的是要总结前阶段工作，明确下一步工作思路，理顺部分重大问题和重点工作，推动政府工作快速、高效、良性运转，进一步开创政府工作新局面。下面，我就新一届政府工作谈点想法，主要谈“操作”二字，供大家参考。

第一，操作决定成败

现在党代会、人代会、政协会都已经开过，我们的工作目标、重点和举措都已经明确。特别是市第三次党代会提出建设幸福宜春的宏伟目标，新一届党委政府今后五年都要为实现这个目标共同努力，再创辉煌。但是，任何目标的实现都要靠执行、靠操作、靠落实，没有操作就没有发展，没有操作就没有变化，没有操作，美好蓝图就不可能变成现实。必须明确，市县以下各级党委政府的主要任务就是操作，即使是定战略、作决策，那也是要把上级的决策部署与本地实际结合起来，提出贯彻意见并抓好落实，从这个意义上讲也是操作。而从政府职能来讲，依法管理一个地区的经济社会发展事务，大量具体问题需要处理、需要协调、需要落实，当然离不开操作，而且相对于党委来讲，要更加注重操作、善于操作。

这些年尽管我们也面临很多困难和问题，但都能克难而进，化危为机，各项工作强势推进，经济社会快速发展，多项工作获得上级肯定和新闻媒体集中宣传报道，一个重要原因就是注重操作。我们制定了“止后移、争进位、站前列”的赶超发展战略，确立了“亚洲锂都、宜居城市、森林城乡、月亮之都”的发展定位，为使这些战略设想落到实处，我们从操作层面作出了一系列具体部署。比如，为推进新型工业化，坚持一年一个主题打群体战、攻坚战，推进重大产业与重点项目建设；为推进新型城镇化，实施城市建设三年大会战，还有“13579”绿色工程、人口五年倍增计划等，均取得明显成效；为再创农业大市新优势，实施农业产业化升级战，崛起了一批龙头企业；为繁荣旅游产业，实施旅游升温升级战，实施了一批重大项目，先后成功举办了五届月亮文化节，使我市知名度大大提高；为加快县域经济发展，组织外出学习考察，实施县域经济发展三年大竞赛，一年一度下县市区现场办公解决实际问题，等等。在各项重点工作推进中，我们又建立并实施了“项目化、时间表、责任人”的工作机制，环环紧扣，狠抓督查，确保了各项工作任务的落实。

实践证明，干基层工作，干政府工作，光讲大道理没有用，讲空话套话更没有用，停留在发文开会作指示还是没有用，只有重操作，善操作，只有脚踏实地真刀真枪地干，各项事业才能快速顺利地推进，各项难题才能得到有效解决。尤其是在新形势下，要顺利实施“十一五”规划，实现建设“幸福宜春”的宏伟目标，除了制定切合当地实际的发展战略外，更重要的还在于操作。希望全市上下，首先是在座的市政府班子成员、市政府各组成部门、各县市区政府的主要负责同志，面对新形势、新任务、新挑战，坚决克服和防止“慷慨激昂在会上，宏伟蓝图在墙上，措施得力在纸上，就是落不到实际行动上”的飘浮作风，进一步强化操作意识，增强操作本领，营造操作氛围，以操作谋发展、求进步，以操作出政绩、树形象。

第二，操作的基础是“懂行”

毫无疑问，要操作好就必须懂行，就必须具备操作的知识、能力和本领，否则就会说外行话，干外行事，不仅干不成事，甚至会误事坏事。为此必须进一步加强学习。学习是我们永恒的动力，终身的使命，是胜任本职的内在需求，无论新老班子成员都要把加强学习、增强素质、提高本领作为履职尽责的“头道工序”，做到干一行、爱一行、钻一行、成一行。既要学习有关理论知识和经济、文化、科技、法律知识，各分管领导还必须成为分管工作的行家里手，管城建的必须懂得城建规划，管工业的必须懂得企业管理和工业经济运行，管农业的必须懂得现代农业，管教育的必须懂得教育，总之，管什么必须学什么、懂什么，否则就是不称职。

还要看到，当前我们的工作环境、工作条件、工作要求，与过去相比都发生了很大变化，一些传统的老经验、老办法已经不管用了，必须主动适应新形势新任务新要求，持之以恒、锲而不舍地加强学习，掌握新知识，研究新情况，解决新问题，千万不能满足于已经掌握的知识，千万不能满足于一知半解、浅尝辄止，千万不能骄傲自满，自以为是。领导领导，既领又导，领导干部不“懂行”，说话就说不到点子上，抓工作就抓不到关键处，就发现不了问题，也解决不了问题，甚至容易被人“忽悠”，被人家瞧不起。所以我们要注重在操作中加强学习，在操作中学习操作，在操作中锻炼成长，尤其是没有经过基层锻炼的干部，更要注重操作，学习操作。把操作当成一种责任，首先要把学习当作一种责任；把操作当成一种追求，首先要把“懂行”当作一种追求。值得指出的是，有些同志存在厌学情绪，不愿意学、不深入学、被动应付式地学，其实，只要把学习与操作、与胜任本职挂起钩来，就会觉得“学到用时方恨少”，就会有学习的自觉性、积极性、针对性。

第三，领导干部要甘当“操作手”

领导干部当“操作手”，是工作落实的需要，是事业发展的需要，是提升自己形象的需要。但说到底，这还不是操作本身重要不重要的问题，而是领导干部在思想观念上愿不愿意当“操作手”的问题，亦即立志“做官”还是“做事”的问题。立志“做官”，就会把操作当负担；立志“做事”，就会把操作当使命。

应当肯定，我市各级干部中有一大批善于操作、爱岗敬业、不畏艰难的好同志，这也是我市能有今天发展成效的一个重要因素，但也的确还有少数同志要么不愿意操作，要么不会操作，或者是满足于下命令作指示，官话空话套话连篇，说出来的都是放之四海而皆准的正确的废话；或者是停留于当“宏观领导”，不接触矛盾，不解决实际问题，搞遥控指挥，当甩手掌柜；或者是官气十足、威风八面，讲话离不开秘书，处理问题离不开副手，下基层离不开前呼后拥；或者是粗枝大叶、漫不经心，不注重细节不讲求质量；或者是办事没重点，工作无主见，点头不说是，摇头不说非，凡事研究研究、考虑考虑，基层请示的事项和急需办理的事项长期积压在案，影响工作效率；或者是忙乱无序，看上去很忙，两眼一睁忙到熄灯，但工作杂乱无章，忙而无果、忙而无功；或者是怕苦畏难，束手无策，碰到困难和矛盾只知向领导汇报请示，完不成任务就千方百计为自己找理由、找借口。凡此种种，都是只愿“做官”不愿“做事”、只会“做官”不会“做事”的表现，必须坚决克服和防止。

必须明确，我们能走上领导岗位，是因为党和人民信任我们，但掌权不是用来享福的，不是用来摆架子的，当了官就要做事，就要主动承担责任、承受压力，就要带头求真务实，带头干事创业，带头操作落实。操作就是要放下架子，摆正位置，既当指挥员又当战斗员，既要喊“给我上”更要喊“跟我来”；操作就是要多做少说，埋头苦干，扑下身子抓落实，把每件事情做好做实做到位；操作就是要吃苦在前，冲锋在前，把自己放到“火山上”去烤，放到“虎背上”去骑，竭尽全力成就一番事业，造福一方百姓。所以说，领导干部愿不愿意操作是思想境界问题，善不善于操作是能力和水平问题。不愿操作的领导是懈怠低俗的领导，不会操作的领导是平庸无能的领导。我衷心希望，所有领导班子成员和各级干部都能成为一名想干事、敢干事、能够干成事的合格的“操作手”。

第四，操作离不开细节

操作取决于细节，细节决定操作成败。注重细节、精于操作就是要把每一个项目、每一项任务落实好，把每一个环节、每一种因素都考虑到、解决好。成功的操作就是要落实到建好每一座桥，铺好每一条路，搞好每一桩拆迁，用好每一片土地，抓好每一个项目的落地投产等等。操作离不开细节，处理好了细节问题就会成功，不关注细节就不是真正的操作，也不可能取得真正的成功。

操作注重细节，必须实行精细化管理，特别是政府工作千头万绪，必须把精细管理体现到方方面面。比如用地的问题，实事求是地说，现在一些地方和单位还有很多不精细、不科学的地方，大手大脚用地的传统做法尚未根本改变。在当前监管严格、用地紧张的情况下，各级各有关部门一定要做到精打细算，高度重视土地节约集约利用，坚持按投入、产出和容积率确定供地的多少，绝不能在土地问题上“摆阔”，客商要多少就给多少。还比如优惠政策的问题，在招商引资初级阶段，引进项目肯定要给一定优惠，我们不能小家子气，要算长远账，特别是对一些成长性好的企业，要重点扶持其做大做强，同时又要算好精细帐，包括土地供应、税收减免等，都要甄别企业优劣，防止优惠“过头”。

操作还是一门艺术，同一件事情，同一项工作，操作得好不好，善不善于操作，其结果是不一样的。我们有的同志很善于操作，很善于破解难题，很善于争取国家部委和省厅的支持，很善于在两难选择中找到妥善解决问题的办法。但也有少数同志不善于操作，这也不敢那也不敢，只会把矛盾上交给领导，或者由于操作不当把好事办糟。需要强调的是，注重细节不是“婆婆妈妈”，不是纠缠细枝末节，而是工作的需要、操作的需要。天下大事，必作于细，大事是由无数的小事组成的，干不成小事何以能干成大事。从小事做起，把每一件小事做好就是大事，就是成功。

第五，让建设幸福宜春的蓝图在操作中变成现实

建设幸福宜春，既是一句响当当的承诺，更是一份沉甸甸的责任。说话就要算数，否则就会失信于民。而能否兑现承诺，关键在各级领导干部，关键在操作落实。为加快幸福宜春建设步伐，我们将党代会报告提出的各项任务归整为居民收入倍增、扶贫济困、安居宜居、社保普惠、产业富民、蓝天碧水、公共服务、道路畅通、和谐平安、固本强基等“十大幸福工程”，作为全市今后工作的行动纲领。前不久下发了专门通知，要求市委市政府各班子成员领题调研，在此基础上，按照“项目化、时间表、责任人”的要求拿出每一项工程的具体工作方案，尽快付诸实施，力争早见成效。建设幸福宜春，实施“十大幸福工程”，内容多元，任务艰巨，每一项工程都有大量工作需要操作落实，有大量问题需要操作解决，有大量矛盾需要操作化解。我衷心希望在座的各位政府班子成员能够按照党代会的部署要求，在各自岗位上奋发努力，大有作为，通过精心操作为建设幸福宜春作出贡献；希望政府各组成部门认真落实市委市政府决策部署，依法行使职权，狠抓工作落实，通过精心操作圆满完成各项工作任务；希望各县市区政府能够始终保持强烈的事业心和责任感，以只争朝夕的精神状态，通过精心操作把各自的工作做得更好，以优异的成绩支持幸福宜春建设。

D. 秘书心得

“一把手”讲话不好讲，讲话稿也不好写，一是因为讲话多。“一把手”处于领导核心，这个会议要参加，那个会议也要参加，方方面面的工作都要兼顾到，有的时候也是不得不讲。二是因为要求高。副职讲话可以就事论事，把工作讲清讲到即可，而“一把手”讲话不仅要讲清讲到，还要讲出水平、讲出层次，对轻重的把握、虚实的把握、说人说事的把握相对更难，技术含量更高。三是因为影响大。“一把手”的讲话影响面广，关注的人多，讲得好，可以更好地统领全局，凝聚人心，推动工作；讲得不好，损害领导形象、降低领导威信不说，还会影响事业发展。

2011年是市县乡三级班子换届之年，大批干部的调整，大量工作的衔接，程序性讲话与非程序性讲话、大会讲话与小会讲话一大堆，确实压得我们喘不过气来。会议密集召开给我们带来的压力，不仅仅是工作量的增加，真正令人纠结的是：因为新班子刚换届到位，这些会议的主题大多集中在加强换届后班子建设和干部队伍建设上，而且每次会议的参会人员又相同，老调重弹肯定不行，要讲新话又谈何容易，那段时间确实到了“黔驴技穷，山穷水尽”的地步。

领导就是领导，我们“技穷”写不出稿子，他一样讲得精彩。会议刚结束，打电话来要稿子的人简直快要把我的手机打爆了，逼得我们那段时间天天加班加点整理录音。认真对照我们准备的初稿和领导即兴讲话稿，这才发现稿子被“毙”的原因：初稿就像是一个“面无血色”的通稿，而领导的即兴讲话则是“因会置宜，应情应景，恰到好处”。第一，讲话定位恰到好处。新一届市委宣言：一切为了人民幸福；与本级班子成员谈心：互勉共进；向各级干部“挥鞭”：方向引领；向政府班子成员嘱托：注重“操作”，一针见血、一语中的。第二，语气口吻恰到好处。市委全会讲话，大气磅礴，严肃庄重；与班子成员谈心，推己及人，情真意切；扩大会议讲话，启迪教育，语重心长；政府全体会议讲话，殷殷期望，拳拳激励。每一篇都讲得生动鲜活，入情入理。第三，分寸把握恰到好处。对上对下、说人说事、务实务虚处理得非常好，既有对下级班子的严格要求，也有对同级班子的理解支持，既有对取得成绩的充分肯定，也有对下步工作的鼓舞鞭策，既有对具体工作的明确要求，也有对为官处世的谈心交流，难怪会“适销对路”。

对文秘工作者来说，领导就是顾客，而听众则是产品的最终消费者。很多时候，我们写讲话稿容易陷入“只知埋头做事，不知抬头看路”的误区，长期闭门造车，与工作无接触，和领导没互动，根本没花心思去琢磨领导想讲什么，听众要听什么，一有起草任务就仓促上阵，应付交差，这样写材料无异于“盲人骑瞎马”，其结果只能是“做事不依东，累死也无功”。

第十五篇
善于展示“亮点”：让你的汇报让人记住

——发现和展示你的亮点吧！向上汇报和典型发言绝对是一门“技术活”，把你的特色和成效淹没在平庸的叙述中那是绝对愚蠢的。

A. 要点提示

起草讲话稿要善于捕捉“亮点”，起草向上级的汇报材料和典型发言材料同样需要展示“亮点”。之所以专门谈这个问题，是因为起草这类材料同样是经常的、大量的，其质量如何，直接关系上级和外界对本地工作的评价。我们并不赞成在起草这类材料时弄虚作假、浮夸虚报，靠妙笔生花来展现“到处莺歌燕舞，形势一片大好”，但的确是做了的工作，做得有特色有成效的工作，也要善于总结提炼和汇报宣传，一来让上级领导掌握真实情况，二来让外界包括新闻媒体了解和认识，三来鼓舞当地干部群众的信心和士气。而恰恰在起草这类材料时，一些文秘文员不得要领，明明做得很好的工作，因为写得不好，“亮点”不突出，结果上级领导不了解，新闻媒体不宣传，自己的领导不高兴，于是挨批挨骂就在所难免了。

B. 基本训练

1. 思考一下：各地区各单位同样在做的工作，我这个地方不同于别人的特色和“亮点”在哪里？仔细找，反复找，没找到就别动笔。

2. 把握受众的心理：通常情况下，领导听汇报，听众听典型发言，记者作采访，他们只对那些有特色、有价值、能够抓人“眼球”的东西感兴趣，否则，写了也白写，说了也白说。

3. 接下来才是技巧上的问题，比如：打破千篇一律的“成效＋做法＋体会＋下步打算”的结构模式，灵活确定结构；精心制作标题，吸引受众注意；语言鲜活生动，避免枯燥无味等等。

4. 还要记住一点：任何汇报和介绍材料，越长效果越差，比如大会典型发言，如果规定时间是10分钟，你最好在9分钟内讲完。

C. 实例印证

［实例一］抓住领导关注的问题

化波动期为机遇期　变返乡潮为创业潮

——我市做好返乡农民工就业创业工作情况汇报（摘要）

我市既是农业人口大市，也是农村富余劳动力跨省输出大市。2008年，全市外出务工农民工总数为79.8万人。但是受全球金融危机影响，大量农民工返乡，截止2009年2月15日，全市返乡农民工总数约34.3万人，占外出务工农民工总数的42.97%，其中因企业裁员停工、待工返乡的有6.69万人，占返乡农民工总数的19.5%。大量农民工返乡使我们意识到：这既是“波动”，也是机遇，说“波动”，是因为我市农村家庭现金收入的46%来自农民务工收入，如果解决不好，将直接影响农民增收，甚至影响社会稳定；说“机遇”，是因为农民工大都经过一定的培训和锻炼，有一定的技术和资金积累，利用得好的话，既能解决就业问题，也能缓解本地企业招工难、用工难的矛盾，并使这批农民工成为又一批创业者。基于这种考虑，我们明确提出“化波动期为机遇期，变返乡潮为创业潮”，从去年9月开始，我市认真落实省委、省政府关于做好返乡农民工工作的要求，把做好返乡农民工作作为一项重大任务来抓，进行专题调研，作出具体部署，出台了一系列的政策和具体措施，积极应对返乡潮带来的影响和冲击，取得了初步成效。我们的主要做法是：

一、密切掌握返乡动态，千方百计为农民工提供就业岗位

面对汹涌的“返乡潮”，市委市政府研究措施，迅速应对，要求各县市区动员基层干部下村入户，掌握情况，做到三个“一个不漏”：一个不漏地登记返乡人员姓名，一个不漏地询问就业意向，对有就业创业意向的一个不漏地动员组织转岗培训。春节前，我和市长分头带队到广东、上海、浙江等地，走访慰问在外创业和务工人员，掌握信息。春节期间，各级干部纷纷下村入组了解返乡农民工情况。在摸清情况的基础上，采取“三个一批”的办法，为返乡农民工提供就业岗位。一是面向园区解决一批。自去年四季度以来，各地劳动保障部门、中小企业局等部门和工业园区管委会共举办工业园区用工和农民工专场招聘会达80余场次，发布岗位信息4.6万个。各地联合举办了“春季就业援助周暨返乡农民工专场招聘会”和“送政策、送岗位、送培训、送补贴、送温暖”“五送”活动，做到返乡农民工需求在哪里，服务跟踪到哪里，政策落实到哪里。今年春节前后，全市共有万余名返乡农民工与工业园区企业实现了就业对接。二是结合全民创业孵化一批。即根据农民工在外从业情况，分别引导扶持他们创办中小企业。如制订实施“十百千万”返乡创业工程，具体内容是：按照农民工就业创业意向策划电子、服务、商贸等十个产业，依托这十个产业设立100个小型企业，培育1000个有技术、有管理能力的小老板提供1万个就业岗位，目前正在紧张实施当中，有五千多人找到了就业岗位，这一做法于2月14日在央视焦点访谈作了报道。三是着眼农业产业化转移一批。我市充分利用国家加大“三农”投入的机遇，大力扶持发展农业产业化龙头企业，增加农村富余劳动力就地就近转移就业容量。去年底，全市国家级龙头企业由1家增加至4家，省级龙头企业由28家增加到40家，市级龙头企业达到70家，这些企业去年新增吸纳农民工就业和返乡就业农民工达4.2万人。

二、出台扶持政策措施，为农民工创业搭建更广阔的舞台

把返乡农民工的创业潜力挖掘出来，是带动全市经济发展新的动力。一方面，我们在情感上加大投入，通过上门走访、召开座谈会等方式，及时了解和掌握返乡农民工的思想动态，引导他们积极应对危机。组织党员志愿者为农民工宣讲党的十七届三中全会精神和当前国际国内经济形势，宣传我市就业创业政策，努力做好农民工思想政治工作，理顺农民工情绪，激发他们就业创业的信心和建设家乡的热情。比如，我市地税系统组织实施了“百千万”工程，全力帮助返乡农民工就业创业；百名领导干部进百村包村挂点，千名地税干部联系千名返乡农民工一对一服务，万人次宣传省局支持返乡农民工就业创业12条措施。另一方面，在政策上大力扶持。出台《关于做好返乡务工人员就业和接续社会保险关系工作的若干意见》，形成了支持返乡农民工创业的政策体系，对返乡农民工创业贷款、用工、税费等各方面进行有力扶持。去年，全市仅发放小额担保贷款就达3.17亿，比上年增长46%，其中向农民工和安置农民工企业发放小额贷款6519万元，直接扶持农民工创业862人，带动就业4616人。在创业扶持政策的感召下，全市已有1831名外出经商务工人员于去年8月至今年2月返乡创业，投资总额达10亿元。

三、积极组织技能培训，增强农民工的就业创业本领

解决返乡农民工就业问题，最重要的是增强他们的就业创业信心和能力。我们把返乡农民工纳入政府公共培训范围，鼓励返乡农民工接受职业技能培训。以市、县（市、区）公共职业实训中心、就业训练中心为主体，通过招投标制、购买培训成果、发放培训券等办法，调动各类培训机构、工业园区企业和乡镇参与组织农民工培训的参与，扩大培训规模，尽快把返乡农民工转化为全市人力资源优势。各地瞄准市内十大特色产业基地、市本级“六大支柱产业”和服务业、农业机械化及境外劳务输出等热门培训项目，突出中、高级技能人才的培训，吸引更多农民工参加。到目前，全市已组织工业园区企业与各类培训机构签订定向培训合同655份，定向培训合同人数6.24万人，完成岗位培训1.87万人，投入补贴资金1122万元。除此之外，我市还启动和完善公共职业实训中心建设，投入资金共计9000万余元，确立了机电、数控、机械、陶瓷、制鞋等五个特色培训专业，目前，五大公共实训基地在培农民工达1950人。通过技能培训，一方面积极储备知识技能，增强再就业能力；一方面错开就业高峰，延缓岗位压力。

四、深入开展帮扶活动，关键时刻体现党组织的温暖

到群众最需要的地方去，在返乡农民工最需要的时候出现，已经成为我市各级党组织和党员的自觉行动。一是组织开展结对帮扶送温暖活动。将农村党员致富能手、党员种养大户和党员企业家作为示范带头的主要力量，构建责任到人的帮扶工作体系。重点为那些未结清工资、生活上困难、子女就学难的农民工提供实际帮助。结合元旦春节期间走访慰问活动，加强了与返乡农民工中的生活困难人员，尤其是农村低保户家庭成员、失地农民的联系服务力度，力所能及地为他们提供生活上的帮助，让生活困难的返乡农民工，特别是农民工党员感受到党组织的关心和温暖。截至目前，共结成帮扶对子14000余个，走访30000多人次。二是组织返乡农民工中的党员进行培训，使之在再就业再创业中发挥带头作用。市委组织部专门下发了《关于抓实返乡务工党员创业就业培训，充分发挥其带头创业、带头就业作用的通知》，据了解，全市返乡务工党员共2000多人，其中有500多名要求进行就业创业培训，目前已安排第一批80多人进行为期十天的培训，然后与工业园区对接就业。各级组织部门还积极抓好项目党建，要求在建项目上的党支部带头应对金融危机，稳定企业生产经营，并优先吸收返乡农民工就业。三是切实维护好返乡农民工的权益。发挥好在外流动党员党支部、同乡会等组织的职能，配合当地劳动就业保障部门做好返乡农民工的工资清欠和再就业工作，督促企业尽快结清农民工工资。全市已为市内外农民工清欠工资 897 万元，涉及务工人员 3000 多人。

［实例二］把最重要的东西放进标题

工作情况汇报（提纲）

（2009 年 11 月 24 日）

今年以来，我们在省委、省政府的坚强领导下，以科学发展观为指导，按照胡锦涛总书记“三保一弘扬”的总体要求，坚决贯彻落实中央和省委的决策部署，解放思想，求真务实，化挑战为机遇，变危机为生机，各方面工作取得较好成绩。主要体现在以下八个方面：

（一）认真贯彻省委省政府关于我市“要尽快提高经济总量占全省的比重”的要求，迎战“危机”保增长，科学发展促赶超，主要经济指标增幅在全省排位实现前移

（二）坚持求真务实，不图虚名，在追求速度的同时注重质量，税收占财政收入的比重居全省之首；工业用电量、信贷规模等指标均逆势增长；招商引资不求数字求“实效”，落地项目占合同数的 70.1%

（三）千方百计抓项目，全力以赴增投入，先后开展“产业招商百日大会战”和“项目落地百日大会战”，项目建设高潮迭起，引进项目个数居全省第一；锂电新能源产业建设势头强劲

（四）着力推进城市建设和三产发展，中心城区三大战役、六大产业、13579 工程和人口倍增工程成效明显；成功举办央视中秋晚会，城市知名度迅速提高

（五）精心实施民生工程及和谐平安建设，帮助返乡农民工就业创业获多家主流媒体报道，“打黑除恶”斗争赢得群众赠锦旗致谢

（六）致力再创农业大市新优势，农业招商引资和农业产业化建设迅速推进，造林绿化工程、农村清洁工程、污水处理工程进展顺利

（七）着眼于创造最优投资环境，制订对工业园区“六个严禁”，在全省率先开展对行业协会、中介机构清理整顿和建设领域突出问题整治，严肃查处了一批破坏发展环境的人和事

（八）以深入开展学习实践科学发展观活动为契机，扎实推进干部队伍思想作风建设，求真务实成为作风建设一大“亮点”并获得社会各界广泛好评；反腐倡廉动真碰硬，党风政风明显好转

［实例三］善于概括，让人记住

“8个3”：2010喜事多　“135”：2011从头越

——向新闻单位通报材料

2010年，在省委、省政府的坚强领导下，我们坚持解放思想，求真务实，科学发展，赶超进位，经济建设、党的建设、民主政治建设、精神文明建设、民生工程、社会事业等各项工作均取得较好成绩，出现了很多好事、喜事，概括起来有“八个三”：

一是“三跨”。财政总收入跨过百亿元大关，达到107.93亿元；F县跨入全国百强县行列，县域经济基本竞争力列第99位；市本级、Y区、G县财政总收入跨上10亿元台阶，全市财政总收入超10亿元的县市区达4个。

二是“三高”。税收占财政收入比重为92.1%，全省最高；工业用电量增幅为32.2%，高于全省平均水平；全省组织工作满意度调查我市列入前30名的县市区比例最高，达5个。

三是“三前”。创建生态园林城市站前列，各项指标考核全部达标，总分名列第一；“创业服务年”活动成效站前列，获省里表彰；引进 5000 万元以上工业项目数量站前列，为 140 个，列全省第一。

四是“三奖”。造林绿化获全省综合先进市，其中通道绿化在全省排名第一，另有 6 个县市区获单项先进；省运会获金牌总数第二、奖牌总数第二、团体总分第二；获全国见义勇为评选活动城市奖，王茂华、谭良才被授予“全国见义勇为英雄”和“江西省见义勇为标兵”光荣称号，另据透露，二人已入选央视 2010 年度感动中国十大人物。

五是“三牌”。获科技部授予国家锂电新能源高新技术产业化基地牌子，为全国第一个锂电新能源产业基地；获中国宜居城市牌子，宜居指数达 83.82 分；获中国最佳休闲养生城市牌子，为我省唯一获牌城市。

六是“三胜”。抗洪救灾取得全面胜利，获省委、省政府领导肯定和表扬；七大系统国企改革胜利推进，完成率达 93.3%，进度列全省前列；胜利完成省政府下达的民生工程目标任务，其中 64 项超额完成任务。

七是“三喜”。明月山机场可研报告获国家发改委正式批复；洪屏抽水蓄能电站开工建设；昌铜高速公路和杭南长高铁开工建设。

八是“三优”。涌现的英模人数全省最多，有 32 人上“中国好人榜”，被媒体称为“英模群体井喷现象”；省委对市级班子年度考核评定为“优秀”；“万名干部下基层，和谐稳定进乡村”集中行动月活动获省委肯定和中央、省媒体集中宣传报道。

2010 年我市各项工作虽然取得了可喜成绩，但与省委、省政府要求比，与兄弟市比，还存在较大差距。通过学习贯彻党的十七届五中全会、中央经济工作会议和省委十二届十四次全会精神，我们进一步理清思路，明确目标，提出了“十二五”发展的总体设想：决战“十二五”，奋力站前列，力争我市经济社会发展迈进全省第一方阵。具体到2011年经济社会发展的总体要求是：认真贯彻党的十七届五中全会精神、中央经济工作会议精神和省委十二届十四次全体会议精神，以邓小平理论和“三个代表”重要思想为指导，以科学发展为主题，以转变经济发展方式为主线，以开展工业三年强攻战、城镇建设三年大会战、农业三年升级战和县域经济三年大竞赛为抓手，以开展“产业升级年”活动为动力，着力扩大固定资产投资，着力提升产业发展水平，着力提升人民群众幸福指数，着力推进社会和谐稳定，着力抓好班子换届和干部队伍建设，实现发展速度再创新高、发展质量再上台阶、区域经济再增特色，努力实现“十二五”经济社会发展“开门红”。按照上述总体要求，突出抓好“一个升级、三个强攻、五个提速”：

——“一个升级”，即产业升级。拟专门出台产业升级工作方案，春节上班后第一天即召开动员大会进行部署，工作内容包括工业产业升级、农业产业化升级、服务业升级，工作要求包括明确产业定位、完善产业规划、延伸产业链条、加速产业配套、形成产业集聚，在抓好传统产业转型升级的同时，举全市之力抓好锂电新能源、生物医药、盐化工等一批新兴产业。

——“三个强攻”，即强攻新型工业化，做大做强全市十大产业基地和中心城区六大产业，力争全市规模以上工业企业实现主营业务收入突破1600亿，工业园区主营业务收入突破1400亿，其中市经开区跨越200亿，力争创建国家级经济开发区；强攻新型城镇化，以城镇建设三年大会战为抓手，以规划为龙头，以项目为载体，以宜居宜业为目标，全面提升中心城区的承载力和辐射力；强攻农业产业化，力争粮食、毛竹、家禽、中药材、油茶五大优势产业综合产值突破300亿元、专业合作社增至1600家以上、年销售收入超亿元龙头企业突破40家。

——“五个提速”：一是项目建设提速，坚持以项目建设为纲，大力实施项目带动战略，主攻带动能力强的大项目、好项目；二是结构调整提速，千方百计提高二三产业占经济总量的比重、高新技术产业占全部产业的比重、节能环保型企业占全部企业的比重；三是科技创新提速，以科技创新“六个一”工程为抓手，大力实施科技兴市和人才强市战略，推动经济走上创新驱动、内生增长的轨道；四是体制改革提速，继续抓好已部署的各项改革，包括行政体制改革、财税体制改革、医疗卫生体制改革、金融体制改革、资源性产品价格和要素市场改革、社会事业体制改革等，进一步增强经济发展活力；五是行政效能提速，继续深化“两集中、三到位”改革，进一步提高工作效率，切实降低行政成本，打造一流的政务环境。

［实例四］带着感情汇报

在全省纪念建党89周年暨在抗洪抢险中创先争优报告会上的发言（摘要）

（2010年7月1日）

年年纪念“七一”节，今年“七一”不寻常。今天，我们带着迎大洪、抗大灾、抢大险的疲惫和坚强，带着抗洪救灾取得重大胜利的欣慰和喜悦，带着全市9573个基层党组织、20万名共产党员的满腔赤诚，向伟大母亲生日，向省委、省政府献上一份真挚的礼物，这就是：党旗，让全市人民化险为安。

我市有水库1704座，总量全省第二，大中型水库全省第一；圩堤1476公里，其中特等圩堤3条、五万亩以上圩堤6条、万亩以上圩堤30条，历来是一个洪旱灾害频发的地区。今年以来，我市遭遇了1998年以来最为严重的洪涝灾害。我们按照省委、省政府的部署要求，沉着应对，快速反应，科学指挥，全力以赴打好抗洪救灾这场硬仗。做到四个立足：第一，立足于早，做到早动员、早部署、早安排；第二，立足于防，做到防得严、防得好；第三，立足于严，做到严明纪律、严格督查；第四，立足于保，确保人民群众生命安全。通过落实这“四保”，取得了抗洪救灾的阶段性胜利。

现在，洪水已经退去，险情已经排除，但回想起来，仍有几分后怕。如果我们不是立足于早、立足于防，后果不堪设想！如果不及时削平葛公山，山体大面积塌陷将导致堤坝溃决、10万群众生命财产将毁于一旦；如果不死守肖江堤，凶猛的洪水将中断浙赣线、沪昆线安全运行，造成重大政治影响；如果不夜战抢修礼港堤、荒山堤，三个大镇和2万多百姓将面临灭顶之灾；如果在险情出现之前没有及时转移群众，将会导致成百上千的人员伤亡！

这次抗洪救灾胜利的取得，是上级领导关心支持的结果，是各方大力支持的结果，是全市干部群众特别是基层党组织、广大共产党员艰苦奋战的结果。

——我们不会忘记，洪涝灾害时时牵动省领导的心，省委书记亲自几次打电话给我市有关负责同志询问灾情险情，作出重要指示；省长亲自帮我们调集部队支援肖江堤抢险，并亲临大堤视察指导；省委副书记就各级党组织和党员干部在抗洪救灾中争先创优作出重要指示，给我们以极大的鼓励；省里其他领导对我市防汛抗洪也给予了极大关心和全力支持，他们有的多次致电我市领导，调度汛情灾情，给予关心支持；有的亲临指导防汛救灾工作，即使在外出开会期间，仍每天了解工作进展情况，指挥防洪抢险，并调度省直有关单位给予紧急支援。正是省委、省政府的坚强领导，为我们战胜特大洪涝灾害提供了坚强保证。

——我们不会忘记，洪灾无情，人间有爱。6月24日，肖江堤出现紧急险情，来自空军某部、二炮某部、武警、消防、预备役部队的1700多名官兵和公安特警紧急驰援肖江，发挥了主力军和突击队作用，共排除泡泉、管涌20多处，使肖江堤化险为夷。葛公山出险，省国土资源厅、省环境总站在第一时间派来技术专家，科学指导葛公山排险。省纪委、监察厅派出督查组深入我市督战，省水利厅领导和技术人员多次来我市指导防汛抢险，省财政厅、省民政厅及时给予物质上的支持，中央、省新闻单位及时报道我市抗洪救灾动态、宣扬好人好事，谱写了一曲爱心奉献的大合唱。

——我们不会忘记，危难时刻，方显出共产党人英雄本色。入汛之初，市委即提出要求，要把抗洪救灾和创先争优活动结合起来，充分发挥基层党组织的战斗堡垒作用和共产党员的先锋模范作用。实际情况正是这样，在整个抗洪救灾工作中，哪里有危险，哪里就有党员干部奔忙的身影；哪里的群众有难，哪里就有党员干部奋力救援，鲜红的党旗、写有“共产党员”四个字的红袖章，成了抗洪救灾中最亮丽的风景。面对严重的汛情灾情，市、县四套班子领导和乡镇领导全部深入到抗洪一线指挥战斗，很多同志连续几天几夜没有睡觉，人累瘦了，嗓子喊哑了，皮肤也变黑了，有的基层干部甚至累得打着雨伞蹲在大堤上睡着了，看着叫人心疼！6月19日—20日，Y县潭山镇全境遭遇罕见特大暴雨，危急关头，县委迅速部署，镇党委紧急组织党员干部挨家挨户劝导群众转移，经过通宵达旦的工作，处在危险中的3064名群众全部安全转移。6月19日下午，大雨滂沱，雷电交加，F市观坑水库泄洪道被杂物堵塞，严重威胁水库安全，关键时刻，共产党员、雷坊村村主任雷君锋冒着生命危险跳入泄洪道清除杂物，在洪水中奋战一个多小时，不幸被雷电击倒，英勇殉职，年仅34岁。像这样的好人好事还有很多，他们用实际行动证明了：关键时刻，我们的基层党组织是有战斗力、号召力的，我们的共产党员是能够站得出、冲得上、叫得响的！

这次抗洪救灾，是深入开展创先争优活动的最大实践，是基层党组织和广大共产党员发挥作用的重要阵地，是对创先争优活动的最好检验。同时我们也深刻体验到，深入开展创先争优活动，在各项工作中充分发挥基层党组织和共产党员的作用，让老百姓经常性地发自内心说共产党好、政府好、党的干部好，这才是最有力最有效地巩固党的执政地位，也是对党的生日的最好纪念。

通过这次抗洪救灾，我们既有胜利的喜悦，也有深刻的反思。我们将针对这次防汛救灾中发现的水利设施建设和管理中的不足，采取有力措施予以补救，提高防御灾害的能力。没有灾难的时候是最容易麻木的时候，麻木的时候是最容易出现灾难的时候。我们将发扬抗洪抢险精神，做好生产自救和灾后重建各项工作，把洪灾造成的损失夺回来。我们将深入开展创先争优活动，进一步激发各级党组织和广大党员干部干事创业的热情，用科学发展、赶超进位的实际行动向伟大的党，向省委、省政府表达一个坚定的信念，这就是：党旗，将带领全市人民走向更加美好的未来！

D. 秘书心得

说实在的，在没有看过书记的汇报材料之前，我并不觉得汇报材料有多难搞，无非就是把工作理清、说到，把体会和经验写足、写好。然而，领导来宜后的几次重要汇报也就是书中列举的实例，彻底颠覆了我对汇报材料的认识：

——全省召开就业创业工作情况交流会，我市由于就业创业工作抓得比较好，会上要作典型发言，这也是领导到我市工作后首次在全省会议上发言，所以我们不敢有丝毫的大意，几个人蒙头搞了三四天，自认为八九不离十了，信心十足地交给领导，结果却遭到当头一棒：“太平了！”

——省委主要领导来宜调研，对省委书记的汇报可不是闹着玩的，得有点水平。这次汇报我们前后准备了将近半个月，按照“成效＋做法＋体会＋打算”的结构，反复推敲，字斟句酌，认为还比较成熟，可领导认为“还是太平了！”

——根据省委主要领导指示，中央驻赣和省属新闻媒体对我市进行集中宣传报道，我们吸取上次教训，参照第二次汇报的样式搞了一个材料给领导。本来以为这类汇报已经是轻车熟路了，应该可以一举过关，哪里知道领导还是那句话：“太平了！”

——省里召开纪念建党 89 周年暨在抗洪抢险中创先争优报告会，各设区市委书记都要作大会发言，往往这种时候是各地“笔杆子”写作水平的大比拼，我们煞费苦心地搞了一个材料，同样被领导以“太平了”打了回来。

几次重大汇报的折戟沉沙，让我们不得不彻底反思，汇报材料到底该怎么写？为什么领导总说材料“太平”？我们的材料到底“平”在哪？仔细分析才明白，第一次的材料“平”，关键“平”在没有突出重点，没有回应省领导的关切。2009 年，受金融危机影响，大量农民工返乡，不仅直接减少了农民的务工收入，还引发了一系列的问题。为了化波动期为机遇期，变返乡潮为创业潮，我市做了大量富有成效的工作，但我们准备的稿子却忽视了这个特殊背景，没有抓住领导关注的焦点、当时就业创业工作的难点来汇报，而是满足于一般化的汇报。第二次的材料“平”，关键“平”在提纲、平在标题，用我们的俗话说，就是把好肉埋在饭里吃掉了，把特色工作掩盖在了大量具体繁杂的琐事里，工作虽然都说到了，但说得不痛不痒，给人印象不深。第三次的材料“平”，关键“平”在不善于概括。经济社会发展的各项工作千头万绪，汇报不可能面面俱到，必须通过高度概括把最亮眼的东西提炼出来，这也是初稿所缺少的。第四次的材料“平”，关键“平”在情感投入。工作还是那些工作，是带着感情汇报还是“面无表情”汇报，其效果是截然不同的，“四个立足”、“四个如果”、“三个不会忘记”，正是这些真情挚意的论述，使原本一个枯燥的发言展现出扣人心扉的鼓动效应。

第十六篇
重要文件：吹响无声的号角

——保护环境需要节能减排，其实文件起草也需要“节能减排”。一些机关文件中空话、套话、废话产生的大量NOx、SO_2、COD，对人们的污染和毒害难道还会少吗？

A. 要点提示

领导机关各类文件尤其是那些用于重大决策出台、重要政策颁布、重要工作部署等方面的重要文件，它们同领导讲话一样，都是领导者理念、意图、主张、工作目标的具体体现，都是需要领导者认真对待、精密构思乃至亲自组织起草并反复审改的，只不过表达形式不同而已，一个是口头，一个是文字。二者有很多共同的要求，如符合上级精神、切合本地实际、切忌照搬照抄、注重实际效果等，不同之处在于：（1）体现决策的科学性、严谨性，完整、准确地表达决策意图，多说一句不行，少说一句也不行；（2）体现目标任务的可行性，做得到的就说，做不到的不能说，否则失信于民；（3）体现政策措施的可操作性，多出“干货”，少讲空话，力求实效，同时注意与上级文件和本地区其他文件的政策措施相衔接，避免相互矛盾和冲突；（4）体现语言文字的规范性，主题观点需经得起推敲，运笔行文需严谨庄重，引“经”据“典”需准确无误，遣词造句需简洁明快。

B. 基本训练

1. 会议决策或领导授意时，要准确无误地记录并融会贯通，记录不完整、不准确会给起草带来很大困难。

2. 具体表述某项决策部署时，要做到严谨周密、一丝不苟，每一个观点、每一句话、每一个词乃至每一个标点符号都不能疏忽；如发现某一个提法、某一项政策有误，要主动提请领导予以纠正。

3. 凡重要政策、重大部署出台，一般均有上级文件为依据，所以首先要把上级精神悟深吃透，但在起草时，除有重要观点、重要条文必须原文引用外，一定要力戒照抄照搬，一定要切合本地实际，避免搞成那种改个地名就照本下发的“传声筒”文件。

4. 注意不同文件在结构、行文语气、表达方式等方面的区别，不能混为一谈。

5. 注意与领导讲话稿的区别，尤其在语言风格和表达方式方面要避免与讲话稿相混淆。

C. 实例印证

［实例一］对症下药，整风肃纪树形象

关于进一步弘扬求真务实作风的意见

（2008 年 9 月 1 日）

求真务实是党的思想路线的核心内容，是干部作风的灵魂，是推进赶超发展的根本保证。为此，市委就进一步弘扬求真务实作风，提出如下意见。

一、干实事，求实效，奋力实现赶超发展目标

1. 以务实促发展，以实绩论优劣。要把是否促进赶超发展作为检验作风是否务实的根本标准。各级干部要围绕“止后移、争进位、站前列”的赶超发展目标，埋头苦干，奋勇争先，扎实推进项目建设、园区建设、城市建设、新农村建设、民生工程、社会发展、财政增收等各项工作，确保完成市委、市政府下达的目标任务。年终考评为末位者，予以通报批评，限期改进；连续两年为末位者，对主要负责人进行组织调整。

2. 一切从实际出发，创造性地开展工作。要善于把上级大政方针与我市实际结合起来，制定切实可行的发展思路和政策措施，反对照抄照搬、人云亦云，反对好高骛远、不切实际。要通过深入持久地开展解放思想主题教育活动，进一步打破旧思想旧观念的束缚，打破唯书唯上不唯实的教条主义禁锢，打破部门利益、小团体利益的掣肘，营造更加开明开放的投资环境和更加宽松和谐的干事创业环境。对破坏发展环境、损害投资者合法权益的人和事，一律从严处理，并在新闻媒体上曝光。

3. 注重细节，切实增强操作能力。各级干部要注重细节，注重落实，注重从操作层面想问题和处理问题。凡市委市政府有重大决策、重大部署出台，要按照“项目化、时间表、责任人”的要求，将其细化、具体化、可操作化，并认真付诸实施。反对空喊口号和坐而论道，反对满足于当“宏观领导”而不解决实际问题，反对回避矛盾和上交矛盾。对因不重操作、不善操作而贻误工作的，要启动行政问责，追究责任。

4. 大兴调查研究之风，提高决策水平。市级领导干部每年下基层调研时间不少于2个月，县级领导干部不少于3个月。要改进调研方式，提高调研质量，防止为调研而调研，为“作秀”而写文章。既要深入群众、深入基层熟悉下情，又要开阔眼界了解外情，还要经常上网掌握社情民意。要畅通社会各界、人民群众向党委政府建言献策的渠道，使建言献策经常化、制度化。对重大调研成果和社会各界的合理性意见建议，各分管领导和部门、单位要及时采纳，防止浪费。凡重大决策，必须想周全、议透彻、不失误，做到没有深入调研不决策、没有征求意见不决策、没有比较方案不决策。

5. 及时破解发展难题。赶超发展的过程就是不断破解难题的过程。各级干部要力戒高高在上、发号施令的陋习，深入一线、深入基层、深入企业和群众，帮助解决发展中的各种实际困难和问题。对事关全局的重点工作、重点工程、重要项目，要更多采取现场办公的办法，当场拍板解决问题；凡市里解决不了的，及时向省、中央有关部门争取解决，防止久拖不决，影响发展。市直各部门各单位要牢固树立为基层服务、为群众服务、为企业服务的思想，热心、及时为之排忧解难，不准动辄说“不行”，要多考虑“怎样才行”；不准拖而不决，要做到“马上就办”。

二、力戒官僚主义、形式主义，倡导简练、快捷、朴实的文风政风

1. 少开会，开短会，开有效的会。克服和防止“以会议贯彻会议”、“开会即落实”的偏向，减少会议次数，提高会议质量。没有实际内容的会一律不开，除特殊需要外，双休日、节假日、晚上不开会。可合并开的不单独开，能通过视频开的不集中开，可一次性开的不层层开。除党代会、人代会、政协会等重要会议外，以市委、市政府名义召开的大型综合性会议，一般不超过半天，最长不超过1天，其他会议不超过半天，电视电话会议不超过1个半小时。市委、市政府分管领导召开的各部门系统工作会议，要尽量减少次数，未经市委、市政府主要领导批准，不得邀请县市区党政主要领导参加。除综合性大会和有关重要会议外，一般不安排四套班子领导集体出席，与会议内容无关的领导不陪会。

2. 少讲空话套话，讲真话短话，讲管用的话。提倡突出主题，反对面面俱到；提倡切合实际，反对照搬照抄；提倡平实自然，反对矫揉造作；提倡言之有物，反对空洞无物；提倡简洁精炼，反对冗长拖沓；提倡自己动手，反对秘书包办。除大型重要会议外，市委、市政府领导到会讲话一般不超过1个半小时；同一个会议一般只安排一名领导作主体讲话，不得安排两名以上领导作重复性主体讲话。各种会议讲话、发言、汇报等，都要力求做到开门见山、直截了当、简短精炼，不超时、不拖会。

3. 少发文，发短文，发有“干货”的文。坚决克服和防止“以文件贯彻文件”和照抄照转的偏向，减少发文次数，提高文件质量。凡没有具体贯彻意见、对基层指导性不强的文件，一律不发；凡未经充分调研论证和协调各方意见的决策性文件，一律不发；凡空洞无物、拖沓冗长的文件，一律不发；凡内容雷同、缺乏新意的文件，一律不发。确需出台的文件，要主题突出、开门见山、观点鲜明、文字简洁、便于操作，尽量缩短篇幅。市委办公室、市政府办公室和各秘书长、办公室主任对发文次数和文件质量要严格把关。

4. 集中精力抓大事，下决心减少迎来送往和各种琐碎事务。市领导不参加纯商业性的庆典活动和一般性的纪念活动，确需参加的活动，由市委办公室、市政府办公室统一安排。市领导下基层要轻车简从，原则上实行“谁对口、谁陪同”，尽量减少陪同人数；一律不准警车开道，一律不到边界上迎送；接待要简约、节俭、省时，无关人员不陪餐。精减领导活动报道，一般性活动原则上不作报道，重要活动的报道要突出主题、突出重点，尽量缩短篇幅。减少各种检查，防止乱检查、重复检查、不必要的检查，必需的检查必须报市委办公室、市政府办公室批准，同时要做到简约而不繁琐，尽量缩短时间、减少环节，不增加基层负担。

5. 快节奏办文办事，提高工作效率。市委办公室、市政府办公室要加快办文办事速度，凡重要文件、重要事项，要提醒领导及时阅批；对基层请示事项，要及时办理。领导同志要坚持每天清理“案头”，防止重要文件和事项拖而不决。要克服和防止越级请示、多头请示，一般性工作先向分管领导汇报，不能事事都找主要领导；涉及多位领导的事项，要及时沟通协调。

6. 坚持艰苦奋斗，密切联系群众。各地各部门各单位要牢固树立过紧日子、苦日子的思想，大力增收节支，反对大手大脚花钱。严格限制出国考察和培训，严格控制买车、换车。各种会议都要厉行节约，不得发纪念品和包、笔、笔记本等物品，一般性会议不摆鲜花。大力压缩招待费，做到热情、得体、节俭，不上名烟名酒和名贵菜肴。各级干部要放下“架子”，去掉“官气”，与群众打成一片。提倡每个领导干部结交一批普通群众、党外人士、企业家朋友，以密切感情、掌握信息，听取意见和建议。力戒贪图安逸、飘浮不实的作风，坚守工作岗位，克服“走读”现象。

三、讲“认真”，重“落实”，办实办好每件事

1. 政策、文件要执行到位。更加注重发挥政策效应推动工作，防止政策浪费。凡中央、省和市委市政府出台的文件，必须坚决做到令行禁止，落实到位，确保政令畅通，不允许顶着不办，不允许搞政策“截留”，不允许一般号召不抓落实。大力推进政务公开，对关系群众切身利益的具体政策，要通过新闻媒体和网站广泛宣传，让广大群众掌握并受益。

2. 领导批示要落实到位。各地各部门各单位主要负责人要亲自抓领导批示件办理工作。对有明确要求的批示，要迅速落实；对原则性、指导性的批示，要结合实际，认真研究，创造性地落实。一般情况下，领导批示的急件要在1—3个工作日内办结，非急件要在15个工作日内办结，难度较大的批示件要在20个工作日内办结，领导有特殊交待的批示件按领导要求及时办理。办理过程中，各承办单位要做到随收随办、急事急办、特事特办，努力按时限要求办结并反馈结果。

3. 群众的合理要求要解决到位。群众利益无小事。要不折不扣抓好民生工程，保质保量完成各项任务。坚持领导干部接访制度，特别是各级党政“一把手”要亲自接访、亲自解决群众反映的重大问题，并使这项工作经常化、制度化、规范化。要带着党性、带着良心、带着感情，解决群众最关心、最直接、最现实的利益问题，决不允许视而不见，麻木不仁，拖而不决。对群众反映的合理要求，各地各部门各单位必须及时解决并反馈结果。凡因拖而不决导致群众越级上访的，由信访部门登记在册，对有关责任人予以通报批评，情节严重的要追查责任并作出必要处理。

四、加强引导，强化督查，以务实态度推进求真务实作风建设

1. 营造求真务实的思想舆论氛围。各地各部门各单位都要结合解放思想主题教育活动，普遍开展一次求真务实宣传教育活动。近期要组织班子成员和干部职工传达学习本《意见》，对照《意见》要求，认真查摆作风方面存在的问题，并制订措施，切实加以整改。新闻媒体要把弘扬求真务实作风作为一项长期任务，加强宣传引导，努力形成“六坚持六反对”的共识共为，即：坚持求真务实，反对形式主义和表面文章；坚持落实求效，反对马虎应付和弄虚作假；坚持细致操作，反对坐而论道和只说不干；坚持简约朴实，反对繁文缛节和铺张浪费；坚持扎实苦干，反对作风飘浮和怕苦畏难；坚持严谨高效，反对粗枝大叶和懒散拖沓，使求真务实在各级干部中成为一种时尚、一种习惯。

2. 坚持正确的用人导向，不让务实干事的人吃亏。选人用人要坚持德才兼备标准，注意发现和重用那些政治上靠得住、工作上有本事的干部，那些脚踏实地、不事张扬、默默无闻干实事并作出优异成绩的干部。组织部门要把是否求真务实作为考评干部的重要内容，对那些作风飘浮、不干实事、不求实效、工作长期打不开局面的干部要进行批评教育，仍不改正者要及时予以调整，严重的要给予免职、降职处理；对那些只想做官不想做事，热衷于拉关系、找门子的投机钻营式干部，决不能委以重任。

3. “一把手”要做求真务实的表率。能否在各级干部中真正形成求真务实的风尚，关键在“一把手”。各地各部门各单位“一把手”要以推进赶超发展为己任，始终秉持“一切为了地方发展，一切为了人民幸福”的执政理念，带头求真务实，带头艰苦奋斗，以自己的表率作用带动求真务实风气的形成。同时要切实加强对班子成员和干部队伍的教育与管理，使求真务实成为干部职工的自觉行动。

4. 加强督促检查。成立市委书记、市长督查室，以市委督查室、市政府办公室督查科为主体，聘请若干特约督查员，采取多种形式，对各项重要决策的落实情况和重点工作进展情况定期不定期开展督查。各级党政班子成员要带头参与督查，正副秘书长、办公室主任要具体抓好督查，既督查工作，又督查作风，对落实不力的，予以通报批评。

[实例二] 奖优罚劣，扬鞭催马促赶超

关于开展县域经济发展三年大竞赛的决定

（2010 年 9 月 13 日）

为全面贯彻落实省委、省政府加快县域经济发展的决策部署，充分激发各县市区“抢进位、增份额、创优势”的积极性和创造力，市委、市政府决定，在全市开展县域经济发展三年大竞赛，现将有关事项明确如下：

一、开展三年大竞赛的总体要求和主要内容

开展县域经济发展三年大竞赛的总体要求是：以科学发展观为指导，抢抓鄱阳湖生态经济区建设的机遇，围绕把我市建设成生产力布局比较科学、产业结构趋于合理、区域特色更加明显、县域经济发展规模和水平走在全省前列的经济强市的战略目标，以三年大竞赛活动为抓手，以快速推进新型工业化、新型城镇化和农业产业化为重点，以加快转变经济发展方式为主线，以重大产业和重点项目为支撑，以体制机制创新和科技创新为动力，在全市形成比学赶超、创先争优的浓厚氛围，通过 3 年努力，到 2012 年，全市经济实现“两翻番、双跨千、一提高、三进入”的目标，即：以 2009 年实际完成数为基数，财政总收入和规模以上工业主营业务收入翻一番，GDP 和固定资产投资跨越千亿元以上；县域经济总量占全省县域经济总量的比重提高到16%以上，一个县市区进入或保持全国百强、两个县市区进入中部二十强、三个县市区财政总收入进入全省十强。

为使县域经济发展三年大竞赛更具竞争性与可比性，重点就生产总值、财政收入、规模以上工业增加值、固定资产投资四项指标开展“四比”，并以此考核大竞赛成效：

——纵比“增幅”。为激励各县市区不断加快县域经济的发展速度，实行各县市区四项考核指标增幅与各自上年增幅的比较，增幅提高者加分，下降则减分。

——横比“份额”。为激励各县市区不断加大对全市经济发展的贡献份额，实行各县市区四项指标在全市总量中所占比例的比较，比重提升者加分，下降则减分。

——内比“人均”。为激励各县市区不断提高县域经济的人均量，实行各县市区四项指标的人均值与全市人均值的比较，高于全市平均者加分，低于则减分。

——外比“排位”。为激励各县市区不断提升在全省各县市区中的位次，实行各县市区四项指标及工业园区主营业务收入在全省99个县市区排位的比较，前移者加分，后退则减分。

二、全面提升三年大竞赛的水平与实效

开展县域经济发展三年大竞赛，要围绕全市总体目标和具体任务，结合实际，突出重点，全力在“四战”中赛出水平、比出实效。

1. 全力打好工业三年强攻战。坚持以工业化为核心战略不动摇，以项目建设为抓手，以结构调整为主线，加快工业园区和产业基地建设，壮大工业经济总量。促进产业基地做大。按照产业定位和努力方向，进一步完善工业园区、产业基地发展规划；深入开展重大产业与重点项目推进年活动，加大产业招商、大项目招商力度，积极做好与世界500强、全国200强、同行业50强和中央、省属国有大型企业的招商对接，着力引进一批投资规模大、科技含量高、创税能力强的支柱型重大项目。力争到2012年底，全市国家级和省级产业基地主营业务收入超1000亿元。促进工业园区升级。进一步完善园区配套功能，推进公共服务平台和服务体系建设，积极开展生态园区创建，力争到2012年底，全市50%工业园区建成省级生态园区，创建一类园区4个，二类园区2个；按照“五上”要求，量化园区年度发展目标，加强入园企业管理服务和跟踪问效，提高企业达产达标率、土地利用率、税收贡献率，力争2012年底，全市工业园区主营业务收入、利税总额分别突破1500亿元、180亿元。促进骨干企业上市。本着“优选一批、培育一批、辅导一批、上市一批”的原则，抢抓创业板推出的机遇，强力推进企业上市工作；加强上市资源的筛选培育，重点支持和培育符合产业政策、上市积极性高、成长性强的重点后备上市企业；制定和完善有关扶持政策措施，切实调动企业上市的积极性和主动性。力争到2012年，全市筛选出48家以上企业进入上市后备资源库，20家企业进入改制期，5家企业进入辅导期，扶持6家企业上市。促进开放型经济聚群。突出重点地区、重点领域，大力开展重大产业和重点项目招商竞赛；建立和完善重大产业项目协调推进机制，加大考核激励力度，强力促进项目落地，加快形成产业集聚。争取全市每年引进亿元以上项目100个，5亿元以上项目20个。

2. 全力打好城建三年大会战。坚持“工业向园区集中、人口向城市集中”和“农村城镇化、城市工业化”的发展理念，加快城市要素集聚，扩大城市规模，增强辐射功能，努力把县域发展成为功能完善、特色鲜明的中小城市。力争到2012年，全市建成20—50万人口的中等城市3个，10—20万人口的小城市4个，3—10万人口的小城镇10个，1.5—3万人口的小城镇20个，全市城镇化率达46%以上。高起点优化城市规划。突出“富”规划、“穷”建设思想，大跨度、大范围、大气魄优化城市规划，努力做到相对集中与合理分散相结合，形态规划和社会规划相结合，尊重历史与创造未来相结合，最大限度地发挥城市基础设施的服务功能和聚集效益，充分体现自然生态与城市景观的有机融合，使城市具有持续强劲的辐射力和带动力。调整优化县域城镇发展体系，立足于撤并小镇、重组弱镇、做大做强中心镇，逐步构建由中心城市、副中心城市和若干个重点中心镇组成的城镇体系框架。大规模实施城市建设。以项目建设为抓手，加快推进城市基础设施和公共设施改造建设步伐。快速促进城市经济。坚持“三产兴城”战略，努力构筑以新兴产业为先导，以传统商贸业为基础，现代服务业全面发展的城市经济新格局。坚持走专业化、规模化、现代化的路子，引名企、建名店、育名品，解决商贸业网点散、层次低、规模小、专业性不强的问题，加快商厦的建设、商圈的形成、商街的重塑、商区的发展。规划建设若干条“创业路”，拓一路商贸，创一批品牌，富一方百姓。高效率推进城市创建。以创建“生态园林城市”为总目标，以塑造城市形象、提高市民素质、促进经济发展、维护社会和谐为出发点，深入推进城市创建工作，力争三年内，各县市全部实现省级生态园林城或省级园林城目标。从实行社区自治、美化社区环境、加强社区治安、开展文娱活动、拓展社区服务、深化社区教育、繁荣社区经济等方面开展系列创建活动，提升市民幸福指数。

3. 全力打好农业产业化三年升级战。立足资源优势，大力实施“双十双百双千工程”，加快建立现代农业产业体系，再创农业大市新优势。做大做强农业主导产业。全面推进粮食、毛竹、畜禽、油茶、蔬菜、中药材、茶叶、苎麻、水果、有机农业等十大优势特色产业发展，重点抓好粮食、毛竹、油茶、有机（富硒）四大产业。到2012年，力争四大产业实现产值190亿元，建设标准化优质专用粮基地40万亩；毛竹丰产林改造44万亩；建成高产油茶林50万亩，茶油年产量达1.6万吨；新增有机（富硒）农产品基地面积15万亩。培育壮大农业产业化龙头企业。进一步加大农业招商力度，切实落实各项扶持政策，积极推进企业升级、改造、重组进程，到2012年，争取全市市级以上龙头企业发展到200家以上，实现销售收入220亿元，其中，年销售收入超亿元的龙头企业发展到60家以上，超10亿元的龙头企业发展到2家以上；农民专业合作社发展到1500家以上，每年创建30家规范化发展的示范社，示范社总数达到100家以上，龙头企业和农民专业合作社带动农户达80%以上。加快推进农产品品牌建设。全面实施农业品牌化战略，积极引导农业龙头企业上规模、创品牌，力争到2012年，全市创建省级以上名牌农产品、名牌产品、著名商标总数达到100个以上。

4. 全力打好环境三年优化战。坚持以人为本，统筹人与自然、城市与农村和谐发展，促进城乡环境全面改善。切实抓好节能减排工作。落实节能减排目标责任制，将节能减排目标作为约束性指标，纳入各县市区工业及企业考评，突出抓好省、市重点耗能企业节能降耗，确保规模以上企业万元工业增加值能耗逐年下降6%。加快县城和重点建制镇污水处理设施建设，全面推进工业园区集中式污水处理厂建设，着力推进畜禽养殖污染防治工作，减少农业源污染物排放。强化脱硫设施的升级改造与运行管理，进一步推进建材、陶瓷等行业结构优化调整，淘汰落后产能。到2012年，确保全市化学需氧量和氨氮排放总量分别比2010年下降4%；二氧化硫和氮氧化物排放总量分别比2010年下降4.8%。全面实施农村清洁工程。全市每年选择5000个左右自然村、50个左右集镇开展垃圾无害化处理试点，按照“减量化、资源化、无害化”的要求，积极推广农村垃圾分类处理“3+5模式”，充分发挥农户、村庄保洁员、理事会三大主体作用，采用“回收、回填、入池、焚烧”的办法，力争到2012年，全市所有自然村实现垃圾无害化处理。继续开展造林绿化工程。将造林绿化工程建设与打造“森林城乡”相结合，以通道绿化、森林城市、绿色乡村建设为重点，加强统筹规划，落实工作责任，明确实施主体，拓宽投资渠道，确保到2012年，全市完成造林面积177万亩，其中山上造林72.16万亩，山下造林104.87万亩。

三、开展三年大竞赛的保障和激励措施

1. 进一步扩权强县。严禁对县市区及企业乱收费、乱罚款、乱摊派、乱检查、乱培训，切实精减文件、会议及各种检查和评比达标活动等。除市委、市政府授权外，各部门、各行业一律不得对基层进行任何形式的考核评比。对县市区争取到的项目、资金，一律不得截留挪用或搞平衡照顾。已精减或暂停实施的许可项目一律不再实施或变相实施，已取消的行政事业性收费一律不再收取或变相收取。凡针对县市区属地内企业办理的审批及年检、年审事项，能下放的一律下放，可委托县市区办理的一律委托县市区办理。除国务院、省政府投资主管部门核准的项目外，对企业不使用政府性资金进行投资建设的项目备案和核准一律实施属地管理原则，由企业就近向县市区政府投资主管部门申报。各有关部门要在认真落实市委市政府有关要求，再下放一批经济社会管理权限。市委办公室、市政府办公室要加强监督检查，确保下放的各项管理权限落到实处。

2. 进一步加大对县域经济发展的协调、支持、服务力度。坚持每年一个主题，组织县市区党政代表团外出学习考察，学习借鉴先进地区经验。每年召开一次县市区流动现场办公会或片区会，研究解决县域经济发展中存在的突出问题。加强县市区之间的沟通协作，强化对全市产业发展规划的执行力度，规范县市区相近产业的招商政策，避免县市区在产业发展上无序、恶性竞争。继续实行市领导挂点县市区制度和重大项目协调推进制度，帮助县市区发展大产业、引进大项目。

3. 加强县、乡领导班子和干部队伍建设。突出抓好县、乡党政班子建设，认真贯彻落实“求真务实十八条”，进一步加强干部能力锻炼，不断提升各级班子开拓新局面的创造力、推动工作的执行力、破解难题的操作力、应对复杂局面的驾驭力。选准配强县、乡党政“一把手”，注重基层工作经历和经验，“一把手”不强的要通过年度考核和换届及时调整。把民主选拔县级班子成员作为干部

人事制度改革的重点，既让优秀干部有用武之地，又让品行出众、业绩突出、群众公认的班子成员脱颖而出。大力推荐提拔为县域经济作出重要贡献的县市区和乡镇（街道）党政主要领导，择优提拔重用其他表现突出的领导干部。

4. 强化考核奖惩。竞赛实行一年一考评，三年总考评。对每年考核的第一、第二、第三名分别给予100万元、80万元、60万元的奖励，三年总考评前一、二、三名加倍奖励，并以此作为提拔重用干部的主要依据。对年度考评落入后三名的县市区，由市委、市政府领导找党政主要负责同志谈话，并向市委、市政府写出情况说明和改进措施；连续三年排名末位者，其党政主要负责同志给予调岗、改非或降职处理。三年内，县市区其他经济工作只考核不奖励。

5. 加强三年大竞赛活动的组织领导。为确保竞赛活动有序开展，市委、市政府成立三年大竞赛活动考核领导小组，由市委主要领导任第一组长，市政府主要领导任组长，市政府常务副市长任常务副组长，市委相关部门及市直有关单位为考核领导小组成员单位。领导小组办公室设市政府办公室，具体负责日常的考核评比和督促检查工作。

[实例三] 周密部署，排忧解难惠百姓

关于在中心城区开展“为市民解忧，促城区和谐”集中行动工作方案

为巩固扩大“万名干部下基层，和谐稳定进乡村”集中行动月活动工作成果，维护中心城区和谐稳定，市委、市政府研究决定，在中心城区开展“为市民解忧，促城区和谐”集中行动，着力解决一批中心城区市民反映强烈的突出问题。具体方案如下：

一、总体要求及工作目标

以党的十七届五中全会精神为指针，以“访民情，解民忧，保

民安”为主题，通过集中解决一批影响公众安全感、涉及市民切身利益、扰乱公共秩序的突出问题，伸张社会正义，维护百姓利益，促进社会和谐，确保中心城区平安稳定。

二、工作内容及责任分工

（一）依法查处一批非法集资案件、房地产诈骗案件，严厉打击扰乱市场、坑害群众等违法犯罪行为，千方百计为受害人挽回或减少经济损失。（责任领导：略；责任单位：略）

（二）依法妥善处理一批涉法涉诉问题（包括“执行难”问题），凡合理诉求要尽快解决，不合理诉求要做好说服解释工作。（责任领导：略；责任单位：略）

（三）抓紧解决一批房屋、土地产权遗留问题，凡符合政策的尽快办理产权证，维护业主利益；不符合政策的说服解释到位。（责任领导：略；责任单位：略）

（四）着力解决一批城市管理方面的突出问题，包括背街小巷和农贸市场环境卫生，水、电、路设施维修改造和拆除违章建筑。（责任领导：略；责任单位：略）

（五）依法专项整治一批危及稳定的突出问题，增强人民群众安全感。

1.“两抢一盗”、团伙犯罪、黑恶势力等。（责任领导：略；责任单位：略）

2.“医闹”、交通纠纷引发破坏公共秩序的行为。（责任领导：略；责任单位：略）

3. 非法传销。（责任领导：略；责任单位：略）

4. 危及校园及周边安全稳定的问题。（责任领导：略；责任单位：略）

（六）解决一批污染环境、影响人民群众健康的突出问题，重点保持秀江水源、水面洁净，突出治理随意采砂、污水直排、垃圾乱倒、死亡畜禽乱抛、电鱼药鱼等行为，突出治理粉尘、污水、噪声、汽车尾气等污染。（责任领导：略；责任单位：略）

（七）努力解决一批影响城区交通的突出问题，纠正车辆乱停乱放、违章掉头、乱设摊点行为，合理设置公交站台，规范车辆停放秩序，规划建设停车场。（责任领导：略；责任单位：略）

（八）逐步解决一批涉及民生的实际问题。

1.“就业难”和社保、低保、劳资纠纷、特困群众救助等问题。（责任领导：略；责任单位：略）

2.“吃菜贵”的问题。（责任领导：略；责任单位：略）

3. 城区中小学“大班额”以及桌椅板凳破旧的问题。（责任领导：略，责任单位：略）

4. 房地产开发秩序、商品房质量及住宅小区物业管理中存在的突出问题。（责任领导：略；责任单位：略）

（九）依法严肃处理一批在重点项目、重点工程建设工地阻工扰工、强买强卖、强揽工程、强装强卸等不法行为。（责任领导：略；责任单位：略）

（十）着力解决一批破坏生态环境建设的突出问题，依法打击无证砍伐、无证收购、盗伐国家珍稀林木的违法犯罪行为。（责任领导：略；责任单位：略）

三、步骤安排

（一）11月10日前出台方案，并召开会议进行布置。

（二）由上述责任领导分头召开相关单位负责人会议进行具体安排部署，制订实施方案，明确工作重点、责任人和完成时间。

（三）此项活动从2010年11月中旬至2011年1月20日止。2010年11月底、12月中旬和2011年1月上中旬将分项分口进行督查调度。活动结束后，各相关单位要向市委、市政府写出总结报告。凡年内能完成的要确保完成，确实难以完成的要说明原因，明年继续进行。

四、有关要求

（一）此项活动由市维护安全稳定集中行动月领导小组统一领

导，市委专职副书记总负责，其余相关领导具体负责。

（二）加强舆论宣传和思想教育工作。各新闻单位要积极宣传开展本次活动的内容、意义、目的及取得的成效，引导社会各界支持和参与；要进一步加强精神文明建设，弘扬职业道德、社会公德、家庭美德，教育广大市民遵纪守法、按章办事，形成文明、祥和、健康的社会风尚。

（三）市直各相关单位和袁州区、“三区”要在继续配合参与全市“集中行动月”活动的同时，按照本方案要求，“一把手”亲自抓、负总责，抽调足够力量，认真履责，确保落实，做到不畏难、不推诿、不走过场、不把矛盾上交。

（四）除切实解决上述10个重点问题外，凡遇有涉及中心城区安全稳定和群众切身利益的其他问题，相关单位要主动解决。

（五）进一步加强中心城区信访工作，畅通群众诉求渠道。市、区两级领导要认真执行接访制度，信访局和其他相关单位要认真解决群众反映的实际困难和问题。要坚持“新官理旧政”，认真负责地解决涉及百姓利益的遗留问题。

（六）市维护安全稳定集中行动月活动领导小组办公室要组织人员对活动开展情况和矛盾问题解决情况进行督查，确保活动落到实处、取得实效。

D. 秘书心得

文件是传达政令、宣传政策的重要载体，对从事公文写作的人来说，文件起草也是一门必修课。此篇收集的三个实例，是领导大篇幅修改甚至亲手撰写的，对于我们掌握文件起草的要领具有很好的启发意义。首先是“求真务实十八条”。这是领导到任后审定下发的第一个文件。那时市委主要领导刚刚交接，为保持工作的连续性，调动各级干部干事创业热情，集中精力抓发展促赶超，由领导亲自操刀制订下发了《关于进一步弘扬求真务实作风的意见》，文件充分体现了“求真务实”，少开会、开短会、开有用的会，少讲话、讲短话、讲管用的话，少发文、发短文、发有“干货”的文，旗帜鲜明地向官僚主义、形式主义“开炮”。文件下发半年后，全市各类会议同比下降16.7%，文件下降15.1%，一般性公务支出大大压缩，在社会各界引起积极反响。又如“开展县域经济三年大竞赛”的决定，文件提出开展“四比”，实施“四战”，通过直截了当的“比”，比出激情，比出效果，可操作性很强。文件下发后，各县市区都铆足了劲争进位，抓项目促发展的热情空前高涨。再如“为市民解忧，促城区和谐”工作方案，文件针对市民反映强烈的热点难点问题，确立了“十个一批”的工作重点，按照“项目化、时间表、责任人”的要求，一一抓好整改落实，为活动的顺利开展打下了基础、指明了方向。

通过学习这些实例，我们可以发现文件起草中容易出现的一些“误区”：一是背离“一切立足于解决实际问题”的原则，为文件而文件，以文件“贯彻”文件，写完匆忙交差，结果要么照搬照抄，要么空洞无物，根本起不到发文的作用。二是虽然知道文件起草既要讲好“普通话”，也要讲好“地方话”，但由于平时调查研究不够，积累情况不多，对宏观形势和发展走势把握不准，写起来还是勉为其难，“上情”与“下情”脱节，原则性与创造性揉合不紧，有的干脆图“省事”，回到复制上级文件的老路上。三是写来写去跳不出讲形势、讲大道理、讲保障措施，或有政策而无明确条文，或有部署而无实施步骤，或有要求而无责任落实，以致下级不知所云，无法实施，文件也就成为一纸空文。很多文件为什么没人看？很多决策部署为什么落不到实处？文件本身质量不高恐怕是一个重要原因。四是与起草领导讲话稿相混淆，或表达不准确、不规范，影响文件的严肃性和严谨性；或语气随意，篇幅太长，语言不精炼，句子不干净；或不恰当地体现个人风格和感情色彩，出现一些形容词和煽动性语言，把文件搞得不伦不类；或语言弹性较大，不恰当使用“可能”、“大概”之类的模糊语言，使文件缺乏指令性和约束力。

认识到上述“误区”，我们就要清醒地绕开这些“误区”，尽可能把文件写得更好、更完美一些。

第十七篇
修改与打磨：最后一个符号不是句号

——常言道“文章不厌千回改”，当你在初稿结尾处如释重负地打上最后一个句号的时候，千万不要以为大功告成，因为那不是结束，而只是追求完美的开始。

A. 要点提示

除非你马虎应付、只图交差了事，要不，几乎没有哪篇文稿是能够一气呵成、一次成功的，都是需要经过耐心细致的修改、推敲、打磨才能逐渐成熟的，这同企业的产品要经过检测工序、认定合格再出厂是同一码事。因此，无论是文秘人员还是领导者，都必须以足够的精力来对领导文稿修改。有些时候，修改一遍还不行，得两遍三遍乃至无数遍地改；有些时候，本来觉得可以定稿了，突然找到一个新的角度，又要大砍大改甚至推倒重来；还有些时候，文稿已经准备印发了，突然发现某个重要提法有误或与其他文稿相冲突、相重复，那又得费心“折腾”一番。总之，要写出高质量的文稿就得不怕“折腾”、经得起“折腾”，直至“折腾”到自己满意、领导也满意为止，这时才算划上了一个圆满的句号。

B. 基本训练

1. 自觉养成一丝不苟、精益求精的工作态度是第一位的。

2. 始终把自己的初稿定位为“初级产品”，以怀疑的目光去审视它：主题、观点是否经得起推敲？结构是否严谨？说理说人说事是否准确透彻？文章内容是否前后矛盾或重复？遣词造句是否贴切？标点符号是否使用得当？如此等等，都需认真检查，仔细斟酌，不行就改。

3. 把自己改自己的稿子当作是锻炼，把领导改自己的稿子当作是学习，把听众或读者评价自己的稿子当作是帮助，千万不要怕失败、怕丢面子、怕被别人认为没水平。事实上，每一次成功的修改，都让你站到了一个新的起点。

4. 把领导或同事改过的好稿子保存下来，仔细琢磨，深刻领会，必有益处。

C. 实例印证

[实例一] 变换讲话角度，推动全文出新

●初稿：

在全市兴工强市和发展开放型经济动员大会上的总结讲话（摘要）

（2007 年 7 月 6 日）

上半年，全市工业、民营经济和开放型经济高开高走，一路领先，实现了“三个历史突破，四个占比提升”。借此机会，我谨代表市四套班子，向在座各位，并通过你们向所有辛勤奋战在工业一线的同志们、企业家、工人朋友，表示衷心的感谢和崇高的敬意！

下面，我就做好下半年的工业和招商引资工作再强调几点意见：

一、要坚定不移地主攻工业、决战工业、突破工业，将兴工强市战略进行到底

在工业发展上，必须加力加速、进位缩差，否则经济总量难以做大。必须看到，转变发展方式、优化产业结构，也要靠工业。必须看到，增加居民收入、保障和改善民生，也还是要靠工业。为此，加快发展工业，是我们的重中之重、急中之急，是我们火烧眉毛、急如星火的重要任务。全市上下必须深刻认识工业发展的极端重要性，切实增强工业发展的忧患意识、责任意识、紧迫意识，推动工业更好更快发展。

二、要以更大的气魄、开阔的眼界、现代的理念抓产业、兴工业

要旗帜鲜明、大张旗鼓、快马加鞭地放手发展工业，千方百计做大工业总量。要敞开胸怀抓工业，一方面要深挖潜力，认真落实国家和省扶持政策，大力发展微小型企业，进一步推动全民创业；另一方面要巧借外力，不断提高招商引资和招才引智工作水平，大力引进各类项目、资金和人才、技术。要高起点规划发展工业，在改造提升传统产业的同时，瞄准世界产业发展方向，紧跟国家产业调控政策，大力发展高新技术产业。要与时俱进抓工业，善于利用新兴资本市场，依靠人才和科技创新发展工业。要以改革创新的精神抓工业，加大改革攻坚力度，着力扫除制约工业发展的体制机制性障碍。

三、要重操作、巧运作、善落实，脚踏实地、真刀真枪、雷厉风行地干

抓经济工作，必须求真务实；工业作为经济工作重要组成部分，业务性强，更要重操作，抓落实，求实效。要对照市委市政府“一号文件”抓落实，拿出切实可行的思路和举措，逐条分解，逐项推进。要破解难题抓落实。抓住阻碍工业发展中用地、用电、用工、用钱等突出问题，进行综合和个案研究，切实消除障碍，打破瓶颈。要围绕数字抓落实。定期对工业运行态势的主要数据进行监测、调度、分析，切实解决工业发展中苗头性、倾向性问题，为地方决策提供依据。要提高能力抓落实。包括深化对政策形势的研判，学会在开放的思维中抓工业，在复杂的局面中解难题。

四、要“十指弹钢琴”，着力“点”工业，坚持领导精力向工业集中、部门合力向工业汇集、激励措施向工业倾斜、社会力量向工业整合，形成聚集、聚势、聚力工业的浓厚氛围

所谓“领导精力要向工业集中”，就是要求各级领导带头抓工业、抓产业，特别是对当前影响工业发展的要素紧缺问题、能源保障问题，要专题研究，务求突破。所谓“部门合力向工业汇集”，就是要形成落实政策的合力，尤其要不折不扣地贯彻落实市委市政府加快兴工强市、产业富民的政策措施。要形成帮扶企业的合力，包括充分利用政府部门掌握的各种资源，尽其所能帮企业跑项目、筹资金，帮助企业解决自身无法解决的实际问题。要形成全员参与的合力，舍得把最优秀的干部投入到招商引资和服务项目“落地”，确保市委市政府下达的项目建设任务圆满完成，确保取得实实在在的成效。所谓“激励措施必须向工业倾斜”，就是要重点提拔使用善于抓工业、抓项目、抓招商的干部，重点奖励企业纳税有突出贡献的企业，重奖对重大项目引进并促其落地、建设、投产并达产达标的有功单位和个人，重奖对重大项目提供线索的有功人员，让能干事者受奖励、干成事者有地位。所谓“社会力量必须更加向工业整合”，就是要让社会团体充分发挥自身优势，深入开展服务工业发展、为企业排忧解难的各种活动。要让舆论宣传聚焦工业，把更多的版面让给工业、更多的镜头对准工业，努力形成举全市之力扶工、兴工、强工的强大合力。

●修改稿：

以务实的作风抓好下半年主攻工业和招商引资工作（摘要）

（2007 年 7 月 6 日）

6 月 25 日，胡总书记在中央党校省部级干部进修班上发表了重要讲话。讲话中提出了“四个坚定不移”，即：坚定不移地坚持解放思想，坚定不移地推进改革开放，坚定不移地促进科学发展、社会和谐，坚定不移地为全面建设小康社会奋斗。同时告诫全党同志，面对新形势新任务，务必做到思想上始终清醒、政治上始终坚定、作风上始终务实。胡总书记的讲话，对于我们做好今后的工作，具有重要的指导意义，我们要深入学习领会，全面贯彻落实。就当前工作来说，我认为始终保持务实作风至关重要。下面我着重就此讲几点意见。

一、上半年的实践证明：务实才会有出路，务实才会有发展，务实才会有希望

换届以后，我们各级各套班子都是按照市党代会总体战略部署，按照务实的路子走过来的。

首先是提出了“务实的思路”，就是兴工强市，全民创业。这是市党代会提出的一个战略，也是得到大家一致认可的、符合萍乡实际的一个发展战略。萍乡作为一个工矿城市，不管是过去、现在还是未来，发展的基础和出路都在工业上，没有工业的大发展，就不可能实现萍乡发展的大跨越。全民创业，既是萍乡的特点和优势，也是发展的潜力所在，唯有大力推进全民创业，富民兴市的目标才能真正实现。正是因为有了这一务实思路的指导，全市上下的目标得以明确，人心得以凝聚。

第二是出台了“务实的举措”，就是围绕“兴工强市、全民创业”，相继推出了一系列行之有效的发展举措。比如：出台了主攻工业、兴工强市和推进全民创业、发展外向型经济的意见，制订了工业发展产业规划，启动了“3331 百亿”工程；认真开展了优化发展环境整治工作；举全市之力招商引资，领导高位推动搞项目建设。为抓好招商引资和项目引进工作，市四套班子的领导同志，花了很大力气，做了很多工作，充分体现了干部队伍强烈的事业进取心和工作责任感。

第三是形成了“务实的氛围”，就是通过整顿干部作风，各级干部思想观念和精神状态有了新的变化。过去少数干部不守纪律、不讲效率，包括社会上反映比较强烈的有些同志玩心比较重的现象，得到了初步遏制，机关形象有了明显的改善；各级干部的服务意识、发展意识进一步增强，表现出了一种负重拼搏、攻坚破难的强烈进取心和责任感，体现出了一种干事创业、奋发有为的良好精神状态。

第四是取得了“务实的成效”，就是说主攻工业和招商引资已经成为全市上下的共识和共为，发展的质量和效益进一步提升，招商引资取得实质性进展。大家现在应当感觉得到，通过我们的务实工作，经济建设扎实推进，招商引资主攻工业的气氛浓厚了、效果也体现出来了。今年全市在建的、签约的以及投产的项目达到了117个，如果这些项目见效的话，那么我们萍乡的发展面貌就会大有改观。

这些情况说明，务实不务实，效果是不一样的。我们靠务实的思路，贴近了萍乡的实际；靠务实的举措，克服了一个又一个的困难；靠务实的作风，得到了老百姓的认可。今后我们必须继续坚持务实，因为务实是成就事业的保证，务实是干部作风的灵魂，务实是人民群众对干部素质最基本、最重要的要求。一句话，如果不务实，我们就干不好事业、干不成事业；如果不务实，我们就会对不起萍乡老百姓的信任，辜负组织的期望。

二、做好下半年的招商引资和主攻工业工作，必须继续扣紧“务实”二字，除了务实，别无选择

“古今兴盛皆在于实，天下大事必作于细”。下一步，我市主攻工业、招商引资的任务仍然十分繁重，只有继续坚持求真务实的精神，做艰苦细致的工作，才能交上一份让萍乡人民满意的合格答卷。尽管上半年我们取得了初步成效，但与省内兄弟市比较，我们的发展速度和效益仍然不尽人意，特别是在财政增收方面还要加倍努力。萍乡现在财政增收不快，就是由于财源不充足，财源不充足根子就在于缺少项目、缺少增长点。有的县区、有的乡镇还是有些水分的，我们必须逐步地挤掉水分，通过培植财源消化这些水分。

我们下一步的经济工作，要以财源建设为中心，以项目建设为重点，也就是围绕培植财源、壮大财力做好招商引资和主攻工业的工作。要有一批经常记在心上、念在嘴上、抓在手上的大项目，有一批经常保持联系的客商朋友，有一支听指挥、肯吃苦、能攻关、善操作的项目工作队伍，努力把项目建设工作抓实、抓细、抓出成效。概括地讲，就是抓好“三个一批”。

一是要实实在在地抓好一批重大项目的落地开建。经过前一阶段艰苦细致的工作，我们现在已有一批重大项目完成签约或是即将签约，下一步必须着眼于项目的落地开建，盯紧看牢抓严不放松，把后续工作全面细致地落实到位。刚才大家汇报的一些项目，都是今年乃至今后几年发展的本钱所在，所以必须竭尽全力，重点围绕如何尽快地投产见效，加强协调配合和跟踪服务，尽力帮助这些项目解决实际问题，确保尽快地开工建成。

二是要实实在在地扶持一批重点企业和产业做大做强，大力推进全民创业。从萍乡的实际来看，我们仍然要把省属在萍企业当作我们的支柱，要依托省属在萍企业，包括萍钢、萍矿、萍电等挖掘潜力上项目、谋发展。在扶持这些大企业的同时，要深入学习浙江经验，推动全民创业。全民创业本来是萍乡的特色和优势。我觉得我们学浙江最主要的就是学全民创业，浙江最值得我们学习的也是全民创业。按照产业规划，我们三个县区的三大经济板块，怎样通过学习浙江经验，把它切实做大做强，这是一个值得我们高度重视的问题。

三要实实在在地继续引进一批优质项目。要做到“嘴里吃着一个，眼睛盯住一个”，始终抓住项目不放松，尤其要主攻大项目、优质项目。另外，现在招商引资竞争非常激烈，有一点请大家注意，就是说江西省只有四个城市享受东北老工业基地的优惠政策，包括扩大增值税抵扣范围，这对我们企业有实实在在的好处。这个政策主要是鼓励企业不断增加固定资产投资、扩大再生产。赣西就是我们萍乡可以享受，这也是我们的优势之一，要用足用好，同时要加大宣传力度，吸引客商前来投资。

三、让“一切为了萍乡经济发展、一切为了萍乡人民幸福”成为各级干部的座右铭，让求真务实成为各级干部的自觉行动，让实际成效检验干部素质的优劣

求真务实是我们党的思想路线的核心内容，也是各级干部应该具备的政治品格和科学精神。从哪里入手求真务实呢？

首先，务实必须有“打基础、管长远”的思想。我们必须把务实的重点放到立足现实、打好基础、管好长远上，放在主攻大项目、培植财源、增强发展后劲上。从时序和季节来看，上半年是耕耘，下半年是收获，但从整个“十一五”来看，我们的工作今年明年都还是“耕耘”季节，后年开始才是收获季节。所以下半年抓项目落地是至关重要的。放松了下半年和明年，我们的“秋季”就将是歉收的。我们现在的工作还是打基础，一定要有吃苦受累的准备，甚至要有坐“冷板凳”的思想准备。要坚持不事张扬、埋头苦干。弄虚作假，只能自欺欺人；急于求成，只能欲速不达；贪图安逸，只能一事无成；盲目乱干，只能事倍功半。

其次，务实必须着力破解制约工业发展的难题。第一，要着力破解资金制约的难题。各家银行还是很支持地方发展的，也在帮我们想办法，各级各部门包括相关企业要搞好配合，共同解决融资难。另外我们要积极扶持企业上市，广泛吸纳社会资金。如果这几年我们能有一批企业上市，能够进入资本市场直接融资，就可以撬动萍乡工业的突破性发展。第二，要着力破解土地制约的问题。我们一定要提倡节约用地，集约用地，对闲置的土地，特别是闲置两年以上的土地，必须依法收回。对长期未能达产达标的企业要抓紧清理，如果是企业生产经营方面出了问题，我们可以帮助他，如果通过帮助还是不行的，就要他腾出土地，重新招商，或以现有土地、厂房与客商合作，总之不能闲置，不能浪费，不能占着土地不交税，这个是有潜力可挖的，一定要认认真真去抓。第三，要着力破解环境制约的难题。大家都知道，前阶段通过整治环境，查处了一些典型的人和事，环境问题得到很大的改善，人民群众和企业主非常欢迎。但是最近又有些死灰复燃，又有一些反映，有的部门还在搞“三乱”，对这个问题我们绝对不含糊，绝对不手软，绝对做到发现一起查处一起，不仅要处理人，还要曝光，这个没有什么情面可讲。第四，要着力破解资源制约的难题。现在，招商引资发展工业，资源制约也是一个很大的难题。我们要加快发展，一方面要利用本地的资源，同时要用好外地的资源。要在更大的范围内参与经济资源和生产要素的分配使用。对市内资源这一块，必须打破行政区域界限，牢固树立全市一盘棋思想。各县区要注意处理好局部与全局的利益关系，在谋求自身发展的同时，充分考虑县区之间的良性互动和互补，既要发挥局部的优势和特长，又要做到顾大局、算大账，坚决摒弃本位主义和地方保护主义思想。第五，要着力破解企业内部恶性竞争的制约难题。我们有的行业长期以来搞窝里斗，公说公有理，婆说理更强，互相打官司、互相压价、互相残杀，这个问题非常严重。上次我说了一句话，我说内部恶性竞争停止之日，就是民营经济腾飞之时。请市工商联、经贸委和有关县区深入调查研究，搞好沟通协调，尽快解决好这个问题。

总之，务实必须以实绩论英雄。以实干见政绩，以实干树形象，以实绩论英雄，要让求真务实成为全市干部的自觉行动，成为检验干部素质优劣的标尺。要进一步完善干部选拔任用制度，进一步形成正确的用人导向，使勤政为民、求真务实的干部得到褒奖和重用，从而在干部队伍中形成一种崇尚实干、追求实绩的良好风气。要加强对干部的监督管理，对那些违背求真务实精神、弄虚作假的人和事，一经发现，要加强教育和管理，对屡教不改、作风不实、贻误事业的，要及时调整岗位。

●修改评析

原稿的观点和内容都没有错，但显得平淡、一般化，没有特点，没有新意。于是变换一个角度，从“务实”二字切入并贯串全篇，把说事与说理结合起来，把布置工作与强调作风建设结合起来，这样不仅使文章有了新意，而且增强了思想性和说服力。这说明，平铺直叙必平庸，角度一变天地宽。

[实例二] 突出工作重点，防止面面俱到

●初稿：

在全市农村工作会议上的讲话（摘要）

（2010 年 3 月 2 日）

一、认清形势，坚定信心，努力达成统筹城乡发展新共识

面对金融危机的严重冲击和多种自然灾害，面对农产品市场波动和农资价格上涨带来的诸多挑战和困难，全市上下认真贯彻落实党的十七届三中全会精神，按照市委、市政府的决策部署，求真务实，真抓实干，农业农村工作取得明显成效，为促进全市经济社会赶超发展提供了基础支撑、作出了重要贡献。借此机会，我代表市委、市政府，向为全市“三农”工作付出艰苦劳动的广大干部群众表示衷心的感谢！向受到表彰的先进单位表示热烈的祝贺！

在充分肯定成绩的同时，我们也要清醒看到农业农村的不利因素。我市作为传统农业大市，如何再创农业新优势，面临着新的挑战：一是分户经营、小农经济的经营方式，与现代农业集约化生产、规模化经营的要求越来越不适应，已经严重影响和制约了农业生产力的提高和农民增收能力的提高。二是农业服务体系的不完善与农业的小规模经营，造成农业新技术普及推广难。三是农业投入不足，一定程度上制约了现代农业的发展。四是千家万户的小规模的生产与市场经济的大批量需求不相适应。

我们要按照中央、省一号文件的要求，进一步创新工作思路，用现代农业的理念、统筹城乡发展的要求来谋划和推进今年的农业农村工作。总体上，要积极策应鄱阳湖生态经济区建设规划的实

施，围绕稳粮保供给、增收惠民生、改革促统筹、强基增后劲，以农民增收为核心，大力加强农业基础建设，大力提高农业综合生产力，大力抓好农技推广服务体系建设，大力发展现代农业，大力推进农业产业化，加强农村公共服务体系建设，努力改善农村面貌，深化农村综合改革，加强农村基层民主政治建设和精神文明建设，切实解决农村民生问题，促进农村经济社会又好又快发展。确保全年粮食总产达到 380 万吨，农民人均纯收入增长 8%，人口自然增长率控制在 8%以内。

二、彰显特色，扬优成势，奋力再创我市农业新优势

抓项目，增投入。

抓产业，见亮点。

抓科技，强服务。

抓集镇，做示范。

抓生态，争一流。

三、加强领导，夯实基础，全力开创“三农”工作新局面

第一，健全“三农”工作的体制机制。要着重发挥好三个主力军的作用：一是要发挥好市、县两级农村工作领导小组的指导督导作用。二是要发挥好市、县两级农口部门的组织指导作用。三是要发挥好乡、村两级组织的落实推进作用。

第二，强化基层组织建设。一是要以方便党员参加活动、党组织发挥作用为原则，按村落布局、产业发展、流动党员聚集地调整优化组织设置，推进组织设置落地。二是要以“三培两带两服务”活动为载体，大力推进党建引领工程，推进组织活动落地。三是要以农村基层党组织书记为重点，加强农村党员干部队伍建设，推荐队伍建设落地，努力构建城乡统筹的基层党建新格局。

第三，努力维护农村和谐稳定。着重抓好三项重点工作：一是要持之以恒抓好强农惠农政策贯彻执行情况的监督检查和农民减负专项治理工作，妥善解决农村征地、环境污染、移民安置、集体资产管理等方面损害农民利益的突出问题，建立和维护群众权益机制。二是要加强村务公开和民主管理。三是要深入开展农村平安创建活动。

●修改稿：

在全市农村工作会议上的讲话

(2010年3月2日)

这次全市农村工作会议，是深入贯彻落实党的十七届三中全会和中央、省农村工作会议精神，总结2009年、部署2010年“三农”工作的一次重要会议。刚刚过去的一年，在金融危机的严重冲击和多种自然灾害的严峻形势下，面对农产品市场波动和农资价格上涨带来的诸多挑战和困难，全市农业战线的同志们认真贯彻落实党的十七届三中全会精神，以饱满的热情、务实的作风，开拓创新，锐意创新，农业农村工作取得了“三增、三提高”的佳绩。这些成绩来之不易，是全市上下广大干部群众共同努力的结果，是在座各位辛勤劳动的结晶。

按照市委、市政府的决策部署，求真务实，真抓实干，农业农村工作取得明显成效，为促进全市经济社会赶超发展提供了基础支撑、作出了重要贡献。借此机会，我代表市委、市政府，向为全市“三农”工作付出艰苦劳动的广大干部群众表示衷心的感谢！向受到表彰的先进单位表示热烈的祝贺！

关于今年的农业农村工作，市委、市政府即将专门下发文件。这里我只强调一个问题，即如何落实科学发展观，转变农业发展方式。为什么提出这个问题？一是因为，科学发展观是经济社会各项事业发展的行动指南，农业作为国民经济的重要组成部分，自然也要以科学发展观为指导；二是因为，前年以来国际金融危机对我国经济的冲击，表面上看是对经济增长速度的冲击，实际上更深层来看是对经济发展方式的冲击。就拿农业来说，尽管我市历史上有着

"农业上郡"的光环，尽管我市农业发展过程中出现过不少特色、亮点和经验，在全省乃至全国都有影响、有位置，但用现代农业的标准来衡量，我们的农业基础薄弱、发展滞后、城乡差距拉大的现状并未根本改变，农业产业化、市场化、集约化程度低的现状并未根本改变，生产规模小、经营分散、效率低、科技含量低的现状也未根本改变，究其原因，最根本的问题还是发展方式不优，传统的生产经营方式尚未根本改变。可以说，如果不加快转变农业发展方式，农业农村工作就不可能出现大的改观，不可能实现农业现代化，也就不可能再创农业大市新优势。再创农业大市新优势这个口号提了有两年了，但我们思考一下，新优势究竟要"新"在哪里？我看，"新"就要"新"在新的发展理念、新的发展方式、新的政策措施，在生产经营体制机制上、在特色优势产业的规模和效益上、在优化农业产业结构和劳动力从业结构上、在缩小城乡差距上取得新的突破、新的跨越。因此，各级党政和农口各部门都要把转变农业发展方式作为当前和今后一个时间的一项重要任务，认真思考，认真探索，认真实践。下面，我就这个问题谈几点想法，供大家一起思考。

第一，关于加快建立现代农业产业体系的问题。农业竞争力提升的关键在于发达的农业产业体系，没有发达的农业产业体系就没有现代农业。面对农业就业比重和产值逐步下降、产业结构不断升级的趋势，我们必须紧紧抓住现代农业产业体系建设这个关键，加快建立各种资源有效利用、比较优势充分发挥、竞争力明显增强的农业主导产业，推动传统农业向现代农业转变，由"分而散、大而弱"向"少而精、优而强"转变。建设现代农业产业体系是一项系统工程，涉及方方面面的工作，但最关键、最重要的问题，在于提高农业产业化水平。没有能够形成产业链的，能够覆盖农户、连接市场的产业化的生产组织模式，农业发展就只能停留在"提篮小卖"的水平，不仅难以创造新优势，就连我们曾经引以为荣的传统优势也会逐步丧失。通过多年的努力，宜春农业产业化有了一定的基础，形成了一批国家级、省级、市级的产业基地，但是横向比较，农业产业化的整体水平并不高。比如，我们全市每年有生猪出栏将近600万头，但没有一家像样的肉类加工企业；我们油茶种植号称200万亩，但每年产量只有8000吨左右，平均每亩产油4公斤左右，还停留在投入少、产量低、品种老化退化的状况；我们有近4亿根毛竹蓄积量，木竹加工企业也有一定的规模，当年竹地板的开发在全国还是领先的，但时至今日产品还停留在“一双筷子夹三块板”的传统结构；还有宜春号称是“中国草”苎麻的故乡，江麻也曾经辉煌一时，但现在苎麻种植面积据统计只有3万亩，已经名不符实。我市农业产业有基础、有特色，关键要彰显特色，扬优成势。稍不注意连传统优势都要丢掉，我们再也不能躺在“农业上郡”的光环里睡大觉了。宜春农业产业有基础、有特色，关键要彰显特色，扬优成势。要搞好产业规划，各县市区要找准各自的发展定位，集中力量抓几个农业产业化支柱产业，包括每个产业的规模、效益要达到什么水平，包括产业链的设计、重点项目的论证包装都要逐一明确，希望大家认真对待，扎扎实实抓好这项基础性的工作。要坚持以招商引资为抓手，以产业化为载体，以项目为龙头，精心论证和筛选项目，以项目推动农业产业化上规模、上台阶、出效益。要根据现有产业基础和资源优势，加快引进建设一批规模较大、覆盖面较广、知名度较高，在全省、全国能够叫得响的农业产业化龙头企业，进一步做大做强优势农业产业，包括油茶、有机富硒、粮食加工、竹产品加工等产业。严格地说，我们很多产业都还没有形成完整的产业链条，像毛竹产业，光有资源还不够，还要进行产品研发，打造核心产品，搞好产业配套，延伸产业链条，最后才能形成产业。很多同志都到过浙江安吉，他们已经发展到用竹纤维做衣服和袜子。当然我们也有一些农业产业亮点，比如铜鼓的竹键盘市场前景就非常好，2009年开始起步，现在产品已经供不应求。当务之急是要抢抓机遇，强力扶持，迅速做大做强。同时，要大力发展生态农业、观光农业、特色农业，促进农业功能由食品保障、原料供给功能，向生态保护、观光休闲、文化传承等多种功能转变。

第二，关于推进农业科技创新的问题。农业发展的根本出路在科技进步。没有科技进步，就没有农业产业化经营，没有农业效益的提高，也就谈不上发展方式的转变。依靠科技兴农，加快从拼资源、拼体力、“靠天吃饭”的传统农业向依靠知识、依靠科技的现代农业转变，是转变农业发展方式必然选择。多年来我们各级在重视科技、重视人才方面做了很多工作，但是我们的差距还很大，很多方面做得不够。比如，部分农业龙头企业科技创新能力不强，精深加工能力不行，产品附加值不高；农业科研经费不足，乡镇农业服务队伍和网络尚不健全，许多地方甚至是“网破、线断、人散”；农业科研人员年龄结构不合理，青黄不接，部分专业技术人才学非所用，用非所长，导致农业科技人才流失；农民科技创新意识不强，随着工业化、城镇化进程加快，大量青壮年农民“洗脚上岸”，有的农民不愿意干农活，也不愿意钻研农业技术。所有的这些问题必须引起重视。离开科技创新，再创农业大市新优势就是一句空话。必须像重视粮棉油一样重视农业科技创新，抓住国家和省高度重视科技创新、科技投入力度明显加大的有利时机，进一步增强我市农业科技创新能力，提高科技服务“三农”的技能和水平。当务之急是要抓好基层农技推广服务体系的改革与建设。长期以来，农业科研及技术推广为我市的农业发展、农民增收做出了很大贡献，为我市获得过多项荣誉，包括去年开展的基层农技推广服务体系改革试点，也取得了明显成效。要进一步加大力度，巩固成果，力争实现 10 个县市区的全覆盖。要在充分发挥现有农口科研机构和科技人员作用的同时，高度重视农业科技和人才的引进。要着力提高农业龙头企业的创新主体地位，引导企业加大科研投入，搞好设备更新，狠抓产品研发，不断提高加工转化能力和精深加工能力。对那些发展前景较好的农业龙头企业特别是高新技术企业，各级党委政府要想方设法给予支持，千方百计让项目大起来、强起来。要加强新型农民的教育、培养和培训，在普遍提高农民整体素质的基础上，重点培养科技明白人、流通经纪人、致富带头人和科技示范户。

第三，关于深化农业经营体制机制改革的问题。宜春在深化农业经营体制机制改革方面创造了很多经验，包括林权制度改革、土地流转、发展农民合作社等方面，这些工作在全省乃至全国都有一定影响，为农业农村发展注入了活力。但是我们也必须看到，当前影响和制约农业农村发展的一些体制机制问题并没有得到根本解决，突出表现为“三个不适应”，一是分户经营、小农经济的生产方式，与现代农业集约化生产、规模化经营的要求越来越不适应；二是千家万户的小规模生产、小批量产品与市场经济的大批量需求越来越不适应；三是农业服务体系的不完善与农业的规模经营越来越不适应。为此，必须以更大的力度推进农业经营体制机制改革。要继续推进土地、山林经营权的规范有序流转，解决生产规模的问题。要在进一步明晰农业资源所有权的基础上，加快建立土地流转中介服务机构和土地流转有形市场，通过租赁、转包、转让、互换、入股等形式，使土地向种田能手集中、农产品向加工企业集聚、农民向工人向市民转变。各县市区要选择有条件的地方，开展农业规模化、集约化经营的试点示范，进行一些有益的探索。要建立健全农业社会化服务体系，解决产前、产中、产后一体化服务的问题。建立和完善与现代农业发展相适应的社会化服务体系，是转变农业发展方式的重要内容，也是深化农村改革的关键所在。从宜春的实际情况看，尽管我们起步比较早，但是发展仍然滞后。农业技术推广服务是农业社会化服务体系建设的重要内容，但不是全部，除此之外，当前重点要在进一步深化农村金融改革，推进农村信用体系建设上下功夫；要在鼓励发展多形式的专业协会、经纪人组织，为农业生产提供专业化服务上下功夫；要在推进市场体系建设，加快农产品流通上下功夫。要大力发展农民专业合作社，解决组织化程度不高的问题。这几年，农民专业合作社发展得很快，但是真正能够内联农民、外接市场，带动产业发展，引领农民增收致富的还不多，必须坚持“先发展、后规范，边发展、边规范，在发展中完善”的原则，进一步挖掘和提升农民专业合作社带动农业产业发展的水平，鼓励有条件的农民专业合作社兴办农产品加工企业或参股龙头企业，使之成为引领农民参与市场竞争、抵御市场风险的现代化农业经营组织。

第四，关于大力推进城乡一体化进程的问题。城乡一体化是一场深刻的社会变革，是转变农业发展方式的重要内容和必要条件。当前，我国总体上已经进入了以工促农、以城带乡的阶段，但就宜春而言，我们离这个阶段还有一段很长的路要走，毕竟我们的工业化、城镇化水平还不是很高。为此一方面要通过加快工业化、城镇化进程，增强工业、城市经济实力，提高工业反哺农业、城市带动农村的能力；另一方面，要以小城镇建设为抓手，实行工农联动，加速城乡融合，推动一体化进程。当前，小城镇建设面临千载难逢的机遇，中央经济工作会议把加快小城镇建设作为拓展发展空间的重要手段摆上了突出位置，省、市也相继召开了高规格的城镇建设动员大会，从中央到地方都在聚焦、聚势、聚力于小城镇建设。我们一定要抓住机遇，乘势而上，在继续搞好县城建设的同时，把小城镇建设摆上重要位置。前不久，省里已经确定了10个省级示范镇，市里确定了20个市级重点镇，这些示范镇和重点镇的基础相对较好，要加快建设，发挥示范作用，真正把建制镇建设成为推进城乡一体化的桥梁，成为吸纳农民进城镇居住和从事二三产业的载体，成为扩大内需启动农村消费的平台，成为文化、教育、卫生、社会保障、科技服务等方面的便民利民中心，成为建设“森林宜春”、农村清洁工程和新农村建设的样板。各县市区一定要高度重视小城镇建设，精心打造一批小城镇建设亮点。与此同时，要进一步抓好以行政村为单位的农村社区建设，切实加强对农民建房的规划管理，着力解决现在有的地方“有新房没新村”的现象，尤其要避免农民在容易发生地质灾害的地方建房，此外还要抓好“空心村”整治工作，进一步改善农村面貌。这里我要强调的是，推进城乡一体化，小城镇建设是抓手但不是全部内容，推进城乡一体化的最终目的是统筹城乡发展；最紧迫的是要加快农业农村发展，改善农民生活水平和生产生活条件；最关键的是要大力发展现代农业，提升农业发展水平和效益；最根本的是要打破城乡二元格局，包括生产与流通的衔接、农业与工业的衔接，基础设施的衔接，资源的相互配置、生产要素的相互利用，还包括深化户籍制度改革，打破城乡分割，降低农民进城门槛以及城乡居民受教育程度和医疗保健程度的共同提高、农村社会保障体系的建立和完善，还包括城镇面貌和村容村貌的共同改善、物质文化生活水平的共同提高等等方面，都是我们当前和今后要做的重要工作。

转变农业发展方式，迫切需要进一步加强党对农业农村工作的领导，迫切需要各级领导干部提高领导科学发展的能力和水平。必须要看到，进入新的一年，市委、市政府先后部署了重大产业、重点项目推进年活动和城市建设三年大会战，可以预期，工业化、城镇化进程将大大加速，新的亮点将频频出现，在这种形势下，农业农村工作不能落后掉队，不能停留在“步子不大平平走，贡献不大年年有”，不能因为重视了工业化、城镇化而忽视了农业产业化、现代化，而要以大力度、大气魄、大动作实现大作为、大突破。各级党政要站在讲大局、讲政治的高度把握“三农”工作，从落实科学发展观、统筹城乡发展的全局来谋划“三农”工作，从精力安排、资金投入、工作部署和政策扶持上，真正把“三农”工作摆在“重中之重”的位置。农口各部门要积极进取，主动作为，特别是要防止和克服面面俱到、平铺直叙、一般号召的传统工作方法，抓住重点，每年干出几件有特色、有影响的大事、实事。各乡镇党政组织和广大乡镇干部是做好“三农”工作的主要力量，要进一步转变职能，真抓实干，再创佳绩。需要特别提醒的是，过去我们常常批评一些同志“讲农业大半天，讲工业一支烟”，实际上还有一种情况是“讲传统农业大半天，讲现代农业一根烟”，转变农业发展方式，发展现代农业，能够讲出道道的人不多，能抓出水平、抓出效果的更少。必须看到，今天抓农业和过去抓农业，无论是思想观念，还是方式方法都有了很大的不同，各级领导干部要主动适应形势，加强现代农业知识的学习，在实际工作中提高领导“三农”工作的能力和水平。要突出重点、统筹兼顾，在加快农业发展方式转变的同时，继续抓好造林绿化工程、农业清洁工程、新农村建设、农业基础设施建设和基层党组织建设，以及维护农村安全稳定等各项工作，努力开创我市“三农”工作的新局面。

●修改评析

农业会议年年开，农业讲话年年写。如果一般号召、面面俱到，就会年年都是老面孔，什么都强调就等于什么都没强调。这篇原稿就存在这个问题。而修改稿集中火力谈“转变农业发展方式”，一下子就把全文“拎”起来了，把重点和要害抓住了，既符合科学发展观的要求，又切合农业发展的实际，既具有明确的导向性，又使文稿主题更鲜明、结构更紧凑、内容更集中。

［实例三］准确遣词造句，力求精益求精（黑体字为修改部分）

●修改稿一：

让世界发现宜春美，让宜春美走向全世界

——CCTV 全国第十一届模特电视大赛新闻发布会上的致辞

（2011 年 5 月 25 日）

尊敬的各位领导，各位来宾，女士们，先生们，朋友们：

刚才听了朱副省长、魏副台长热情洋溢的致辞，看了 8 位资深冠军展示的“中国美”，感到十分高兴，十分荣幸。宜春有幸主办 CCTV **全国第十一届模特电视大赛**总决赛，是中央电视台对宜春

的巨大信任和特殊关爱，**是宜春人民的福分和光荣。**借此机会，我谨代表**市委、市政府和**宜春人民，向所有关心支持宜春主办第11届模特大赛总决赛的各位领导、各位朋友致以衷心的感谢和崇高的敬意！

全国模特电视大赛是一个汇聚美、展示美、弘扬美的大平台，本届大赛的主题是“让世界看到中国美”，而拥有1.87**万平方公里国土面积、**550**万人口、**10**个县市区的宜春市，也是一个山美水美人更美并且热爱美、追求美、接纳美的好地方。**在这里，我十分期待通过今天的新闻发布会，让世界发现宜春美，让宜春美走向**全**世界。

宜春美，首先她的名字就很美，内涵也很美。宜春这个名字出自古人的评价，一说是“城侧有泉，莹媚如春，饮之宜人”，故名“宜春”，一说是“山明水秀，土沃泉甘，其气如春，四时咸宜”，故名“宜春”，总之是顾名思义，宜人春光，宜人春色，令人遐想万千，无限向往。宜春自古还有“江右佳丽之地”、“宜春女子不用拣”的美誉，说的是宜春是个出美女的地方。有例为证，当年明月山下夏家村有个姑娘叫夏云姑，被选入宫当了宋孝宗的正宫皇后，她的绝代美色和温柔贤德，至今传为美谈。

宜春美，美在历史悠久，人文荟萃。宜春从遥远的汉高祖六年走来，至今已有2200多年历史。唐初大文豪王勃在《滕王阁序》中，写下了“物华天宝，人杰地灵”的千古名句，其人其事都出自宜春。宜春是文化之乡，**境内有历史文化遗址**486**处，**包括著名的筑卫城遗址、吴城遗址和东周古墓，可谓每走一步都踩着历史。晋代著名诗人陶渊明、明朝大清官况钟、《天工开物》作者宋应星、现代大物理学家吴有训，都出自宜春。宜春又是禅宗圣地，佛教禅宗五大宗派中有曹洞、临济、沩仰三宗发祥于宜春。宜春还是革命老区，当年毛泽东、彭德怀、滕代远同志都曾转战宜春，铜鼓县是秋收起义策源地之一。

宜春美，美在物产丰饶，**生态一流**。宜春资源丰富，自古就有

“农业上郡”之称。地表良田万顷，春华秋实，是水稻、油茶、苎麻、百合、中药材、有机农产品和猕猴桃的重点产区，是全国知名的粮食大市和生猪生产大市。地下矿藏富足，已探明的矿产有56种，其中，原煤储量居全省第一，矿岩盐、石灰石储量为江西之冠，硅灰石储量约占全国1/4，尤其是锂资源丰富，全市现探明可利用氧化锂的储量约250万吨，居矿石锂矿的世界首位，已被科技部命名为“国家锂电新能源高新技术产业化基地”。全市森林覆盖率达56.97%，境内7条主要河流全部达到饮用水标准，10个县市区的大气质量都达到国家标准。全市共有4个国家级森林公园、10个省级森林公园和1个国家级自然保护区、2个省级自然保护区，5个省级风景名胜区，近年来先后荣获全国绿化模范城市、国家园林城市、国家卫生城市、国家现代林业建设示范市、中国宜居城市等国家级“名片”。

宜春美，美在风景独好，宜居宜游。宜春旅游资源众多，生态文化、禅宗文化、红色文化、月亮文化、历史文化令人流连忘返，美不胜收。特别是城郊明月山，传说是嫦娥奔月的地方，海拔1700多米，山势险峻，云雾缭绕，茂林修竹，飞瀑流泉，已成为全省重点旅游风景区之一。前年在央视大力支持下，我们成功举办了“宜春月·中华情”中秋晚会，在海内外引起强烈反响，一举夺得了第43届美国休斯顿国际电影节雷米金像奖最佳作品奖和最佳导演奖。明月山下有世界罕见的富硒温泉，可饮可浴，可防治肿瘤、关节炎、皮肤病、心血管病等多种疾病，是祛病延年、养生美容的宝贵资源，吸引了全国各地众多游客前来旅游度假。近年来，宜春先后获得中国优秀旅游城市、中国旅游竞争力百强城市、中国最佳休闲养生城市等多项殊荣。

宜春美，美在民风淳朴，英模辈出。宜春人长期受耕读文化、禅宗文化的熏陶和影响，素有勤劳朴实、崇文向善、尊老爱幼、诚实守信的特质。特别是近年来，通过加强社会主义核心价值体系建设，涌现了很多好人好事。仅2010年全市就有32人荣登“中国好人榜”，居全国设区市之首，被媒体称为“英模群体井喷现象”。其中火海救人的王茂华、谭良才被评为全国见义勇为英雄、全省见义勇为标兵，并当选为央视“2010感动中国十大人物”。

宜春美，美在昨天，美在今天，更美在明天。有着古老文化底蕴的宜春，正日益彰显出浓郁的现代发展气息。我们正紧紧围绕“亚洲锂都、宜居城市、森林宜春、月亮之都”的战略定位，主动融入鄱阳湖生态经济区建设，举全市之力发展低碳产业、建设低碳城市、倡导低碳生活、培育低碳文明，力求走出一条科学发展、绿色崛起的路子，主要经济指标在增幅**全省**排位连续几年前移的基础上，**经济实力不断增强，城市建设日新有异。**我们正加快建设一批重大基础设施项目，明月山机场已经动工并有望明年内建成通航，杭州—南昌—长沙的高铁宜春段将于2013年建成投入使用。我们正充分挖掘大自然对宜春的馈赠，大力发展以明月山风景名胜区为龙头的旅游产业，提升宜春名气、集聚宜春人气、做旺宜春商气。目前，月亮文化节已经连续举办四届，成为“中国最受大众关注文化节庆”之一。

今年是第五届月亮文化节。本届月亮文化节的主题是“禅月相通·月明禅心”，目的是“打造一轮最入心的月亮”。为此，我们策划了19项特色活动，并把主办CCTV全国第十一届模特电视大赛总决赛作为第五届月亮文化节的开幕大戏。我们相信，CCTV全国模特电视大赛作为中国时尚业界最权威的领跑者，必将给宜春带来更多年轻、时尚的气息，必将让全世界的目光汇聚宜春，**在领略模特之美的同时发现宜春之美。**我们热忱欢迎海内外朋友届时到宜春现场来观看大赛决赛，同时，也热忱期待各位海内外的朋友多到宜春休闲养生、观光旅游！

最后，衷心祝愿CCTV全国第十一届模特电视大赛圆满成功！

●修改稿二：

让世界发现宜春美，让宜春美走向全世界

——CCTV 全国第十一届模特电视大赛新闻发布会上的致辞

（2011 年 5 月 25 日）

尊敬的各位领导，各位来宾，女士们，先生们，朋友们：

刚才听了朱副省长、魏副台长热情洋溢的致辞，看了 8 位资深冠军展示的“中国美”，感到十分高兴，十分荣幸。宜春有幸主办 CCTV 全国第十一届模特电视大赛总决赛，是中央电视台对宜春的巨大信任和特殊关爱，是宜春人民的福分和光荣。借此机会，我谨代表市委、市政府和宜春人民，向所有关心支持宜春主办第 11 届模特大赛总决赛的各位领导、各位朋友致以衷心的感谢和崇高的敬意！

全国模特电视大赛是一个汇聚美、展示美、弘扬美的大平台，本届大赛的主题是“让世界看到中国美”，而拥有 1. 87 万平方公里国土面积、550 万人口、10 个县市区的宜春市，**也**是一个山美水美人更美并且热爱美、追求美、接纳美的好地方。在这里，我十分期待通过今天的新闻发布会，让世界发现宜春美，让宜春美走向全世界。

宜春美，首先她的名字就很美，内涵也很美。宜春这个名字出自古人的评价，一说是“城侧有泉，莹媚如春，饮之宜人”，故名“宜春”，一说是“山明水秀，土沃泉甘，其气如春，四时咸宜”，故名“宜春”，总之是宜人春光，宜人春色，令人遐想万千，无限向往。宜春自古还有“江右佳丽之地”、“宜春女子不用拣”的美誉，说的是宜春是个出美女的地方。有例为证，当年明月山下夏家村有个姑娘叫夏云姑，被选入宫当了宋孝宗的正宫皇后，她的绝代美色和温柔贤德，至今传为美谈。

宜春美，美在历史悠久，人文荟萃。**宜春从遥远的**汉高祖六年

走来，至今已有2200多年历史。唐初大文豪王勃在《滕王阁序》中，写下了“物华天宝，人杰地灵”的千古名句，其人其事都出自宜春。宜春是文化之乡，境内有历史文化遗址486处，**包括著名的筑卫城遗址、吴城遗址和东周古墓，可谓每走一步都踩着历史。**晋代著名诗人陶渊明、明朝大清官况钟、《天工开物》作者宋应星、现代大物理学家吴有训，都出自宜春。宜春又是禅宗圣地，佛教禅宗五大宗派中有曹洞、临济、沩仰三宗发祥于宜春。宜春还是革命老区，当年毛泽东、彭德怀、滕代远同志都曾转战宜春，铜鼓县是秋收起义策源地之一。

宜春美，美在物产丰饶，生态一流。宜春资源丰富，自古就有“农业上郡”之称。地表良田万顷，**春华秋实，**是水稻、油茶、苎麻、百合、中药材、有机农产品和猕猴桃的重点产区，是全国知名的粮食大市和生猪生产大市。地下矿藏富足，已探明的矿产有56种，其中，原煤储量居全省第一，矿岩盐、石灰石储量为江西之冠，硅灰石储量约占全国1/4，尤其是锂资源丰富，全市现探明可利用氧化锂的储量约250万吨，居矿石锂矿的世界首位，**已被科技部命名为“国家锂电新能源高新技术产业化基地”**。全市森林覆盖率达56.97%，境内7条主要河流全部达到饮用水标准，10个县市区的大气质量都达到国家标准。全市共有4个国家级森林公园、10个省级森林公园和1个国家级自然保护区、2个省级自然保护区，5个省级风景名胜区，近年来先后荣获全国绿化模范城市、国家园林城市、国家卫生城市、国家现代林业建设示范市、中国宜居城市等国家级“名片”。

宜春美，美在风景独好，宜居宜游。宜春旅游资源众多，生态文化、禅宗文化、红色文化、月亮文化、历史文化令人流连忘返，美不胜收。特别是城郊明月山，传说是嫦娥奔月的地方，海拔1700多米，山势险峻，云雾缭绕，茂林修竹，飞瀑流泉，已成为**驰名中外的**重点旅游风景区之一。前年在央视大力支持下，我们成功举办了“宜春月·中华情”中秋晚会，在海内外引起了强烈反响，并一举夺得第43届美国休斯顿国际电影节雷米金像奖最佳作品奖和最佳导演奖。明月山下有**世界罕见的**富硒温泉，**常年温度为**68—72**度**，可饮可浴，可防治肿瘤、关节炎、皮肤病、心血管病等多种疾病，是祛病延年、养生美容的宝贵资源，吸引了全国各地众多游客前来旅游度假。**更为奇妙的是，硒的英文名字** selenium **出自古希腊月亮女神名字** selene**，取的是二者同为"生命保护神"之意，硒温泉连着明月山，真是天造地设，意蕴深长。**近年来，宜春先后获得中国优秀旅游城市、中国旅游竞争力百强城市、中国最佳休闲养生城市等多项殊荣。

宜春美，美在民风淳朴，英模辈出。宜春**人**长期受耕读文化、禅宗文化的熏陶和影响，素有勤劳朴实、崇文向善、尊老爱幼、诚实守信的特**质。**特别是近年来，通过加强社会主义核心价值体系建设，涌现了很多好人好事。仅2010年全市就有32人荣登"中国好人榜"，居全国设区市之首，被媒体称为"英模群体井喷现象"。其中**火海救人的**王茂华、谭良才被评为全国见义勇为英雄、全省见义勇为标兵，并当选为**央视**"2010感动中国十大人物"。

宜春美，美在昨天，美在今天，更美在明天。有着古老文化底蕴的宜春，正日益彰显出浓郁的现代发展气息。我们正紧紧围绕"亚洲锂都、宜居城市、森林宜春、月亮之都"的战略定位，主动融入鄱阳湖生态经济区建设，举全市之力发展低碳产业、建设低碳城市、倡导低碳生活、培育低碳文明，力求走出一条科学发展、绿色崛起的路子。我们正加快建设一批重大基础设施项目，明月山机场已经动工并有望明年内建成通航，杭州—南昌—长沙的高铁宜春段将于2013年建成投入使用。我们正充分挖掘大自然对宜春的馈赠，大力发展以明月山风景名胜区为龙头的旅游产业，提升宜春名气、集聚宜春人气、做旺宜春商气。目前，月亮文化节已经连续举办四届，成为"中国最受大众关注文化节庆"之一。

今年是第五届月亮文化节。本届月亮文化节的主题是"禅月相通·月明禅心"，目的是"打造一轮最入心的月亮"。为此，我们策划了19项特色活动，并把主办CCTV全国第十一届模特电视大赛总决赛作为第五届月亮文化节的开幕大戏。我们相信，CCTV全国模特电视大赛作为中国时尚业界最权威的领跑者，必将给宜春带来更多年轻、时尚的气息，必将让全世界的目光汇聚宜春。我们热忱欢迎海内外朋友届时到宜春现场来观看大赛决赛，**在领略模特之美的同时发现宜春之美**。

最后，衷心祝愿CCTV全国第十一届模特电视大赛圆满成功！

●修改评析

模特大赛本身就是“美”，在这种场合的致辞当然也得“美”。初稿的架子应该说搭得不错，但需精细打磨。第一稿主要是对“宜春美”进行充实和完善，力求把一个完整生动的宜春展现给听众；第二稿主要是对内容和词句的增删，使前后语气更衔接，语言风格更吻合。还有没有值得修改的地方呢？肯定有，这大概就叫“没有最好，只有更好”吧，所以我们的写作态度注定只能是“精益求精”。

D. 秘书心得

古往今来，大凡好文章都是经过反复的修改打磨而成，也因此流传了许多脍炙人口的佳话，如贾岛的“推敲”故事、“吟安一个字，拈断数茎须”和“两句三年得，一吟双泪流”的名句等等。文学创作是这样，公文写作也是如此。缺乏对“改”的客观态度和执着精神，就写不好公文，干不好文秘工作。

这些年，我们近乎是带着“迷信”思想跟着领导从事文秘工作。为什么“迷信”？一方面是因为他善写，很多时候出口成章，信手拈来就是一篇好文章；另一方面是因为善改，很多材料经他“拎”、“提”、“挪”，总能妙手回春，脱胎换骨，耳目一新。此篇收集的几个实例，仅是领导修改文稿的小片段，由于手改稿丢失，有的还不是那么具有代表性，但或多或少说明一些问题。比如，模特电视大赛新闻发布会上的致辞，他通过对文章内容增删、语句调换，使一篇晦涩拘谨的文章浸透着从容，洋溢着美感，打动了在场所有的听众。又比如，在农村工作会上的讲话，农业农村工作点多面广，面面俱到就只能蜻蜓点水，而他的讲话将转变农业发展方式作为切入点，符合发展趋势，也切合当地实际，针对性、操作性非常强。再如，同样是招商引资和主攻工业讲话，他打破了原稿的传统套路，而是旗帜鲜明地提出求真务实精神招商引资和主攻工业，并以此为主题对文章结构重新作了调整，使“务实”贯穿于讲话之中，等等，都起到了“删繁就简三秋树，领异标新二月花”的效果。

好文章都是改出来的，好“写手”都是炼出来的。落笔成文的“大手笔”毕竟是少数，对大多数文秘工作者特别是初学者来说，要舍得花精力在“改”上，坚决克服和防止几种心态：一是不负责任。对待文字工作只求写完，不求写好，敷衍潦草，应付交差。二是急于求成。材料刚出胚子还不成熟，就急于脱手，仓促上交。自己都不满意，领导怎么会满意。三是固步自封。总对自己搞的材料盲目自信，既不总结经验教训，也不换位思考，自言自语，自说自话，常常是“不识庐山真面目，只缘身在此山中”。这样写不好材料，自己也得不到提高进步。四是讳疾忌医。缺乏开放思维和谦虚态度，不善于集中大家的智慧，不借鉴他人的长处，不接受别人合理意见建议，不敢创新突破，明明知道文章有“硬伤”也不改。凡此种种，都是文秘工作的大忌。除此之外，还要掌握文稿修改的方法和技巧，熟悉工作情况，丰富知识储备。总之，玉越琢越美，文越改越精，作为文秘工作者，必须像企业家追求产品质量一样追求文稿质量，不厌其烦，精益求精，力争多出精品，少出次品，力争自己多改，领导少改。这才是文字工作者应有的工作态度，也只有这样才能多出精品力作，才能成长提高。

附录1：

一篇迟到的民情日记手稿

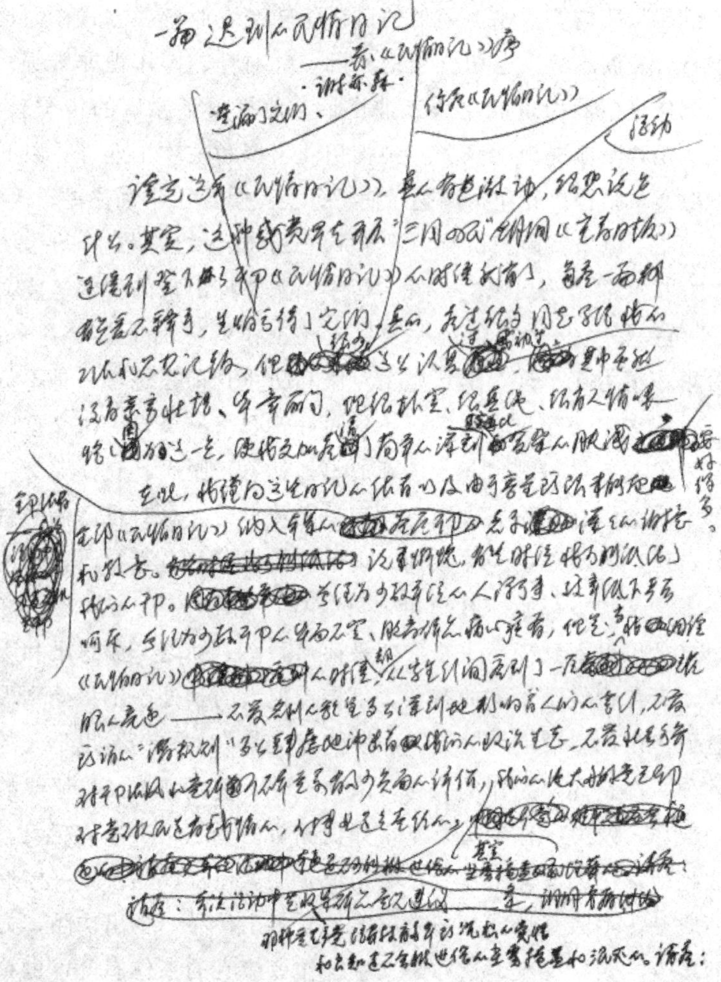
一篇迟到的民情日记

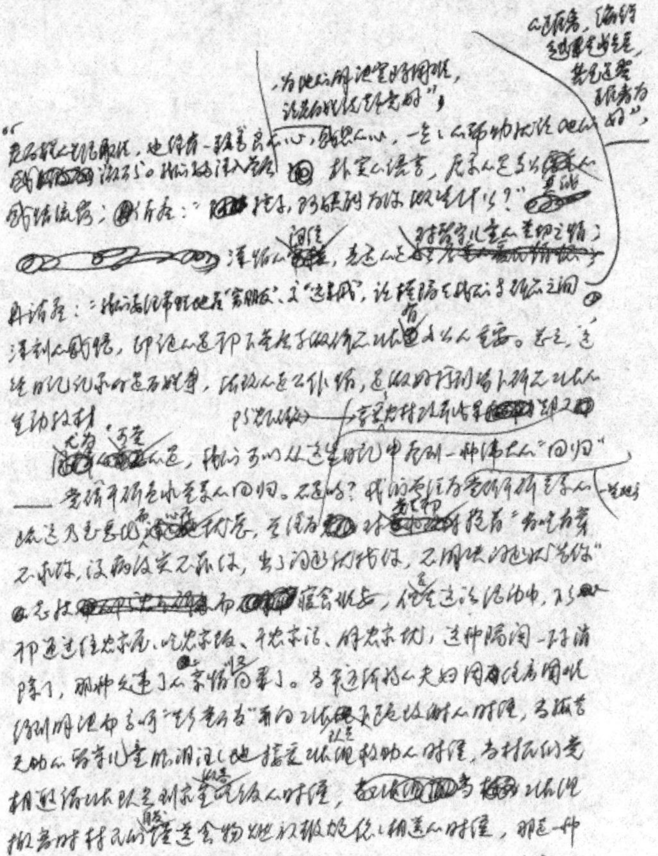

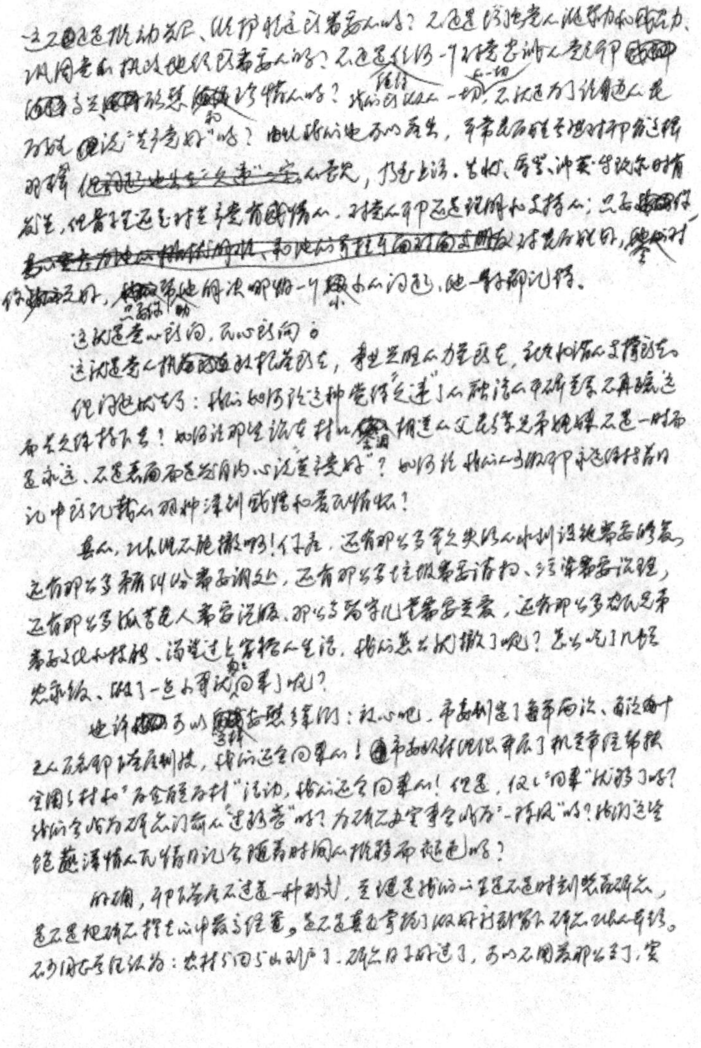
这就是老人的时间，民心的时间。

阶段革命非如此。如果不及时解决群众生活中遇到的实际困难，如果忽视和放松思想政治工作和精神文明建设，如果不努力保持党员干部的先进性和[illegible]，脱离群众。帮助群众是共产党人应有的作用，一句话，如果群众有话无处说、有冤无处伸、有难没人帮，那么老百姓不仅不会说"好"，而且还要[illegible]。[illegible]认为，如今[illegible]，[illegible]。[illegible]。[illegible]。群众最是[illegible]，[illegible]、[illegible]、[illegible]这种"[illegible]"，[illegible]，[illegible]，[illegible]。[illegible]10844，

[illegible]如何[illegible]这种"[illegible]"，[illegible]"事情"。也许[illegible]这次活动"[illegible]"和[illegible]：[illegible]15346人条，[illegible]15757[illegible]，[illegible]3709人，[illegible]2989人，为群众办好实事8757件，[illegible]3384万元，但这远远不够；[illegible]。

[illegible]，但如果不从[illegible]，也[illegible]。[illegible]，[illegible]"感恩"，[illegible]，[illegible]。[illegible]，[illegible]、[illegible]，[illegible]。[illegible]，如果[illegible]、[illegible]，[illegible]。[illegible]"[illegible]"[illegible]，[illegible]，[illegible]，[illegible]，[illegible]，这才是解决问题的根本所在。

在这本《民情日记》结集出版之际，市委组织部的同志要我为之作序。但读完这些日记之后，[illegible]，因为在这次活动中，我本人也到[illegible]去了一回，但因忙于其他事务，[illegible]——忘了写民情日记，这样[illegible]"补课"，算是一面还到《民情日记》吧。权当是"序"[illegible]也行。

附录2：

以务实的作风抓好下半年招商引资和主攻工业工作讲话提纲手稿

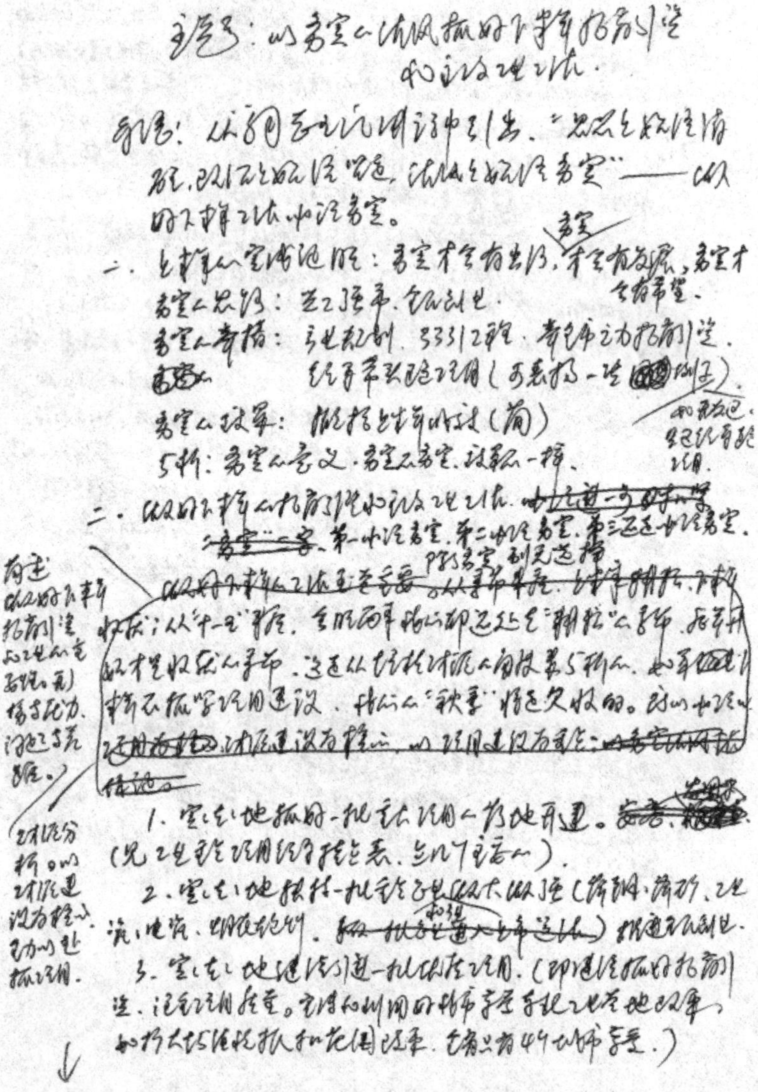

提纲：以务实的作风抓好下半年招商引资和主攻工业工作。

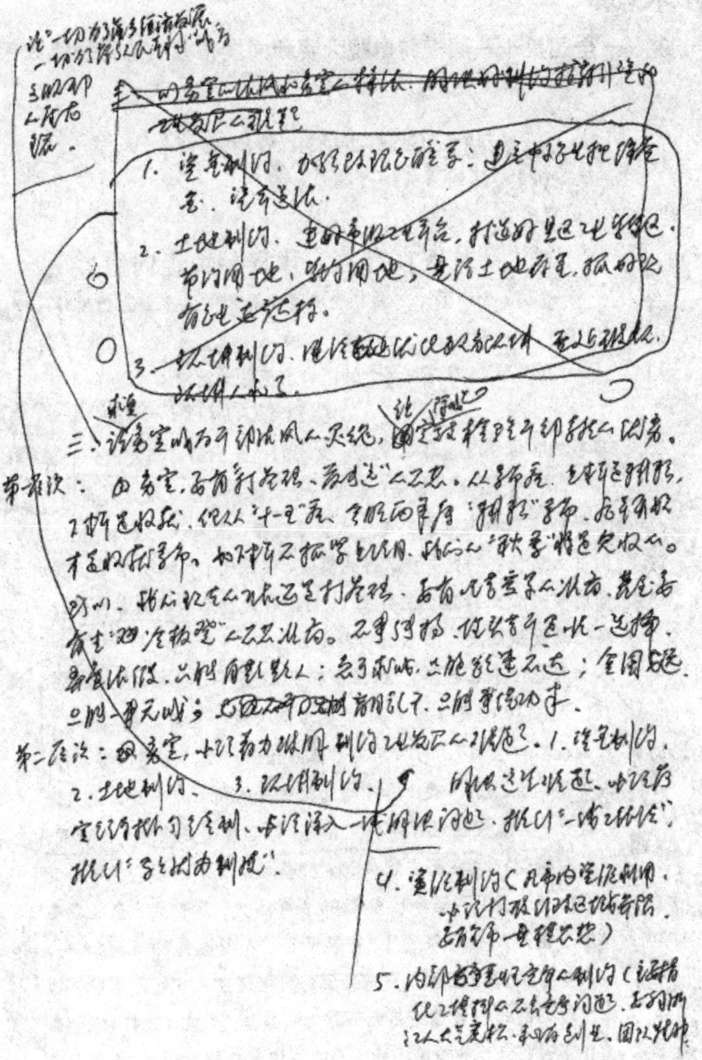

附录 3：

在 cctv 全国第十一届模特电视大赛新闻发布会上的致辞修改手稿

让世界发现宜春美，让宜春美走向世界

——CCTV 全国第十一届模特电视大赛新闻发布会上的致辞

谢亦森

（5 月 25 日下午 6：00，北京蓝色港湾中心广场）

尊敬的各位领导，各位来宾，女士们，先生们，朋友们：

CCTV 全国模特电视大赛是一个汇聚美、展示美、弘扬美的大平台。宜春有幸主办这一大赛总决赛，是中央电视台对宜春的巨大信任和特殊关爱，借此机会，我谨代表 550 万宜春人民，向所有关心支持宜春主办第 11 届模特大赛总决赛的各位领导、各位朋友致以衷心的感谢和崇高的敬意！

宜春位于江西西北部，总面积 1.87 万平方公里，总人口 550 万，下辖 10 个县（市、区），因城侧有泉，莹媚如春，饮之宜人，故名“宜春”，自古就有“江右佳丽之地，文物昌盛之邦”之美誉。在这里，我十分期待通过今天的新闻发布会，向大家推介宜春，以使让世界发现宜春美，让宜春美更快地走向世界。

宜春美，美在历史悠久、人文荟萃。自汉高祖六年（公元前 201 年）设县，至今已有 2200 多年历史。唐初大文豪王勃在《滕王阁序》中，写下了“物华天宝，人杰地灵”的千古名句，其人其事都出自宜春。境内有历史文化遗址 486 处，其中，樟树市境内的筑卫城遗址是新石器时代遗址、吴城遗址打破了“商文化不过长江”的论断，靖安县的东周古墓被誉为 2007 年中国考古届的十大发现之一，丰城市的洪州窑比景德镇的官窑早了

境内旧石器文化遗址48626。

500多年。宜春又是文化之乡，江西第一个状元卢肇、第二个状元易重都是宜春人，鼎盛时期有"江西进士半袁州"的美誉。晋代著名诗人陶渊明、明朝大清官况钟、《天工开物》作者宋应星、清代三朝帝师朱轼，现代大物理学家吴有训，都出自宜春。宜春还是禅宗圣地，是中国佛教"禅林清规"的创立地。佛教禅宗五大宗派中有曹洞、临济、沩仰三宗发祥于宜春。当前近至日韩，远至欧美，绝大多数禅法都可以直接或间接溯源到宜春。宜春还是革命老区，当年毛泽东、彭德怀、滕代远同志都曾转战宜春，铜鼓县是秋收起义策源地之一，毛泽东同志曾亲临铜鼓县指挥，并在宜春召开了"袁州会议"。

宜春美，美在资源丰富、物产丰饶。宜春资源丰富，自古就有"农业上郡"之称。地表良田万顷，是水稻、油茶、苎麻、百合、中药材、有机农产品和猕猴桃的重点产区，盛产全省1/6的粮、棉、油、猪和水产品，是全国知名的粮食大市和生猪生产大市。地下矿藏富足，已探明的矿产有56种，大中型矿床24处，其中，铁矿蕴藏量近2亿吨，原煤储量居全省第一，矿岩盐、石灰石储量为江西之冠，硅灰石储量约占全国1/4。尤其是锂资源丰富，全市现探明可利用氧化锂的储量约250万吨，其中，宜春钽铌矿可开采氧化锂的储量为110万吨，占全国的31%、世界的12%，居矿石锂矿的世界首位。

宜春美，美在生态一流、宜居宜游。境内以丘陵、山地为主，气候温和，雨量充沛，四季分明。素有"山明水秀，土沃泉甘，其气如春，四时咸宜"之称。全市森林覆盖率达56.97%，活立木蓄积量3500万立方米，毛竹蓄积量3.5亿株，特别是中心城区城郊的明月山，富氧离子每立方厘米七万多个，为国家标准的35倍，是全国首批生态试点市。境内7条主要河流全部达到饮用水标准，10个县市区的大气质量都达到国家标准。全市共有4个国家级森林公园、10个省级森林公园和1个国家级自然保护区、2个省级自然保护区，5个省级风景名胜区，城郊温汤的富硒温泉，可饮可浴，水温长年保持在68℃—72℃，唐宋八大家之首韩愈任宜春刺史时曾写下"莫以宜春远，江山多胜游"的佳句。近年来先后荣获全国绿化模范城市、国家园林城市、国家卫生城市、中国优秀旅游城市、国家现代林业建设示范市、中国旅游竞争力百强城市、中国宜居城市、中国最佳休闲养生城市等12张国家级"名片"。

宜春美，美在民风淳朴、英模辈出。宜春长期受耕读文化、禅宗文化的熏陶和影响，素有勤劳朴实、崇文向善、尊老爱幼、诚实守信的特点。特别是近年来，通过加强社会主义核心价值体系建设，淳朴民风得以传承和发扬，涌现了很多好人好事。仅2010年全市就有32人荣登"中国好人榜"，居全国设区市之首，被媒体称为"英模群体井喷现象"。其中王茂华、谭良才被评为全国见义勇为英雄、全省见义勇为标兵，并当选为"2010感动中国十大人物"。

如今，有着古老文化底蕴的宜春，正日益彰显出浓郁的现代发展气息。我们正紧紧围绕"亚洲锂都、宜居城市、森林宜春、月亮之都"的战略定位，立足宜春特有优势和原有基础，主动对接融入鄱阳湖生态经济区建设，举全市之力发展低碳产业、建设低碳城市、倡导低碳生活、培育低碳文明，力求走出一条科学发展、绿色崛起的发展路子，主要经济指标在增幅排位连续几年持续前移的基础上，2010年取得重大突破，全市财政总收入突破100亿元，达107.9亿元，增长33.9%；GDP突破800亿元，达870亿元，增长14.1%，增幅创建国以来最高水平。目前，我们正加快建设一批重大基础设施项目，宜春市明月山机场已经动工并有望明年内建成通航，杭州-南昌-长沙的高铁宜春段也将全面开工并将于2013年建成投入使用，届时，宜春对外交流的条件将显著改善，宜春将在全世界找位置；我们正充分挖掘大自然对宜春的馈赠，大力发展以明月山风景名胜区为龙头的旅游产业，依托源远流长的月亮文化，通过每年一届的月亮文化节，提升宜春名气、集聚宜春人气、做旺宜春商气。目前，月亮文化节已经连续举办四届，成为“中国最受大众关注文化节庆”之一。

今年是第五届月亮文化节。本届月亮文化节的主题是“禅月相通·月明禅心”，目的是“打造一轮最入心的月亮”。为此，我们策划了月下讲禅法、月下悟禅道、月下听禅乐、月下品禅茶、月下观禅舞等19项特色活动，并把主办CCTV全国第十一届模特电视大赛总决赛作为第五届月亮文化节的开幕大戏。我们相信，CCTV全国模特电视大赛作为中国时尚业界最权威的领跑者，必将给宜春带来更多年轻、时尚的气息，必将让全世界的目光汇聚宜春，使宜春成为全国乃至全球亿万人民关注的焦点。我们热忱欢迎海内外朋友届时到宜春现场来观看大赛决赛，同时也热忱期待各位海内外的朋友多到宜春休闲养生、观光旅游！

最后，衷心祝愿CCTV全国第十一届模特电视大赛圆满成功！

5

结语：“写作十要”顺口溜

写了前面这许多，写作实例也列了这许多，真的有点“待晓堂前拜舅姑，画眉深浅入时无”的忐忑感、惶恐感，还是用一段话赶紧作结打住吧。那是2007年的一个周末，我被市委办公室的秘书们团团围住，作了半天的写作讲座，最后编了一段“顺口溜”作为小结，在此也不揣浅陋奉献给读者朋友吧。

一要好学求上进，勤于积累勤实践，
博闻强记见识广，厚积薄发才情现。
二要勤于摸下情，大局了然在心间，
要想下笔如有神，多作思考多调研。
三要换位作思考，把握全面站高端，
适应风格和习惯，熟记言论与观点。
四要精心立主题，做好标题成一半，
语不惊人誓不休，既求新颖又自然。
五要精心谋结构，沿用俗套是懒汉，
打破陈旧“三段式”，因篇而异善应变。
六要推陈又出新，切忌照抄又照搬，
找准角度抓亮点，各展特色出新篇。
七要多讲实在话，空话套话讨人嫌，
切合实际出“干货”，注重操作促实干。
八要精炼而明快，实话短文贵为先，
单刀直入奔主题，突出重点兼一般。

九要讲究文笔活，书生腔调需防范，
牵强附会不可取，生动明快求新鲜。
十要用心勤练笔，不怕失败和麻烦，
笔杆如剑多磨砺，稿纸作山勤登攀。

本书开头我说过，这书本是我本人与文秘人员合作的产品，的确是这样。从谋篇布局到标题制作，从实例筛选到撰写体会，他们付出了辛勤的劳动。谨此，向宜春市委办公室以及抚州、萍乡市委市政府办公室曾经帮我撰写和收集文稿的同志，一并表示衷心的感谢。

有道是“长江后浪推前浪，世上新人胜旧人”，我相信，写完这书本，真的可以“金盆洗手”了。

衷心祝福我的秘书同行们。